나는 대한민국의 교사다

나는
대한민국의
교사다

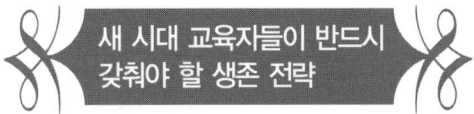

새 시대 교육자들이 반드시
갖춰야 할 생존 전략

조벽 지음

이 책에 대한 독자들의 서평 ★★★★★

교육학 서적 10권보다 더 많이 도움 되는 책 교보문고 maum_2004 님
이 나라의 교육을 망쳐놓은 주범으로 손가락질 받는 교사가 된 게 자못 억울하기도 하고 부끄럽기도 하였습니다. 그러나 이 책을 읽다 보니 그런 질타의 소리를 듣게 된 원인을 분명히 알 수 있었습니다. 교육학 관련 서적 10권보다 더 많은 도움을 줄 수 있는 책이라 생각합니다.

현재를 살아가는 교육자에게 추천하는 책 교보문고 ming13 님
교생실습을 나갔을 때 적잖은 충격을 받았다. 그래서 한때 공립학교가 아닌 대안학교를 생각해 보기도 했다. 그러나 이 책을 읽으면서 내가 생각하던 것이 철없는 대학생의 이상이 아니구나, 내가 노력하면 되겠구나 하는 작은 희망을 가지게 됐다.

교육자로서 다짐하게 하다 교보문고 sjongik 님
이 책을 읽으며 곰곰이 생각해 봤습니다. 제가 교육자라고 당당히 말할 수 있는지, 제 마음속에 학생들이 자리 잡고 있는지. 반성에 반성만 거듭하게 되었습니다. 하지만 초라해진 자신에 머물지 않고 어떻게 나아가야 할지 새로운 비전도 제시 받았습니다. 희망을 품어 학생들과 함께 나눌 수 있는 교사가 되어야겠습니다.

대한민국 교육의 기준을 잡다 교보문고 dani0349 님
진정한 교육자로서 대한민국 교육의 과거와 오늘의 현실을 되짚어 보고, 새로운 시대가 요구하는 창의적인 인재를 교육하기 위해 교사가 나아가야 할 방향을 명쾌하게 대답해 준다.

우리 교육에 대해서 비판만 할 것인가 교보문고 jhee99 님

책 제목이 굉장히 끌렸다. 그래서 망설임 없이 읽게 된 책인데 현실적이면서도 교사라면 누구나 느꼈음 직한 것들이 많이 실려 있었다. 우리 교육이 무조건 나쁜 것인 양 취급하는 사람들이 이 책을 한번 읽어보면 좋을 것 같다.

교사로서 뼛속까지 성찰하게 하는 책 예스24 ksikj 님

이 책의 의미는 무엇보다 방향성 및 비전과 같은 포괄적인 부분을 다루는 거시적 교수법에 대한 내용을 탁월하게 이론으로 정립하고 있다는 점이다. 사실 우리는 인생에서 교사라는 사명을 놓고 숙고의 과정을 거의 거치지 않는다. 그런 의미에서 이 책을 통하여 자신을 뼛속까지 성찰하는 시간을 내어보는 것은 어떨까?

겁을 주는 대신 성공 그림을 그려준다 예스24 sharc65l 님

학교생활에 힘들어하는 고3 영어교사인 형에게 주저 없이 선물한 책이다. 교사나 교사를 희망하고 있는 이들에게 한번쯤 읽어볼 만한 가치가 있는 책인 것 같다.

참 고마운 책 알라딘 희망찬샘 님

"우리나라 교육은 다른 나라(특히 미국)랑 비교해서 많이 떨어진단 말이야!", "요즘 아이들이 옛날 아이들과 달라서……"라는 말을 입에 달고 사는 사람이라면 이 책을 꼭 읽어 봤으면 좋겠다. 이 책은 교육자로서 어떤 양심을 가지고 어떤 자세로 아이들을 대해야 할 것인지를 생각하게 하고, 아이들 앞에 당당하게 나서서 '나는 대한민국의 교사'임을 자랑스럽게 외치고 싶게 만든다.

| 개정판 서문 |

희망의 대한민국 교육을 위하여

　오늘날 대한민국의 교육이 잘못되고 있다는 비판과 자성의 목소리가 큽니다. 교육 개혁이 절실하지만, 누구도 올바른 목소리를 내지 못하고 근시안적인 논쟁만 이어지고 있습니다. 어느 누구도 명쾌한 치유책을 내놓기 힘든 지금의 대한민국 교육 현실을 보며, 교육계에 몸담고 있는 한 사람으로서 느끼는 답답하고 안타까운 마음은 말로 표현하기 힘들 정도입니다.

　대한민국 교육 현실에 대해, 강의 현장에서 고전하고 있는 교사들을 위해 펴낸 『명강의 노하우 & 노와이』, 『나는 대한민국의 교사다』는 출간 후 지금까지 독자 여러분의 끊임없는 관심과 성원을 받아왔습니다.

　정보화 시대를 맞이하여 대학 교수들이 지식만을 전달하는 역할에서 벗어나 좀 더 효과적이고 의미 있는 강의를 할 수 있도록 교수법을 소개한 『명강의 노하우 & 노와이』는 이제 교수들만이 아니라 초중고 교사, 목회자, 다른 사람들 앞에서 프레젠테이션을 해야 하는 일반 회사원들까지도 참고하는 책이 되었습니다.

가르치는 기술만으로는 유능한 교육자가 될 수 없으며 마음 한 중심에 학생을 두어야 진정으로 행복한 교육자가 될 수 있다는 교육 철학을 담은 『나는 대한민국의 교사다』는 교생들에게 필독서가 되었고, 절망적으로 보이는 교육 현장에서 교육자가 먼저 희망을 가져야 한다는 메시지를 많은 이들에게 전달하는 역할을 했습니다.

저는 한국에서 초등학교 시절을 보낸 후 미국으로 건너가, 영국식, 미국식, 한국식 교육을 두루 받고, 여러 나라에서 살며 많은 나라를 방문하였습니다. 세계 속에서 활동하는 많은 한국 학생들을 만나면서 실망도 많았지만 희망도 많이 보았습니다. 그러면서 한국은 일류 국가가 될 수 있다는 생각을 강하게 갖게 되었습니다.

글로벌 시대가 요구하는 인재가 갖추어야 하는 창의성, 전문성, 인성은 한국의 과거전통과 현재문화, 그리고 한국적인 근본 가치관에 이미 깊이 내재되어 있습니다. 이 모든 것에 생명력을 불어넣어줄 수 있다면 한국은 세계 무대에서 강력한 힘을 발휘하는 국가로 발돋움할 수 있을 것입니다. 그 새로운 교육을 불러일으키는 역할을 하고 있는 이 땅의 교사들에게 이번 개정판이 힘이 될 수 있기를 바랍니다.

2010년 12월
조벽

| 머리말 |

한국의 미래, 교육자에게 달려 있다

    교육 혁신이라는 말이 나돈 지 한참 되었습니다. 새로움은 우리에게 큰 희망을 가져다주리라 기대를 했지만 우리 교육자는 자꾸 궁지에 몰리는 기분입니다. 입시 지옥 문제와 사교육비 문제를 비롯하여 크고 작은 교육 문제들이 태풍처럼 한국 사회를 덮치고 강타하고 있습니다. 교육이 황폐화되고 인간성이 황폐화되고 있습니다. 그 태풍의 중심에서 우리 교육자들이 신음하고 있습니다.
    어디로 고개를 돌린들 한국의 교육 현실을 비판하지 않는 사람이 없습니다. 그래서 우리 교육자는 주눅이 듭니다. 우리가 직접 비판받지 않아도, 우리 중에 극소수가 저지른 일에도, 우리가 피해자인 경우도, 우리 모두 가슴이 내려앉고 고개가 떨구어집니다. 우리의 책임이 아니라고 아무리 목이 쉬도록 주장한들 소용없습니다. 조용히 있으면 묵시적 동의라고 비난받고, 나서면 나선다고 질책 당합니다.

교육자와 행정가와 학부모 모두 잘 해보자고 하지만 서로 언성을 높이기도 하고 거리로 뛰어나가서 투쟁하기도 합니다. 이건 교육이 아닌데, 이러자고 교육자가 된 게 아닌데, 이건 우리의 본래 모습이 아닌데……. 혼란스럽습니다. 교육이 뭔지 이젠 잘 모르겠습니다. 교육자의 정체성이 흔들립니다. '스승'이라는 고귀한 단어가 우리 주변에서 서서히 사라져버리고 있습니다. 가끔 들리기는 하지만 왠지 무척 어색하게 느껴집니다. 가슴이 아파옵니다.

정체성의 혼란은 위기 의식을 불러일으킵니다. 이러지도 저러지도 못하는 궁지에 몰리는 기분 때문에 자꾸 방어 자세를 취하게 됩니다. 누가 우리를 조금만 건드려도 과민 반응을 보이고 극단적으로 대응하게 됩니다. 최선의 방어는 공격이라고 했듯이 사태가 벌어지기도 전에 선제 공격을 해보기도 합니다.

교육을 바로잡아보자고 팔을 걷어올리고 보니 해야 할 일이 너무도 많습니다. 입시 제도를 안정시켜야 합니다. 사교육비를 음지에서 양지로 이전해야 합니다. 시설을 확충해야 합니다. 교원 제도를 개선해야 합니다. 사학 재단 법도 손을 대야 합니다. 지역 자치제를 강화해서 자율과 자립을 도모해야 합니다. 리스트는 한없이 길어집니다. 그러나 어느 하나도 쉬워 보이지 않습니다. 신통한 해결책이 있다면 무조건 써보고 싶어집니다. 하지만 우리가 할 수 있는 일이 눈에 잘 띄지 않습니다. 그래서 한숨만 나오고 무기력해집니다. 모두가 미워 보이고 믿을 수 없어 보입니다.

불신, 맹신, 무기력, 허탈감 등이 우리를 괴롭히고 있습니다. 그리고 이런 괴로움에서 헤어날 가망성이 전혀 보이지 않아 절망을 느끼게 됩니다. 가슴이 답답하고 머리가 묵직하고 만사가 다 귀찮게 느껴집니다. 잊고 싶어집니다. 우리가 믿어왔던 진실된 교육자의 모습을 생각해 내고 싶지 않습니다. 잊지 않으면 괴로움을 달랠 길이 없으니까요. 네, 그렇습니다. 우리는 심한 마음 병을 앓고 있는 것입니다.

마음 병은 하루아침에 도지는 급성 병이 아닙니다. 마음 병 증상은 알 듯 모를 듯 시작해서 서서히 심해지기 때문에 쉽게 진단이 되지 않습니다. 그래서 마음 병은 그대로 방치해 두기 쉽습니다. 그렇다고 마냥 내버려두면 더 큰일납니다. 급성은 아니더라도 마음 병의 최후는 그 어느 병보다도 더 혹독하고 처절하기 때문입니다. 자신만 아픔과 싸우는 외로운 병이 아니고 주위 사람들마저 괴롭히는 몹쓸 염병입니다. 그래서 마음 병이 마지막 단계까지 가면 주위 사람들로부터 도움을 받을 수가 없습니다. 홀로 시름시름 앓다가 살고 싶은 욕구부터 죽는 무서운 병입니다.

그러나 병명을 붙인다 한들 별 도움이 되지 않습니다. 병을 쾌유할 신통한 약이 없기 때문입니다. 그 무서운 암이라 한들 살을 찢어 썩은 살을 도려내거나 방사선으로 지지거나 화학품으로 걸러내서라도 다스려볼 수 있겠지만 마음 병에는 칼을 대거나 주사 바늘을 찌를 곳이 없습니다.

이 책은 마음 병을 다스려 교육자의 본래 모습을 회복하는 처방전, 즉 교수법을 알려줍니다. 여러분들께서 건강하게, 오래오래 행복하게 사시기를 바라는 마음에서 썼습니다. 이 책을 읽는 데는 그다지 많은 시간과 노력이 요구되지 않습니다.

이 책에 소개된 교수법은 이론이 아니라 실천 사항입니다. 제가 '교수를 가르치는 교수'라고 한국 언론에 소개되면서 가장 많이 받은 질문이 "기계공학을 전공하신 분이 어떻게 교수법 전문가가 되었습니까?"입니다. 답변할 시간적 여유가 없으면 "교수라면 교육자로서 교수법 전문가가 되어야 하는 것이 당연하지 않습니까?"라고 익살스런 말 한마디로 답변합니다. 그렇지만 답변할 시간이 충분할 경우 "나도 살기 위해서……"라는 말로써 왜 제가 교수법을 익히게 되었는가를 설명합니다.

제가 몸을 담고 있는 미시간 공대는 연구 중심 대학입니다. 연구 실적이 부실하면 승진 심사에 탈락하게 됩니다. 승진 심사는 단 한 번입니다. 탈락하면 곧바로 학교에서 쫓겨나는 불쌍하고 암담한 신세가 됩니다. 정말로 생존이 걸린 문제였습니다.

이러한 절실한 상황에서 저 역시 모든 것을 제쳐두고 연구에 매달릴 수밖에 없었습니다. 시간에 쫓기다 보니 한 30분짜리 강의를 준비해 놓고는 1시간으로 늘리는 일이 비일비재하였습니다. 양심이 조금이나마 남아 있었는지 학생들의 얼굴을 똑바로 쳐다볼 수가 없었습니다. 그러다 보니 점점 강의실 들어가는 일이 두려워지기 시작하였습니다. 1시간 강의하고 나오면 온몸에 기운이 쭉 빠지고 일할 맛이 도무지 나지 않았습니다.

이렇게 교직 생활 첫 1년을 보내고 난 후 전 제가 선택의 기로에 서 있다는 것을 느끼게 되었습니다. '교수 생활을 앞으로 30년은 족히 더 할 것이 아닌가. 이대로 가다가는 은퇴할 즈음에 난 우울증 환자가 되어 있든지, 아니면 완벽한 사기꾼이 되어 있을 것이다.' 그렇지 않습니까. 30분짜리 강의를 1시간으로 늘리는 것은 엄연히 사기 행위라고 볼 수 있겠습니다.

우울증 환자, 완벽한 사기꾼. 이 둘 다 바람직한 선택이 아니었습니다. 마치 함정에 빠진 듯이 이러지도 저러지도 못하게 하는 심한 무기력을 느꼈습니다. 스스로 무수히 많은 질문을 했습니다. 질문들은 결국 세 가지 평범하기 그지없는 질문으로 압축되었습니다. 내가 무엇을 하고자 하는가? 그것을 어떻게 하고자 하는가? 왜 하고자 하는가?

이 질문에 대한 답을 얻기 위해 교육학, 교수법 책을 이것저것 많이 읽었습니다. 동료 교수들과 대화를 많이 나눴습니다. 특히 은퇴하신 원로 선생님들의 말씀을 귀담아들었습니다. 학생들과도 대화를 가졌습니다. 차츰 세 가지 질문에 대한 답이 보이기 시작하였고 뭔가 훤해오는 기분을 느낄 수 있었습니다.

이 모든 노력이 그냥 쓸데없는 시간 낭비가 아니었음이 곧 증명되었습니다. 내가 무엇을 왜 하는가에 대한 확신을 가지고 일을 하다 보니 일하는 것이 즐거워지고 수월해졌습니다. 아무리 어려운 일이라도 최선을 다하게 되었습니다. 그러다보니 빨리 승진되고 결국 미시간 공대 125년 역사에 처음으로 '삼관왕(최우수 교육자상 두 번, 공로상)'이라는 영광을 얻게 되었습니다.

그렇습니다. 저는 '살기 위해서' 교수법을 배웠고 터득하였습니다. 제 스스로 개발한 '새 시대 교수법'을 교육자 생존 전략의 일면으로 생각하고 실천한 것입니다. 그러나 저 한 사람에게만 적용되는 전략이라고 생각하지 마십시오. 저는 미국의 교수들에게 제 전략을 10년 전부터 전달해 왔습니다. 미국에서만, 또는 교수에게만 적용되는 전략도 아닙니다. 저는 이 책에 소개되는 교육자 생존 전략을 이미 7년 전부터 한국에 계시는 교육자들에게 전달해 오고 있었습니다. 무려 80개 대학을 비롯하여 모두 200번이 넘는 특강을 했습니다. 한국능력개발교육원에서 매년 두 번씩 하는 새 시대 교육자 생존 전략 연수 프로그램에 참가하시는 분들은 매우 다양합니다. 대학교수, 중고등학교 교사, 직업학교 교사, 기능대학 교수, 기업 연수원 강사, 심지어 청소년 교도소 교육 담당자들도 포함하는 거의 모든 계층과 종류의 교육자들이 대상입니다. 이 연수가 교육원의 수백 개 연수 프로그램

중 최고 인기 연수라는 사실이 이 책의 내용이 그분들 모두에게 적용되고 있음을 입증해 주고 있습니다(《월간조선》, 2003년 8월호).

저는 교수법을 두 가지로 나눕니다. 경제학에 미시 경제학(微視經濟學)과 거시 경제학(巨視經濟學)이 있듯이 강의실에서 필요한 구체적인 기술은 미시(micro) 교수법이라고 말한다면 교육자의 가치관과 안목은 거시(macro) 교수법이라고 말하겠습니다. 미시 교수법은 이미 『조벽 교수의 명강의 노하우 & 노와이』에서 많이 다루었습니다. 그래서 이 책에서는 주로 거시 교수법을 다루고자 합니다. 하지만 이 두 가지는 서로 완벽하게 구분되는 것이 아니라 동전의 양면같이 공존합니다. 따라서 이 책에서도 여기저기 구체적인 강의 기술이 소개될 것이지만 주로 거시 교수법을 구체화하기 위한 방법으로써 논의될 것입니다.

'생존 전략'이란 단어가 듣기 거북스러울 수도 있겠습니다만 외면하지는 마십시오. 표현이 너무 거칠다면 그저 '건강하게 살기 위한 방법'이라고 생각하시면 되겠습니다. 병든 사람은 남을 돌보게 되지 않습니다. 교육자가 되기 위해 우리는 건강해야 합니다. 지식기반시대에는 나라의 앞날이 교육자에게 달렸습니다. 한국의 미래는 우리 교육자에게 달렸습니다. 이 책이 여러분께 조그만 도움이 되길 진심으로 바랍니다.

차례

개정판 서문 | 희망의 대한민국 교육을 위하여 6
머리말 | 한국의 미래, 교육자에게 달려 있다 8

1장 | 무엇이 교육자의 에너지를 고갈시키는가?

1. 대한민국 교육자를 괴롭히는 다섯 가지 병 21

절망하는 교육자 | 타성적 무기력에 빠진 교육자 | 맹목적 신봉 앞에 엉엉 우는 원로 교수 | 불신하는 교육자 | 책임 회피에 급급한 교육자

2. 교육자들이여, 이제 스스로 혁신하라 36

무엇을 망각하고 있는가 | 한국 교육 개혁의 다섯 가지 걸림돌과 다섯 가지 징검돌

2장 | 새 시대 교육자 생존 전략 1
시대의 흐름을 명확히 읽어라

1. 대한민국 교육, 어디로 가고 있는가 45

한국엔 학교 종이 땡땡땡, 미국엔 학교 총이 땅땅땅! | 교육 붕괴, 시대 변화에 따른 과도기적 현상 | 교육의 4차원 경쟁력 전략 | 고품질 교육은 국가 위기 극복 대책 | 권력 이동 | 교육 이동 | 더욱더 강조되는 '가르치는 일'의 중요성

2. 사회가 요구하는 교육을 행한다 63

인재의 양성에서 활성까지 | 삶과 삶 | 학력(學歷)에서 학력(學力)으로 | '발전되어 가는 인간'을 추구하는 열린 교육으로 | 산업시대의 교육은 가라 | 정신적 영역을 고려하라 | 실험 정신을 지녀라 | 변화하는 시대에 맞게 행동하라

3. 시대의 특성에 따라 교육 목표도 바뀌어야 한다 84

지식 중간 도매상에서 지연 컨설턴트로 | '알고 있다'에서 '할 수 있다'로 | 소비적 교육 경험에서 생산적 교육 경험으로 | 완성된 모습에서 완성되어 가는 모습 보여주기로 | '무엇을 할 것인가'에서 '무엇을 하게끔 할 것인가'로

4. 시대의 변화 속에 교육자들이 경계해야 할 것들 102

'못해먹겠다'는 말을 하지 않는다 | 배타적인 이념의 대립을 피한다 | 교육 개혁의 주체와 대상을 따지지 않는다 | 교육부 무용론과 부상론에 좌우되지 않는다 | 교육의 히딩크를 바라지 않는다 | 정책에 의지하지 않는다 | 권위주의를 경계하라

3장 | 새 시대 교육자 생존 전략 2
가르치는 사람 스스로 리더가 되라

1. 자신을 알라 123

교육자는 교육의 알파이자 오메가이다 | 우리는 학생들에게 소중한 존재다 | 교육자는 학생들의 인생 대본 작가다

2. 자신을 다스려라 132

몸을 다스린다 | 매사에 신중을 기한다 | 대세가 아니라 대의를 생각한다 | 지속적으로 배우고 또 배운다 | 목소리를 살핀다

3. 자신을 바쳐라 144

내가 할 수 있는 일은 내가 한다 | 부정적인 자기인식에서 벗어나기 | 자신을 잊는다 | 무조건 준다 | 진실을 추구한다 | 최선을 다한다 | 최선의 교수법은 베풂이다

4장 | 새 시대 교육자 생존 전략 3
지금 당장 시작하라

1. 새 시대 교육자의 네 가지 선택 161

급한 것과 소중한 것 | 삶의 여유 | 양보다 질 | 삶의 가치에 따른 교육관

2. 어떻게 선택을 할 것인가 174

'마지막 강의'를 준비해 본다 | 삶의 우선순위에 따라 시간을 관리한다 | 시간을 허비하지 않는다 | 여유에서 창의적인 해답을 찾는다 | 시너지 효과를 고려한다 | 합의를 통해 협력한다

5장 | 새 시대 교육자 생존 전략 4
긍정적으로 사고하라

1. 나의 학생들을 새롭게 인식한다 191

있는 그대로 인정하기 | 실력 없는 학생? | 최상의 수업 장면 상상하기 | 일곱 요소를 존중하기

2. 학생들에게서 희망을 찾는다 201

학생별 유형을 파악하라 | 교사 자신과 학생을 비교하지 않는다 | 똑똑이와 똘똘이 | 멀티미디어 시대, 다양성의 교육 | 3D에서 3A로 | 새 시대 인재의 특성 | '도깨비방망이'를 든 우리의 학생들

3. 장점 찾기 습관을 갖는다 218

마음을 연다 | 나의 장점 | 직장의 장점 | 한국의 장점 | 모든 것은 생각하기 나름이다 | 무엇이 지옥이고 무엇이 천국인가

6장 | 새 시대 교육자 생존 전략 5
새 시대 교수법을 익혀라

1. 학습자를 교육의 중심에 둔다 237

교육자 중심의 교육, 무엇이 문제인가 | 학생 중심 교육의 진정한 의미 | 감독이 아닌 가이드로 | 콩나물 국밥의 교훈 | co-curriculum을 도입한다 | 어떻게 기초 실력을 점검해야 하나 | 끊임없는 의사소통 | co-student로서 학생들을 돕는다

2. 어떻게 학습 동기를 부여할 것인가 258

겁을 주는 대신 성공 그림을 그려준다 | 시험도 하나의 학습 과정으로 활용한다 | 우등생도 돕는다 | 새 시대 학생의 학습 동기를 이해한다 | 지식과 배움의 본질을 이해시켜라 | 중요한 것은 내면의 동기다

3. 도구를 적절하게 사용한다 274

주의력도 두뇌력이다 | 째지는 하품 소리가 들릴 때 | 테크놀로지를 활용하라 | TP를 쓸 것이냐 안 쓸 것이냐, 그것이 문제로다 | 적절한 TP 사용법 | 결과보다 과정을 보여준다

4. 교수법 기술보다 중요한 것들 289

기억에 생생하게 남아 있는 선생님 | 진실 | 신뢰 | 귀 기울여 듣기

7장 | 무엇이 우리를 망설이게 하는가?

1. 업적 평가제와 연봉제 303

연봉제의 기본 시스템을 이해하라 | 만만치 않은 연봉제의 부작용 | 골치 아픈 연봉제 분쟁 | 연봉제의 딜레마 | 연봉제의 부작용을 예방하려면

2. 노조와 교수협의회 321

교수 노조의 등장 배경 | 미국 교수 노조의 현황 | 교수 노조를 둘러싼 엇갈리는 의견들

3. 인증제와 벤치마킹 330

인증제는 왜 필요한가 | 미국 명문대의 저력 | 무엇을 위해 벤치마킹 하는가

맺는 말 | 교육자는 희망과 비전을 심는 새 시대의 리더입니다 341
감사의 말 | 이 모든 것을 가능하게 해주신 분들께 346
참고 문헌 | 348

1장

무엇이 교육자의 에너지를 고갈시키는가?

1 :: 대한민국 교육자를 괴롭히는 다섯 가지 병

절망하는 교육자

조벽 교수님께

……학업에 대한 열의가 있는 학생이 얼마 되지 않습니다. 아주 기초적인 학습 자질이 부족한 학생들도 상당수 있습니다. 그들은 수업에 집중하지도 않거니와 미리 포기하는 경우가 많습니다. 여러 방법을 시도해 보았지만 학생들은 도무지 참여하지 않고 관심마저 보이지 않습니다. 이런 상태에서 강의에 대한 열정을 잃는 것은 당연지사가 아닙니까? 그 와중에 연구해야 한다는 압박에 엄청난 스트레스를 받고 있습니다. 연구비를 따온 후에도 쓸데없는 잡무에 시달리게 됩니다. 저는 새 학기가 시작되면 달력을 맨 먼저 보게 됩니다. 제 강의 시간이 공휴일에 떨어지기를 바라면서…….

어떻게 하면 학생들이 학습 동기를 가질 수 있게 할까요?

-○○대학 김○○ 교수

어느 교수님으로부터 받은 이메일입니다. 짧은 글이지만 한 줄 한 줄마다 요즘 교육자들의 어려움이 절절 넘쳐 흐르고 있습니다. 실력도 없고 자세도 되어 있지 않은 학생들 때문에 가슴앓이를 하고 계십니다. 그리고 시간만 잡아먹는 것이 아니라 일하는 재미마저 빼앗아 가는 잡무를 한탄하고 있습니다. 이 모든 것이 다 우리를 괴롭게 하지만 그중에서 가장 무시무시한 단어는 '스트레스'입니다. 이 편지를 쓰신 교수님은 '엄청난 스트레스'를 받고 있다고 하셨습니다.

그러나 더 큰 문제가 있습니다. "교수님, 지금 받으시는 스트레스…… 거, 아무것도 아닙니다. 5년 후에 교수님께서 감당해 내야 할 스트레스에 비하면 이 정도는 아무것도 아니지요. 아마 5년 후에 교수님은 오늘을 뒤돌아보면서 말씀하실 것입니다. '아, 5년 전…… 그때는 참 좋았지!' 하실 것입니다." 제가 드린 답장입니다.

지금은 강의를 그럭저럭 열의로, 또는 꼴사나운 모습을 못 본 척하면서 꾸려나간다고 하더라도 내년, 내후년에는 어떻게 하시겠습니까? 불행스럽게도 전망은 그리 밝지 않습니다. 앞으로 기초가 부족한 학생, 학습 동기가 없는 학생, 또는 취업 위주로 공부하는 학생들이 주류를 이루게 될 것이기 때문입니다. 그렇게 되면 강의하기가 더 힘들어질 것입니다. 현재 한국에서 급속도로 증가하는 이혼율 현상은 조만간 심각한 가정 붕괴 현상으로 이어질 것이며, 가정 붕괴는 지금은 아예 상상도 할 수 없는 처절한 학교 붕괴를 초래하게 되어 있습니다. 거기에다 연봉제니 업적 평가제가 본격적으로 실시될 때에는 막중한 스트레스를 실감하실 것입니다.

눈을 감아보십시오. 그리고 새 학기 교실의 모습을 떠올려보십시오. 노랑머리와 귀걸이 한 남학생이 여기저기 눈에 보이겠지만 이젠 별로 놀라울 일이 아닐 것입니다. 예전에는 요상한 차림을 한 학생을 보면 그들의 머리를 꽉 쥐어박고 싶은 충동을 느꼈겠지요. 그리고 "정신차려"라고 큰소리로 충고해 주고 싶었지만 이젠 으레 그러려니 하며 대수롭지 않게 생각했을 것입니다.

그러나 이게 웬일입니까. 이번 새 학기는 강의실 풍경이 또 달라져 있지 않습니까. 학생들의 옷차림이나 헤어 스타일, 치장 등이 작년에 비해 크게 달라지지는 않았지만 그들의 태도가 영 맘에 들지 않습니다. 공부에 관심이 없는 모습은 예전과 마찬가지입니다. 그러나 수업에 임하는 태도, 특히 선생님을 대하는 그들의 태도는 불순하다고 생각될 정도로 거슬립니다.

지겨워 온 몸을 비비꼬는데 그 모습들이 한심스럽기 짝이 없습니다. 지겨움을 일부러 과장하고 과시하는 것처럼 보일 정도로 무례한 몸짓을 하기 일쑤입니다. 선생님이라는 존재가 그들의 안중에 아예 없어 보입니다. 완전히 무시당하는 기분이 듭니다. 피가 거꾸로 치솟아 혈압이 올라가는 것이 느껴집니다. 스트레스가 느껴집니다.

'이럴 수가!'

'이런 아~들 데리고 무슨 놈의 수업을 하노?'

'절대로 용납할 수 없어!'

이렇게 분노하고 한탄하고 단념해 봤자 달라질 것이 하나 없습니다. 아닙니다. 달라지는 것이 있지요. 선생님의 열의가 식고, 마음이 굳어지고 갈라지고, 그리고 그 틈 사이로 절망감이 비집고 들어옵니다. 그래서 미래가 한층 더 캄캄해 보일 것입니다. 절망은 스트레스의 마지막 단계입니다. 절망은 죽음의 시작이기도 합니다.

희망을 느낄 것인가 느끼지 않을 것인가는 지극히 개인적인 선택이라고 합니다. 똑같은 상황에 희망을 느끼는 사람이 있는가 하면 절망을 느끼는 사람도 있으니까요. 우울증을 남몰래 즐기는 사람도 있고 신경질을 '무기'로 삼는 사람도 있지 않습니까. 하지만 교육자는 일반인과 달라야 합니다. 왜냐하면 교육이란 학생들의 희망이 실현되도록 도와주는 것이기 때문입니다. 희망을 느끼지 못하는 학생들에게 희망을 주는 것이 교육입니다. 교육자는 희망의 원천이어야 합니다.

그러나 우리는 지금 절망을 느끼게 됩니다. 이것이 정말로 큰 문제입니다. 희망을 느끼지 못하는 선생님께서 학생들에게 희망을 느끼게 해줄 수는 없을 것입니다. 절망을 느끼는 교사는 더 이상 교육자가 아닙니다. 아무리 선생님께서 안 그런 척하고 내색하지 않으려고 노력해서도 소용없습니다. 학생들은 절망하는 선생님의 안색을 바로 알아봅니다. 선생님의 절망은 학생들에게 전염됩니다. 순식간에 교실은 절망의 도가니로 변하게 됩니다.

절망으로 인한 손해는 학생들이 감당해야 하고, 더 나아가서는 우리 사회가 보게 됩니다. 하지만 가장 많이 손해보는 사람은 바로 선생님입니다. 선생님의 스트레스가 크게 증가할 것이기 때문입니다. 스트레스는 만병의 근원입니다. 스트레스는 성인병이나 문명병(우울증, 고혈압, 당뇨, 알레르기)을 초래합니다. "한국에 스트레스로 인한 성인병에 걸리는 교육자의 수가 단번에 20퍼센트 증가할 것이다"라고 어느 특강에서 장담하기도 했습니다. 선생님의 건강이 걱정됩니다. 그러니 지금부터 생존 전략을 세우셔야 합니다. 교육자들은 자신의 건강을 위해서라도 스트레스 해방 전략을 세우셔야 합니다.

다행스러운 것이 있습니다. 희망은 선택이기 때문입니다. 자신의 앞날이 훤하기 때문에 희망이 느껴지는 것이 아닙니다. 희망을 가질 때 앞날이 훤해옵니다. 희망이란 선물이 아닙니다. 희망은 뜻밖의 사고(事故)가 아니고 창의적인 사고(思考)입니다. 희망은 삶과 죽음의 차이입니다. 희망을 가지십시오. 지금부터 희망을 되찾을 수 있는 방법을 찾아내어야만 합니다. 진정한 교육자로 되돌아가야 우리는 행복을 얻을 수 있을 것입니다.

타성적 무기력에 빠진 교육자

우리가 학생이었을 적에 새 학기가 시작하는 전날에는 괜히 마음이 들뜨고, 기분이 짜릿하고, 가슴이 벅차오르기도 했습니다. 이상야릇한 감정을 주체하지 못해 잠을 설치기도 했습니다. 방학이 다 지나가버린 것이 아쉽기는 했지만 동시에 새 학기가 기다려졌습니다. 왠지 다음날 일어나면 세상이 달라져 있을 것 같고 따라서 우리 자신들마저 새로운 사람으로 변할 것 같은 기분이 들었지요.

지금은 어떤가요? 혹시 설레는 마음보다 걱정이 앞서는지요. 준비해야 할 일은 많은데 일이 손에 전혀 잡히지 않아 짜증스럽지는 않은지요. 방학이 언제 다 지나가버렸는지 알 수 없고, 새 학기가 다시 시작하는 것이 괜히 두렵습니까? 왠지 다음날 일어나면 하나도 달라진 것이 없을 것 같고, 오히려 전 학기보다 더 나빠지지나 않았을까 염려스럽습니까? 한숨이 나오고 신경질이 나고 우울증에 시달리고 계십니까?

우리가 어렸을 적에는 새 학기에 모든 것을 새롭게 해주는 신비한 힘을 느꼈습니다. 지금은 모든 것이 그저 똑같아 보일 뿐 무기력이 느껴집니다. 모든 것이 심드렁해지고 급기야는 시름시름 앓으며 병명 없는 병에 시달리게 됩니다. 해야 할 일은 계속 쌓이는데 도대체 손에 잡히는 일이 없습니다. 그러고는 해야 할 일은 자꾸 다음날로 미루고 쓸데없는 일에 시간을 허비하게 됩니다.

차이는 무엇일까요? 나이 탓일까요? 나이가 들어 세상이 시들해졌기 때문일까요? 아니면 학생과 선생님이라는 신분 차이일까요? 아닙니다.

차이는 바로 타성입니다. 절망스러운 어제가 오늘도 어김없이 계속되리라는 타성적 무기력입니다.

자신이 하는 일에 희망을 느끼면 다음날이 기다려집니다. 이와 반대로 희망을 느끼지 못하면 자신이 하는 일에 가치를 느끼지 못하게 됩니다. 이런 경우 다음날은 별볼일없는 또 하나의 날이 되고 맙니다. 일은 그저 먹고살기 위해서, 자식 뒷바라지하기 위해서, 남들만큼 또는 남보다 좀더 잘살기 위해서, 다른 마땅한 할 일이 없으니까…… 즉, '해야 되니까', 심지어는 '하라고 하니까' 하는 것이라고 생각하게 되기 쉽습니다. 이런 생각을 품고 있으면 새 학기가 기다려지지 않습니다. 희망을 느끼지 못하면 스스로 초라해지고 마음이 자꾸 오그라듭니다.

무기력을 느끼는 선생님도 절망을 느끼는 선생님같이 역시 진정한 교육자가 될 수 없습니다. 왜냐하면 선생님이란 학생들의 마음이 점점 커져가도록 도와주는 존재여야 하기 때문입니다. 절망하는 사람이 남에게 희망을 줄 수 없듯이 무기력을 느끼는 사람이 남에게 생명력을 불어넣어 줄 수 없습니다. 자기한테 없는 것을 남에게 줄 수 없는 법이니까요. 없는 것을 주는 척할 수는 있어도 그리 오래 지탱하지 못할 것입니다. "모든 사람을 가끔 속일 수 있고, 어떤 사람을 항상 속일 수 있어도 모든 사람을 항상 속일 수는 없다"고 링컨이 한 말이 있지 않습니까. 특히 학생들은 직감에 가까운 예리한 관찰력을 가지고 있습니다. 학생들은 말로 표현을 못하더라도 선생님의 무기력을 꿰뚫어보고 함께 느끼게 됩니다.

문제는 사람들은 일반적으로 무기력한 사람을 피하고 싶어한다는 점입니다. 무기력증은 감기같이 옆에 있는 상대에게 옮겨가기 때문입니다. 학생들이 기피하는 선생님은 옆에서 찡얼대는 학생들이 없으니 순간적으로 편하더라도 결국 외로울 것입니다. 그리고 무기력증의 악순환에서 벗어나기 점점 더 어려워질 것입니다. 우리 교육자는 하루 빨리 타성적 무기력에서 벗어날 전략을 세워야 합니다.

맹목적 신봉 앞에 엉엉 우는 원로 교수

교육자가 받는 스트레스는 교실 내의 문제 때문만은 아닙니다. 교실 밖의 상황을 지켜보고 있노라면 한숨이 절로 나옵니다. NEIS 하나만 보아도 암울해집니다. 모두가 우왕좌왕하지 않나, 대립이 격렬하기 짝이 없고, 분열이 여러 차원에서 일어나고 있습니다.

그러나 사회적 차원까지 멀리 볼 필요가 없습니다. 우리 교육자를 괴롭히는 것은 교육자라는 직책 하나로 사회로부터 존경받고 대우받던 시절은 이미 지나간 옛날 이야기라는 냉혹한 현실일 것입니다. 대학 교수마저도 좋은 시절이 다 지나가고 있습니다. 이제는 교수도 온갖 평가에 시달리고 개혁의 대상으로 몰리고, '교수 노조'라는 것까지 등장하여 교수의 정체성을 흔들고 있지 않습니까.

저는 미시간 공대 옴부즈맨 직책을 맡고 있기 때문에 일반 교수가 경험할 수 없는 대학의 어두운 면, 교수들에게 가장 스트레스를 주는 사건들을 자주 접할 수 있습니다. 옴부즈맨이란 일반적으로 국민고

충처리위원이라고 소개되고 있지만, 대학의 옴부즈맨은 교수, 학생, 직원들 사이의 분쟁을 조사하고 판결을 내리는 직책입니다. 미국에서는 교수 평가제 등으로 학내 분쟁이 심각해지던 1970년대 초부터 생기기 시작한 직책입니다. 이 직책은 대학의 유일한 종신 보직이기도 합니다. 총장이나 이사장의 눈치를 보지 않고 판결을 내릴 수 있어야 하기 때문입니다. 옴부즈맨으로 일하면서 겪게 된 일화를 하나 말씀드리겠습니다.

어느 날 원로 교수님 한 분이 저를 찾아오셨습니다. 평균보다 훨씬 적은 연봉 인상을 받았는데 과연 공평한지 저보고 옴부즈맨 자격으로 조사를 해달라고 부탁하셨습니다. 자초지종을 설명하는 동안 감정을 자제하려고 노력하셨지만 마침내 눈물을 보이셨습니다. 감정이 한번 터지기 시작하더니 아예 엉엉 우시더군요. 얼마나 복받쳤으면 그토록 서럽게 우셨을까요.

평균보다 낮은 연봉 인상률을 지난 몇 해 계속해서 받아왔지만 별로 대수롭지 않게 생각해 왔다고 합니다. 연구 실적을 중시하는 세상이 왔는데 연구 일선에서 물러난 지 한참 되었으니 낮은 연봉 인상률을 어쩔 수 없이 인정하였답니다. 하지만 비록 외부로부터 받은 연구비는 없지만 자신이 하고 싶었던 연구를 소규모나마 계속 할 수 있었기 때문에, 강의실에서 학생들과 하루하루를 즐겁게 그리고 뜻있게 보낼 수 있어서 연봉 인상률 따위에는 관심을 가지지 않았다고 합니다. 즉, 연봉제로 인하여 금전적 피해는 받았지만 그로 인하여 정신적 피해는 받지 않았다는 것이지요.

그런데 은퇴를 코앞에 두고 평균 이하의 봉급 인상을 받으니 도저히 가만 있을 수가 없다고 합니다. 자신이 대학에 바친 30년이 모조리 평균 이하라는 혹독한 평가를 받는 것 같아 생각할수록 분하고 억울하고 괘씸하게 느껴진다고 합니다. 물론 연봉 인상률은 오직 지난 한 해 동안만의 실적을 평가한 것이라는 사실은 충분히 알겠지만 마지막 연봉 인상률이기 때문에 그 의미가 확대되어 보인다고 합니다. 지난 1년이 아니고 마치 자신의 커리어 전부가 평균 이하라고 판정받는 것 같아 인생이 허무하게 느껴진다고 합니다.

연봉제가 주는 심리적 부담을 초월하기가 이토록 어렵습니다. 혼자 아무리 연봉제를 초월했다 해도 그것은 아픔(스트레스)을 잠시 잊는 것이지 없는 것이 아닙니다. 매년 조금씩 쌓이는 스트레스가 언젠가는 폭발하게끔 되어 있습니다. 업적 평가와 연봉제로 인하여 겪게 되는 씁쓸한 은퇴는 우리 모두 언젠가는 거쳐야 할 것이기 때문입니다.

미국 교수만의 이야기가 아닐 것입니다. 한국 교육자의 모습을 미리 보여주고 있습니다. 지금 한국은 외국에서 실시해 오던 제도를 무조건 신봉하는 모양입니다. 한국 전통과 문화와 의식구조에 비추어 합당함을 제대로 따져보지 않고 일단 수입하고 도입하고 보는 것 같습니다. 저는 이 세상에 맹목적으로 신봉해야 하는 것은 종교밖에 없다고 생각합니다. 교육이 종교가 아니라면 맹목적 신봉은 지극히 위험한 일입니다.

하지만 좋고 그름을 떠나서 연봉제니 업적 평가제는 어차피 한국에 정착하게끔 되어 있습니다. 꼭 연봉제가 아니더라도 이미 은퇴의 비참함을 우리 두 눈으로 똑바로 보았습니다. 경제 논리에 조퇴, 명퇴당한 동료나 이웃들의 맥빠진 모습을 보았습니다. 기가 차고 억울하고 괘씸해서 기세 등등하게 화를 내는 모습도 잠깐, 곧바로 고개를 떨구는 선배들의 초라한 모습, 그들의 초점 없이 허공을 헤매는 눈에서 인생의 허망함을 엿보았습니다. 야박한 경제 이론, 비정한 경쟁 논리, 졸속한 정책…… 우리가 아무리 욕하고 나무라고 비판해도 수

그러들지 않습니다. 남의 일이 아닙니다. 우리는 이에 대한 생존 전략을 지금 세워야 합니다.

불신하는 교육자

옴부즈맨으로 일을 하면서 스트레스 받는 교수님들을 자주 접하게 되었는데 그 분들을 다섯 유형으로 구분하게 되었습니다. 그리고 유형에 따라 스트레스의 종류와 느끼는 정도가 각자 다르다는 사실을 알게 되었습니다.

1. 순응형

주로 신임 교수들로 비현실적인 '생산성'을 요구받고 있습니다. 승진될 때까지 교수직이 보장되어 있지 않기 때문에 이들은 막막한 불안감에 시달리고 있습니다. 하지만 교수 업적 평가와 연봉제가 없었던 시절의 교수 사회 분위기를 잘 모르기 때문에 현재 느끼는 스트레스가 정상인지 비정상인지 비교할 대상이 없습니다. 이런 무의식 상태로 높은 스트레스가 장기간 지속되면 성인병이 발병할 게 뻔합니다.

2. 추종형

교수 업적 평가 항목이 자신의 능력이나 가치관과 일치하기 때문에 이익을 보는 교수님들입니다. 이런 교수님들은 불안감은 없지만 여전히 심한 스트레스를 느낍니다. 얼마 전만 하더라도 쥐구멍 만한 연구실에 밤낮으로 처박혀 앉아 연구해서 결과가 학술지에 게재되면 뿌듯함을 느끼고 그동안 쌓였던 스트레스가 싹 풀렸습니다. 출판된 한 편의 논문이 주는 기쁨은 대단하였습니다. 하지만 정보화시대가 되면서 논문이 실릴 때마다 스트레스가 풀리기는커녕 오히려 더 쌓이고 맙니다. 왜냐하면 1년에 학술지에 실리는 논문이 무려 7백만 편이나 되기 때문입니다. 이제는 자신의 모든 것을 바쳐 논문을 썼어도 아무도 읽지 않습니다. 자신이 하는 일이 점점 무의미해지기 때문에 스트레스가 더욱더 쌓여갑니다. 그래서 예전에 대학에서 유행했던 'publish OR perish(연구하지 않으면 죽는다)'란 말은 싹 들어가고 요즘엔 그 대신 'publish AND perish(연구하고 죽어라)'란 말이 나돌고 있습니다.

3. 반발형

주로 부교수들입니다. 승진에 대한 수준이 매년 높아지고 평가가 까다로워지기 때문에 상당한 불안감을 느끼고 있습니다. 불안감은 불만감으로 변하게 됩니다. 불만감이 자신의 개인 차원을 벗어나지 못하면 비난이 되고, 원칙을 내세워 보편화하면 비판이 되겠지요. 비판이 건설적이면 스트레스가 줄어들겠지만, 아마도 비판이 아무 반응이나 해결책 없는 막막함으로 빠질 확률이 높기 때문에 스트레스는 더 쌓여갈 것입니다.

4. 포기형

교수 업적 평가 항목이 자신의 능력이나 가치관과 일치하지 않기 때문에 불이익을 보지만 반발하기를 포기한 교수님들입니다. 이런 교수님들은 순응형과 같이 불안감에서 오는 스트레스는 별로 느끼지 않습니다. 하지만 인생이 즐겁지 않습니다. 불안감과 불만감은 느끼지 않더라도 불행하다는 느낌을 떨치기 어렵습니다. 우울증에 걸릴 확률이 높습니다.

5. 초월형

주로 원로 교수님들입니다. 교수 업적 평가와 연봉제가 건드리는 체면이라든지 자기과시, 우월감, 열등감 등을 초월하신 교수님들입니다. 대학의 평가 항목과 무관하게 전통적 학자에 걸맞는 가치관을 흔들림 없이 추구하며 스스로 만족해 합니다. 외적인 가치관을 진정으로 초월하셨다면 행복하시겠지만 머릿속으로만 초월하고 마음이 따라주지 못하는 교수님은 암암리에 스트레스를 느끼실 것입니다.

이 다섯 가지의 유형은 어느 하나도 심한 스트레스에서 완전히 해방되지 못하고 있습니다. 스트레스를 받아들이는 방법은 다르지만 스트레스의 원인은 동일합니다. 평가에 대한 불신입니다. 대부분의 사람들은 평가를 받을 때 그 평가 과정과 결과가 확실하고 공평하다면 순순히 받아들일 것입니다. 하지만 믿지 못할 때는 약간의 불이익도 가슴에 맺히게 됩니다. 억울하고 분하고 괘씸하다고 느끼게 되면 약으로 다스리기 어려운 가슴 병이 발병하게 됩니다.

그래서 이 모든 형의 교육자는 이 상태로 나간다면 병에 걸릴 것이 확실합니다. 평균 수명에 대한 통계가 잘 보여주고 있습니다. 한국인의 평균 수명은 지난 30년 동안 무려 14세가 늘어났지만 건강 수명은 평균 수명보다 10년 가량 짧은 65세에 불과한 것으로 나타났습니다. 건강 수명이란 아프지 않고 긴깅하게 살아가는 기간을 나타내는 지표로, 우리나라 국민들은 평균 10년 이상을 각종 질병에 시달리며 살아가는 셈입니다. 이 통계보다 더 무서운 사실은 앞으로 평균 수명은 더 늘어나되 건강 수명은 더 줄어들 것이라는 예상입니다. 미국 직장인들은 이미 스트레스로 인해 소모되는 건강 관리 및 스트레스 해소 비용과 작업 손실로 매년 3천억 달러(약 345조 원) 이상을 지출하는 것으로 추정된다고 《뉴욕타임스》가 보도했습니다(2004년 9월 5일자). 우리 역시 지금부터라도 조심하지 않으면 저금통장이 스트레스 관리 비용으로 '펑크' 나게 될지도 모릅니다.

지금 우리가 무엇을 어떻게 하느냐에 따라 평균 수명과 건강 수명의 차이를 줄여나갈 수 있습니다. 줄여나가야 합니다. 불신은 불치의 병이 되기 쉽기 때문입니다.

책임 회피에 급급한 교육자

우리가 은퇴할 때의 모습을 지금 그려봐야 하는 이유가 하나 더 있습니다. 선생님께서 은퇴하시는 날의 마지막 강의를 연상해 보십시오. 과연 선생님께서는 "내 인생은 허무해" 하면서 서럽게 우실 것인가, 아니면 "나 정말 멋지게 살았어. 참으로 보람있는 교직 생활이었어" 하면서 뿌듯함을 느끼실 것인가요.

이 느낌은 그저 은퇴하는 당일 하루만의 심정이 아닙니다. 예전에는 은퇴하는 날의 기분이 그다지 중요하지 않았지만 지금은 무척 중요합니다. 예전에는 은퇴하고 나서 1~2년 그럭저럭 지내다 수명을 다했습니다. 1970년대만 하더라도 평균 수명이 62세밖에 되지 않았으니까요. 마음에 전혀 들지 않은 일을 해왔어도 할 일이 있었다는 그 자체가 고맙고, 또 그로 인하여 자식 농사를 무사히 지었다면 다행스럽게 생각하고 마음을 달랬습니다. 그리고 자신의 인생을 제대로 뒤돌아볼 여유 없이 곧 삶이 끝났습니다.

하지만 요즘 평균 수명은 75.5세입니다. 은퇴하고도 15년은 더 살게 됩니다. 아마 5년 후에는 평균 수명이 현재 일본과 같은 82세로 늘어날 확률이 높습니다. 의학계에서는 이론적으로 10여 년 뒤에는 120세를 기대할 수 있을 것으로까지 내다봅니다(《뉴스위크》, 2003년 9월 1일자). 그렇다면 우리가 은퇴할 즈음에는 은퇴한 후에 은퇴할 때까지와 맞먹는 긴 세월을 더 살게 됩니다. 그러니 삶을 축구에 비교한다면 은퇴는 겨우 전반부의 종료인 셈입니다.

인생 전반부에는 생활의 기반을 쌓고 경제적·사회적 안정을 위해, 자식 뒷바라지하기 위해 정신없이 바쁘게 생각없이 살았더라도 후반부에는 어떻게 할 생각입니까. 은퇴하고 나서도 계속해서 새로운 직장을 가지고 바쁘게 일을 하게 될 확률은 매우 낮습니다. 제레미 리프킨의『노동의 종말』이라는 책에서 볼 수 있듯이 앞으로는 직장이 점점 사라져버릴 것이기 때문입니다.

은퇴는 자신이 열심히 일하던 때를 뒤돌아보게 되는 시기가 될 것입니다. 자신의 인생 초반부를 평가하고 계속해서 살아야 할 삶의 의미를 찾아야 할 것입니다. 하지만 만일 자신이 여태껏 인생을 헛살았다고 생각한다면 그 허무한 마음을 달랠 길이 없을 것입니다. '그래, 난 어쩔 수 없었어. 그땐 나만이 아니라 모두가 그랬었지.' '그건 그 당시 시대적 문제가 아니었던가.' 아닙니다. 이렇게 책임을 회피하고 덮어둘 수 있는 이슈가 아닙니다. 왜냐하면 자신의 인생 초반부를 하루 이틀 정도 뒤돌아볼 것이 아니기 때문입니다. 앞으로 10년 20년 동안 두고두고 생각하게 될 것입니다.

먹고살기 바쁠 때에는 선성으로 시나치넌 것이 배가 부르넌 생각나게 됩니다. 온종일 지게 메고 짐 나를 땐 괜찮던 허리 통증이 밤늦게 쉴 때 허리가 끊어지도록 아파옵니다. 일제시대 친일파에 대한 증오와 정신대에 대한 비참함이 반세기가 훨씬 지난 현재 오히려 더 처절히 느껴지지 않습니까. 우리가 지금 하고 있는 일에 만족하지 않고는 은퇴하고 나서 인생 후반부 30년을 더 버틸 정신력을 얻을 수 없을 것입니다. 무시무시한 생각입니다.

　우리는 인생 후반부를 염두에 두고 전반부를 살아야 합니다. 인생 전반부에 교육자로서 무엇을 어떻게 했는가에 따라 후반부 인생이 즐겁거나 괴롭게 될 것입니다. 괴로운 마음을 1~2년은 버텨낼 수는 있어도 10년 20년을 견뎌낼 수 있는 장사는 이 세상 어디에도 없을 것입니다.

　은퇴할 때 교육자로서의 자신을 평가할 때 어떤 잣대가 적용될까요. 아마 돈이 아닐 것입니다. 돈을 얼마나 벌었는가가 잣대가 아닐 것입니다. 어차피 부자 되려고 교육자가 된 것이 아닐 테니까요. 명예도 학력도 아닐 것입니다. 유명해지려고 교육자의 길을 걸은 것도 아닐 테니까요. 벽에 걸려 있는 졸업장과 자격증이 인생 전반부에는 유용했을망정 후반부에는 그저 종이쪽에 불과할 것입니다. 무엇이 교육자인 우리의 인생을 뜻있음과 허무함으로 가르는 잣대인가 지금 따져보셔야 합니다. 우리의 기나긴 후반부 인생이 이 잣대에 달려 있습니다.

2. 교육자들이여, 이제 스스로 혁신하라

무엇을 망각하고 있는가

한국 중고등학교 선생님들과 미국 선생님들이 한자리에 모여 이야기를 나눴습니다. 어느 한국 선생님께서 미국 선생님들께 물었습니다. "미국 학생들은 하루에 몇 시간 정도 공부를 하는가요?" 미국 선생님들의 대답과 질문이 잇달았습니다. "우리 (미국) 고등학생들은 집에서 하루에 두세 시간 정도 숙제를 합니다. 한국 선생님들께서는 학생들에게 몇 시간 정도의 숙세를 내주십니까?" 잠시 조용해졌습니다. 어느 한국 선생님께서 대답을 하셨습니다. "학교에서는 숙제를 내주지 않습니다. 학원 숙제가 많기 때문에……" 다른 한국 선생님들께서 다들 고개를 끄떡였습니다. 미국 선생님들은 갸우뚱거립니다. 통역자에게 같은 질문을 다시 반복하였습니다. 혹시 한국 선생님들께서 질문을 잘못 이해했거나 통역자가 말을 잘못 전달했거나 둘

중에 하나라고 생각한 것입니다.

　미국 선생님들은 한국의 교육 현실을 자세히 설명을 해줘도 여전히 감을 잡지 못하였습니다. 아마 파파 할머니께 인터넷을 설명해 드리는 것이 더 쉬울지도 모르겠습니다. 그렇습니다. 우리는 이제 별로 이상하게 생각되지 않는 점들이 미국 선생님들한테는 조금도 이해되지 않는 모양입니다. 외국인에게는 한국의 교육 현실이 정상을 벗어난 정도로 보이지 않는 모양입니다. 그들이 알고 있는 '교육'이라는 개념의 테두리를 완전히 벗어났기에 완전히 다른 단어를 사용해야 할 정도인 것입니다.

　이렇듯 지금 우리가 잊고 사는 것이 한두 가지가 아닙니다. 혹시 보신 적 있으십니까? 학교 가는 날 아침식사 하면서 그날 할 일을 상상하고 그저 좋아 싱글벙글하는 학생의 밝은 얼굴을 말입니다. 학교에서 돌아와서 "오늘 수업이 너무 너무 재미있었어요" 하고 학교에서 일어난 일을 신나게 말해 주는 학생을 언제 마지막으로 보셨습니까. 이건 동화책에서나 나오는 이상적인 모습이 아닙니다. 이런 모습이 학생들의 정상적인 모습입니다. 우린 너무 기진맥진한 학생들만 보면서 그들의 창백한 얼굴이 정상인 줄 알고 있는지 모르겠습니다. 우등생이라면 신경 예민하고 빼빼 말라 있는 것은 당연하다고 생각하고 있지는 않나요.

　혹시 느끼신 적 있으십니까? 몸과 마음이 활짝 피어나는 우리 학생의 모습을 보면서 부러움과 대견함과 뿌듯함이 교차하는 느낌 말입니다. 새벽에 서울역에서 수학여행을 앞두고 흥분과 기대에 들떠 재잘대는 수백 명의 학생들을 보면서 이유 없는 눈물이 주체할 수 없이 줄줄 흘러나온 적이 있습니까? 학생의 머리를 만져주면서 무한한 행복감을 맛보신 적 있습니까? 이건 멜로드라마가 아닙니다. 교육자가 느낄 수 있는 지극히 정상적인 반응입니다. 우리가 교육자이기에 누리는 특혜이기도 합니다.

지금 이러한 정상적인 모습들이 우리 곁에서 서서히 사라져가고 있기 때문에 우리가 진정한 교육을 잊고 있는 것만은 아닙니다. 망각은 우리의 선택이기도 합니다. 사실 우리 교육자는 우리의 교육이 비정상적이라는 사실을 너무나 잘 알고 있습니다. 우리의 손을 거쳐 키워진 학생들이 왜 국내 기업으로부터 외면당하는지 그 이유를 잘 압니다. 우리가 길러낸 학생들이 세계 무대에서 외면당하고 무시당하는 이유도 알고 있습니다. 실력이 부족해서, 영어를 못해서, 창의력이 없기 때문이라고들 하지만 우리는 그것이 진짜 이유가 아니라는 것을 잘 알고 있습니다. 그보다는 상대에 대한 배려, 감사하는 마음, 공공 질서에 대한 존중심 등 세계인으로서의 최소한의 기본 자질이 갖추어지지 않았기 때문에 우리 학생들이 세계에 나가 대접받지 못한다는 점을 뼈저리게 느끼고 있습니다. 자기 자식만 잘 되기를 바라는 학부모의 짧은 안목도 문제고, 우왕좌왕하는 교육 정책도 문제고, 낙후된 교육 환경도 문제지만 우리 교육자들도 책임을 한 부분 질 수밖에 없습니다. 그렇기 때문에 우리는 다 잊고 싶은 것입니다. 우리를 짓누르는 죄책감을 감당하기 어려워 잊지 않으면 견디기 어렵기 때문입니다.

우리는 교육자가 되고 싶었습니다. 그러나 현실은 기대한 바와 너무도 차이가 났습니다. 취업률이 좋았고 연금과 보험 혜택도 괜찮고 방학이 있는 것이 좋았지만 무엇보다도 학생들과 함께 지내는 것이 가장 좋아 보였습니다. 그러나 어느새 달라졌습니다. 봉급과 연금을 계산하게 되고 방학이 기다려지는 반면 학생들과 지내는 시간은 어렵게만 느껴지게 되었습니다. 이러자고 교육자가 된 것은 아닌데……. 그저 모든 걸 잊고 싶어집니다.

우리는 교육자가 되겠노라고 결정할 때의 마음을 다시 느껴야 합니다. 진실에 가슴이 벅차오르고 눈시울이 뜨거웠을 때를 기억해 내야 합니다. 예전의 순수함을 되찾아야 합니다. 그래야 거짓됨이 추해 보일 것입니다. 그래야 스승으로 다시 거듭날 수 있습니다. 그래야 우리가 교육자임을 자랑스럽게 느끼며 멋있게 살게 될 것입니다.

한국 교육 개혁의 다섯 가지 걸림돌과 다섯 가지 징검돌

제가 1994년에 브레인풀 초빙교수로 서울대에서 강의할 당시 학생들이 들려주었던 우스갯소리가 생각납니다.

어느 날 장학관이 초등학교를 방문했다. 교실을 둘러보던 중 창가에 놓여 있는 지구본이 눈에 띄어 마침 옆에 있는 학생에게 물었다. "학생, 이 지구본이 왜 기울어져 있나?" 학생은 당황해서 얼떨결에 "제가 안 그랬심더" 하고 대답했다. 장학관은 그 대답에 어처구니가 없어 이번에는 교사에게 똑같은 질문을 했다. "선생님, 이 지구본이 왜 비뚤게 서 있지요?" 교사는 질책당하는 줄 알고 대답했다. "제가 이 학교에 오기 전부터 그리 되었심더." 이제 장학관은 화가 났다. 그래서 교장에게 물었다. 그랬더니 교장이 대답하길, "허허, 참 잘 아시면서, 그게 국산품 아닙니꺼!"

저는 이 농담의 끝을 약간 수정하여 한마디 더 붙여봅니다.
교장의 대답을 들은 장학관은 묵묵히 생각한다. "그래, 다음에는 미제를 사주어야지."
아니 그렇습니까. 연봉제, 7차 교육과정, 연구 중심대, 학부제 등 외국 제도를 별 생각 없이 도입하는 것이 우리 한국 교육의 현실이니까요.

학생들은 농담으로 들려준 것이었겠지만 농담치곤 대단히 뼈 있는 이야기입니다. 그 속에는 한국 교육 개혁의 다섯 가지 걸림돌이 고스란히 들어 있었으니 말입니다. 즉, 책임 회피(나 말고 다른 사람이 문제다), 타성적 무기력(전부터 그랬으니 어쩔 수 없다), 불신감(국산품은 못 믿겠다), 맹목적 신봉(외제면 무조건 좋을 것이다), 그리고 절망입니다. '왜 그럴까? 무엇이 문제일까?'를 생각하지 않기 때문에 핵심을 못 보는 본질에 대한 이해 부족과 '어떤 답이 있을 수 있을까?' 하는 가능성에 대한 창의력 부족이 가져다주는 절망입니다. 이 다섯 가지의 걸림돌을 제거해야만 한국 교육 개혁이 성공할 것입니다.

걸림돌을 제거하는 전략 역시 다섯 가지입니다. 첫째는 시대의 흐름을 읽어야 합니다. 절망을 극복하기 위해서는 비전이 필요합니다. 올바른 비전이 있을 때 비로소 희망을 느낄 수 있기 때문입니다. 비전은 시대의 흐름을 명백히 읽는 데에서 비롯합니다.

둘째, 우리 스스로 리더가 되어야 합니다. 모두가 회피하는 책임을 스스로 지겠노라고 선뜻 나서는 사람을 일컬어 리더라고 합니다. 서로 "네가 잘못했다. 네가 혁신해야 한다"라고 할 때 "아니다, 나부터 바꾸겠다"라고 하는 용기 있는 사람이 새 시대의 리더입니다.

세 번째 전략은 지금부터 시작하는 것입니다. 타성적 무기력을 극복하는 방법은 이것 단 한 가지입니다. '다음 학기부터 시작하지, 연초에 새로운 마음으로 새롭게 시작하지, 이번 급한 일이 다 끝나면 하지…….' 아니지요. 해야 할 일을 미뤄서는 되는 일이 별로 없습니다. 내일도 아니고 당장 지금부터 시작해야 합니다.

불신의 반대는 믿음입니다. 믿음은 우리의 못난 점과 문제점에서 발견할 수 없습니다. 단점을 아무리 깊숙이 분석하고 논의해 봤자 통쾌한 해결책을 얻기 어려울 것입니다. 해결책은 우리의 장점에서 창조해 내는 것이기 때문입니다. 그래서 네 번째 전략으로 우리는 우리(교육자, 학생, 사회 등)의 장점을 찾는 습관을 지녀야 합니다.

마지막으로 맹목적 신봉에서 벗어나기 위해서는 지혜가 필요합니다. 지혜는 아는 것에서 비롯합니다. 교육자의 지혜는 새로운 시대와 사회가 요구하는 교수법을 배움에서 시작합니다.

이렇듯, 다섯 가지의 걸림돌을 제거하고 다섯 가지의 징검돌을 놓는 것이 바로 새 시대가 요구하는 구조조정입니다. 부서를 옮기고, 사람을 자르고, 합병하고, 제도를 바꾸는 것이 구조조정이 아니라 사람의 마음과 머릿속의 체계와 가치관을 올바르게 하는 것이 바람직한 구조조정입니다.

우리가 스스로 구조조정을 할 때 비로소 스트레스에서 해방되고 교육자의 본심을 되찾게 될 것입니다. 교육자의 본래 모습으로 되돌아왔을 때 사회는 우리를 존경하고 대우해 줄 것입니다. 그것이 우리가 행복하게 사는 길입니다.

천만다행인 것이 하나 있습니다. 위에 제시된 다섯 사항은 교육자들이 개별적으로 선택할 수 있는 것들입니다. 우리가 어쩔 수 없이 절망하거나 허깨비를 맹신하거나 불신감으로 불안해 하거나 무기력에 괴로워할 이유가 없습니다. 각자 마음대로 선택하는 것들이기 때문에 무엇을 어떻게 선택하는가에 따라 우리의 미래가 달려 있습니다. 우리는 절망 대신 희망을 선택할 수 있습니다. 우리는 맹신 대신 지혜를 추구할 수 있습니다. 우리는 불신 대신 믿음을 선택할 수 있습니다. 우리는 지금부터라도 새로운 마음으로 시작하는 자생력을 지녔습니다. 선택을 잘 하시기 바랍니다.

2장 새 시대 교육자 생존 전략 1

시대의 흐름을 명확히 읽어라

1 :: 대한민국 교육, 어디로 가고 있는가

교육자 생존 전략의 첫번째 전략은 시대의 흐름을 명확히 읽는 것입니다. 절망을 극복하기 위해서는 비전이 필요하기 때문입니다. 비전은 미래를 그리는 작업입니다. 하지만 비전은 영감과 다르고 환상과도 다릅니다. 영감은 신령스러운 예감이나 느낌입니다. 영감은 산신령이나 도사들에게 가능할지는 몰라도 일반인들에게 기대할 수 있는 비전 제시 방법이 아닙니다. 비전은 현실적인 기초나 가능성이 없는 헛된 환상(幻想)이 아니고, 어느 현상의 주변을 둘러싸고 있는 일체의 실상을 뜻하는 환상(環象)을 정확하게 파악하는 데에서 비롯합니다. 그래서 비전을 지니기 위해서는 현실을 제대로 파악하는 것부터 시작해야 합니다.

사람들은 흔히 자신이 현실을 잘 파악하고 있다고 생각합니다. 매일 현실에 부대끼며 살고 있기 때문입니다. 그러나 오히려 항상 접하게 되는 것을 제대로 못 볼 수 있습니다. 매일 공기를 마시면서도 공기를 느끼지 못하듯이 말입니다. 공기라는 존재는 물과 공기 사이를 들락날락할 때 가장 확실하게 느끼게 됩니다.

한국의 현실도 마찬가지입니다. 한국 내에만 있을 때에는 한국의 현실이 잘 파악되지 않을 수 있습니다. 우리에게 입, 코가 없어서 공기를 느끼지 못하는 것이 아니듯이 우리의 관찰력이나 분석력이 나빠서 현실을 제대로 파악하지 못한다는 말이 아닙니다. 한국의 현실 역시 우리가 한국 사회를 들락날락할 때 가장 쉽게 알 수 있습니다. 그런 뜻에서 이 장에는 한국의 교육 현황을 다른 나라의 경우와 비교하면서 분석해 봅니다.

한국엔 학교 종이 땡땡땡, 미국엔 학교 총이 땅땅땅!

한국 언론을 대하면 '교육, 이대로는 미래 없다' 등 한국의 교육을 비판하는 일간지 특집과 방송 프로그램들을 무척 많이 보게 됩니다. 특히 자녀 교육을 위해 해외로 이민 가는 사람들이 점점 늘어난다는 통계는 과히 충격적입니다. 도대체 한국 교육이 얼마나 형편없기에, 얼마나 절망적이기에 한국에서의 교육을 포기하고 외국으로 떠난단 말입니까.

한국에서는 사교육비, 입시 정책, 과외, 체벌 금지 등 교육에 대한 관심도가 학부모들 사이에 항상 높았지만 이제는 교육 문제가 사회 전반으로 확산되어 버렸습니다. 사회의 관심이 교육으로 집중되고 '나라를 살리기 위해서는 교육 개혁이 필수'라는 결론에 전 국민적 합의가 이루어진 점은 매우 바람직하다고 생각됩니다. 그러나 교사와 교수의 자질을 의심하거나 교육자 집단을 비판하는 기사도 심심

찮게 보도됩니다.

비판의 대상으로 전락한 교육자로서 매우 부담스럽고 억울하기까지 한 면이 있습니다. 과연 우리 교육자들의 능력이 부족한가? 우리가 무엇을 얼마나 잘못했단 말인가? 항의하려고 해도 여기저기서 비슷비슷한 비판이 쏟아져 나오니 그만 기가 꺾이고 맙니다. 거짓말도 세 번 들으면 믿게 된다는 것이 사람 마음이라고 하지 않습니까! 그러나 교육자는 절대로 자신이 하는 일에 자신감을 잃어버리면 안 됩니다. 교육은 희망을 주는 일입니다. 교육자마저 교육에 자신감을 잃어버리면 우리 모두 더 이상 갈 데가 없기 때문입니다.

저는 한국에 떠도는 교육 비판론은 무척 잘못되었다고 생각합니다. 편파적 정보, 엉뚱한 비교, 무지, 그리고 건설적 비판이 아닌 탓하기 위주의 비난 등이 주를 이루고 있습니다. 우리는 우리나라의 학교 붕괴 현상을 제대로 비교·평가해야 합니다.

'한국 교육 붕괴를 피해서 미국으로 이민 간다.' 대단한 도박이라고 생각됩니다. 한국 교육의 단점과 미국 교육의 장점을 비교하면 분명 미국이 좋게 보입니다. 반대로 한국의 장점과 미국의 단점을 비교하면 한국은 무척 좋은 나라로 보이겠지요. 이런 비교는 어리석은 비교입니다. "아는 만큼 보인다"라는 말이 있듯이, 아마 미국의 교육 붕괴 현상을 잘 알지 못하기 때문에 그저 좋을 것이라고 막연한 기대를 가지고 한국을 떠나는 모양입니다. 그러나 학교 붕괴라고 하면 한국보다 몇 십 배 더 심각한 곳이 바로 미국이지 않습니까.

마약, 섹스, 청소년 임신, 폭력, 학력 저하 등 미국 학교 붕괴의 정도는 한국에서 상상도 할 수 없을 정도로 깊고 넓습니다. 기회의 나라인 미국에서는 성공의 폭도 크지만 실패할 경우 그 나락의 깊이 또한 심연을 모를 정도로 대단히 깊습니다. 미국 중고생 절반 이상이

성 경험을 했거나, 30퍼센트가 마약을 정기적으로 상용하며, 17퍼센트가 정서 불안 등으로 치료를 받고 있습니다. 이런 문제는 꼭 흑인들이 집중되어 있는 중하류층에 국한되어 있는 현상이 아닙니다.

한국의 학교 붕괴를 피해 미국으로 이민 가는 경우는 마치 살쾡이를 피해 호랑이 굴로 뛰어드는 셈이라고 생각합니다. 제가 2001년도 가을에 KBS의 한 프로그램에 출연해 말했듯이 한국에서는 아직까지 "학교 종이 땡땡땡!" 하지만 미국에서는 "학교 총이 땅땅땅!" 합니다. 한국의 교육 붕괴는 절망적이지 않고 충분히 회복될 수 있는 정도라고 생각됩니다.

교육 붕괴, 시대 변화에 따른 과도기적 현상

학교 붕괴는 미국에서는 이미 1950년대부터 나타나기 시작했던 현상입니다. 많은 분들이 제임스 딘을 슈퍼스타로 탄생시킨 〈이유 없는 반항〉이라는 영화를 본 기억이 있을 것입니다. 1950년대의 미국 고등학생들의 생활을 그린 영화인데 권위도 권한도 없기에 의욕을 상실한 선생님, 학생들을 슬슬 피하는 상담교사, 속수무책인 학부모, 왕따, 집단 폭력 등등 요즘 한국과 크게 다르지 않습니다. 결국 오기와 반항심으로 무모하게 죽음에까지 이르는 학생……. 미국에서는 그 후로 30년이 지나서야 겨우 교육 붕괴가 국가 자체를 붕괴로 몰고갈 수 있다는 위기를 인식하고 「Nation at Crisis」라는 보고서를 통해 교육 문제를 국가 차원의 문제로 부상시켰던 것이지요.

이와 같은 교육 붕괴 현상은 유럽에서는 1960~70년대, 일본에서는 1980년대부터 조짐을 보였습니다. 일본 교육 붕괴에 대한 분석과 대안에 대한 기사가 최근 일본의 《문예춘추》 잡지에 실렸더군요. 그러니 한국의 학교 붕괴 현상은 미국보다 약 40년, 일본보다 약 10여 년 늦게 나타난 것이지만 대안 찾기는 거의 같은 시점에 와 있습니다. (한국에 교육 붕괴 현상이 나타나자마자 곧바로 사회 톱 이슈로 관심을 받고 있다는 사실은 한국에 희망이 있음을 확신시켜 주는 또 하나의 예입니다.)

이렇게 다른 나라의 예를 비교해 볼 때, 한국의 교육 붕괴는 한국만의 문제가 아니고 인류사의 큰 흐름 속에서 일어나는 일련의 현상이라는 사실을 알 수 있습니다. 물론 나라마다 조금씩은 다르겠지만 학교 붕괴 현상을 초래하는 궁극적인 이유는 산업시대에 맞는 교육체제가 지식기반시대에 맞는 체제로 변하는 과정에서 일어나는 과도기 현상이라고 볼 수 있습니다.

지금 우리가 한탄하는 획일적 교육은 사실 우리가 산업화를 이룩하는 데 일등공신이었습니다. 지금 우리가 저주하는 팽창 위주의 교육 정책은 전체 인구의 5퍼센트 미만이었던 고등교육 수혜자의 수를 산업화를 이루기 위해 필요한 30퍼센트 선 이상으로 단기간에 달성하게끔 만들었던 필수 정책이었습니다. 지금 우리가 비판하는 교사와 교수는 그 당시 그들이 할 수 있었던 일을 잘 해낸 공로자입니다. 우리 한국이 동서고금을 통틀어 유래 없이 가히 기적적인 산업화를 이루어냈던 이유는 우리 모두 매우 잘했기 때문입니다(부작용이 없었다는 뜻은 아닙니다).

그러나 이제는 국가가 변했고, 세계가 변했고, 사회가 필요로 하는 인재의 종류가 변했습니다. 따라서 성공의 잣대가 변했습니다. 그러므로 생존 전략이 변해야 하는 것입니다. 개개인의 생존 전략뿐만이 아니라 나라 전체의 생존 전략마저 변해야 합니다. 교육 목적과 방법도 변해야 합니다. 우리가 재빨리 변하지 못한 점은 아쉽습니다. 이

점에 대한 자아 비판은 어느 정도 해야 할 것입니다. 하지만 "매서운 비판의 목적은 비판에 있다기보다는 매서움에 있다"라는 말이 있습니다. 비판을 신랄하게 하다보면 성찰을 떠나 학대로 전락하게 됩니다.

특히 과거를 오늘의 기준으로 평가하는 것은 어리석습니다. 우리가 현재 알고 있는 아인슈타인 법칙을 몰랐다고 뉴턴이 바보였다고 말하는 사람은 없겠지요. 이렇듯 역사는 그 당시 상황을 고려할 때 정당한 평가를 내릴 수 있습니다.

그래서 저는 학교 붕괴 현상을 나쁘게만 보지 않습니다. 다양화, 특성화, 자율화가 특징인 지식기반사회의 교육의 틀을 세우기 위해서는 산업화가 필요로 하는 획일적, 일방적, 수직적 교육의 틀이 반드시 '붕괴'되어야 하기 때문입니다.

제가 1998년 봄에 최성애 교수와 함께 쓴 『한국인이 반드시 일어설 수밖에 없는 7가지 이유』라는 책에서 말했듯이 붕괴된 학교 모습을 번데기 껍데기와 비교해 볼 수 있습니다. 산업화시대가 기어다니는 애벌레와 같다면 정보화시대는 날아다니는 호화 찬란한 나비와 같습니다. 번데기가 나비가 되기 위해서는 껍데기를 깨고 나와야 하듯이 산업화를 위한 교육이 지식 창출을 위한 교육으로 탈바꿈하기 위해서는 옛 체제가 붕괴되어야 합니다. 어차피 깨져야 할 껍데기가 깨지는데 '교육 위기'라든지 '미래가 없다' 함은 부당합니다.

이제 우리는 학교가 세상에 아무 쓸모없는 애벌레밖에 만들어내지 못한다고 한탄하지 말아야 합니다. 우리는 나비의 모습이 어떠한가를 알아야 합니다. 그리고 우리 모두 학교가 나비를 만들어낼 수 있도록 힘을 합해야 할 때입니다.

교육의 4차원 경쟁력 전략

1959년에 초등교육이 의무화되면서 취학 인구가 대폭 늘었고 중학교 입시 과열로 이어졌습니다. 제한된 교육 기회는 중학교 입시 경쟁과 과외 등 부작용을 초래했고, 이런 문제점들을 해결하기 위해 1968년 중학교 무시험제가 실시됐습니다. 그후 중학교 입시 과열은 가라앉았으나 고교 입시 경쟁을 불러왔습니다. 결국 정부는 1973년도에 고교 평준화를 시작했고 1980년도에는 과외를 전면 금지하는 7·30교육개혁 조치를 발표했지만 과외는 아직도 심각한 사회 문제로 남아 있습니다. 과외는 사회·경제·심리적 요소가 복합되어 있기 때문에 '과외 금지'라는 일차원적인 정책으로 해결되지 않습니다. 최근에는 대학 입시를 위한 학원 과외가 극성을 부리자 다시 같은 이유로 대학마저 평준화시키자고 합니다. 이 역시 정책의 시야가 국내에 머물고 글로벌 사회를 인식하지 못한 발상입니다. 한국의 대학들은 이미 어느 정도 평준화되어 있기 때문입니다. 평가의 기준이 한국 내가 아니라 세계일 경우라면 그렇다는 말입니다.

교육 문제는 개인 경쟁력, 가족 경쟁력, 기업 경쟁력, 국가 경쟁력이라는 네 차원에서 다루어야 합니다. 그리고 이 네 차원의 경쟁력 전략이 시대 흐름에 따라 근본적으로 변하고 있습니다. 농경사회에서는 가족 경쟁력이 중요하였고 개인의 경쟁력은 가족(씨족) 경쟁력에서 비롯하였습니다. 일가 중 누구 하나가 과거에 급제하면 온 일가의 계급(신분)이 상승되었기 때문에 끼니를 거를 정도로 가난할지언정 아들을 서당에 보냈고 교육은 양반에 의하여 독점되었습니다. 이런 개인 경쟁력과 가족 경쟁력의 상호 관계가 근대까지 지속되어 1960~70년대까지만 하더라도 남동생 하나 대학에 보내기 위해 누나가 학업을 중단하고 공장에 취직해서 학비를 대주는 시나리오가 삼류 극장에서나 볼 수 있는 멜로드라마가 아니었습니다. 이때에는 한 집에 대졸자가 한 명만 있어도 나머지 식구들이 생계 시름을 덜 수 있었습니다. 이런 시대의 자녀 교육은 자녀만을 위한 것이 아니고 온 집안을 일으킬 수 있는, 계층 상승을 할 수 있는 확실한 가족 경쟁력 전략이었습니다.

이러한 전략은 산업화시대에 국가와 기업체에서도 그대로 적용되었습니다. 정부는 몇몇 소수의 기업을 선별적으로 키워주어 대기업으로 발전할 수 있도록 해주었고, 그 결과 한국은 세계에서 가장 가난한 나라에서 가장 부유한 나라들(OECD) 중에 하나로 '계층' 상승할 수 있게 되었습니다. 그 대신 대기업은 고학력(學歷) 소지자에게 종신직을 보장해 주어 기업과 직원의 관계가 마치 부모와 자식간의 관계같이 발전하였습니다. 즉, 개인과 가족의 관계를 대기업과 개인, 그리고 정부와 대기업간의 관계로 사회 네트워크를 이루게 되었습니다. 결과적으로 개인 경쟁력, 가족 경쟁력, 기업 경쟁력, 국가 경쟁력은 서로 잘 맞물렸고 이해관계가 맞아떨어졌기 때문에 수년간 급격한 경제 성장을 이루고서도 비교적 안정된 사회를 유지할 수 있었습니다.

그러나 정보사회가 되면서 '4차원의 통합 경쟁력' 전략에 차질이 빚어지고 있습니다. 종신 고용이던 개인과 기업의 관계가 조퇴·명퇴 등으로 인해 '가족적' 관계가 사라졌듯이 국가와 기업의 관계, 국가와 개인의 관계 역시 근본적으로 변하고 있습니다. 다국적 기업은 국적을 가리지 않고 인재를 유치하며 우수 인재일수록 초국적이라서 이동성이 매우 높습니다. 이런 상황에서 국가의 우수 인력에 관한 정책은 '양성'에서 '유통 관리'의 개념으로 발전해야 됩니다. 신경제가 새로운 경제 구조와 법칙을 요구하듯이 글로벌 정보사회는 새로운 인력 양성 시스템과 관리 체제를 요구하게 됩니다. 우리는 지금부터라도 새로운 4차원적 생존 전략을 세워야 되겠습니다.

고품질 교육은 국가 위기 극복 대책

현재 한국의 경제는 IMF 이후로 수년간 계속해서 국민소득 1만 달러에서 주춤하고 있으며 한편으로는 G8 국가들에 비해 기술 경쟁에 처지고 다른 한편으로는 개발도상국가로부터 임금 경쟁에 밀리고 있는 진퇴양난의 처지에 놓여 있습니다. 이런 위기를 돌파하기 위하기 위한 차세대 성장 동력의 원천으로 고품질 교육이 제시되고 있습니다. 하지만 이것은 한국만의 유일한 발상이 아닙니다. 미국, 영국, 호주를 비롯하여 다른 나라에서도 국가 위기 극복 차원에서 고품질 교육의 필요성을 호소해 왔고 현재도 하고 있습니다.

예를 들어 아래의 인용문은 우리가 잘하고 있는 줄만 알고 있던 과학·수학 교육의 수준이 상당히 떨어진다는 뉴스입니다. 상당히 충격적인 뉴스이기에 한국의 우수 인재 양성 시스템에 문제가 있다는 점을 무척 효과적으로 지적해 주며, 선진 외국과 같이 우리도 영재 교육을 실시해야 한다는 논리에 설득력을 실어줍니다.

> (한국의) 상위 5퍼센트 학생의 점수를 비교한 결과는 읽기의 경우 체코 폴란드에 뒤진 20위였고, 수학은 뉴질랜드 일본 스위스에 뒤진 5위, 과학은 일본 영국 뉴질랜드에 뒤떨어진 5위였다. ……우리 학생들이 전반적으로 수준이 높지만 상위 5퍼센트 학생들은 상대적으로 수준이 떨어지는 것으로 나타난 것은 영재 교육이나 우수 학생을 위한 교육이 부재한 탓이다(《매일경제》, 2001년 11월 24일자).

재미있는 사실은 외국도 똑같은 뉴스를 언급하면서 영재 교육의 중요성을 설파하고 있다는 것입니다. 아래에 실린 인용문의 내용은 미국 교육부의 영재 교육 정책서에 나왔던 내용인데 마치 한국의 신문을 보는 것 같습니다.

시험 결과는 미국의 상위권 학생들이 다른 나라의 상위권 학생들에 비해 그저 그렇거나 무척 뒤떨어져 있다는 것을 보여주고 있다. ……세계와 동등하게 경쟁하기 위해서는 우리 학생들이 우수할 수 있도록 해주는 것이며…… 우리가 해야 할 일은 이런 '영재'들을 발굴하고 그들이 자신의 능력을 최대한으로 발휘할 수 있도록 하는 것이다 (「National Excellence」, 1993년).

미국의 경우 지난 반세기 동안 주기적으로, 국가적 위기가 있을 때마다 영재 교육에 대한 논의가 부각되어 왔습니다. 1957년 소련에서 스푸트니크를 발사했을 때 미국이 냉전에 지고 있는 이유가 수준이 낮은 교육이라고 판단하고 그 이듬해에 'National Defense Act'를 공포하고 수학과 과학 영재에 대한 교육을 실시하였습니다. 하지만 영재 교육에 대한 관심은 그다지 오래가지 않았습니다. 1960년대에 인권투쟁(Civil Rights Movement)이 전개되면서 국민들의 관심은 민권에 쏠렸고, 모든 시민들에게 평등한 기회를 마련해 주는 철학이 사회의 주요 가치관으로 자리를 잡았기 때문입니다. 그러나 1970년대부터 미국의 제조산업이 일본과 독일에 뒤떨어지는 국가적 위기를 맞이하면서 정부의 영재 교육에 대한 관심이 다시 높아졌습니다. 미국 정부는 1972년의 「Marland Report」, 1983년의 「Nation at Risk」, 1993년도의 「National Excellence」 등 거의 10년 주기로 영재 교육에 대한 정책서를 발간하면서 영재 교육에 대한 국론을 수렴해 나갔습니다 (「*National Excellence*」, 1993년).

영재 교육에 대한 관심은 신경제를 맞이한 다른 나라에서도 마찬가지입니다. 영국은 1999년도에 처음으로 정부가 영재를 사회 자원이라고 규정하고 국가 경제적 생존 전략의 차원에서 영재 교육에 대대적으로 지원할 의지를 밝혔습니다. 따라서 한국의 리더십이 지금 영재·창의력 교육에 대한 관심을 보이는 것은 당연한 것입니다.

한국의 교육 문제를 한국병(病)이다, 한국의 고질적 문제다 등으로 시야를 좁히지 마십시오. 그리하면 무기력만 느껴지게 될 것입니다. 교육 문제의 종류가 다를 수는 있어도 어렵기는 다들 마찬가지일 것입니다.

권력 이동

시대가 이동함에 따라 표출 현상과 그들을 지배하는 패러다임들이 이동한다는 사실은 이제는 삼척동자도 아는 이야기가 되었지만 이 장에서 다시 한 번 요약해 보겠습니다. 앞에서 언급한 시대 변화를 대략 특징별로 정리해 보면 다음과 같습니다.

첫째, 시대에 따라 사용한 도구(기술)를 보면 농경은 쟁기와 가축을, 산업은 기계와 공장을, 그리고 정보사회는 컴퓨터를 주로 사용한다.

둘째, 이런 도구를 써서 주로 무엇을 만들어냈느냐를 보면 농경은 쌀·밀·가축과 같은 동식물을, 산업은 운동화·자동차 같은 공산품을, 그리고 컴퓨터는 정보를 만들어낸다.

셋째, 이런 산출품을 만들기 위해 필요한 자원은 무엇이었는가를 보면 동식물은 토지가 그 토대였고, 공산품은 재료를 값싸게 사다가 인력을 부릴 수 있는 자본이 바탕이 되었으며, 그리고 정보시대에는 정보를 처리하고 새 기술을 만들 수 있는 지식이 그 기반이 된다.

넷째, 이같은 기술과 자원과 산출품들을 사람들이 어떻게 조직했는가를 보면, 농경사회에서는 가족, 친족, 씨족 단위로 생산과 소비 활동을 했고, 산업사회에서는 회사나 공장 단위로, 그리고 정보사회에서는 인터넷 같은 네트워크를 중심으로 생산, 소비, 유통이 이루어진다.

다섯째, 이런 생산 활동을 위해 필요한 에너지는 어디에서 얻었을까. 농경은 사람과 가축의 근육의 힘에서, 산업은 석탄, 석유와 같은 연료에서, 정보는 사람의 두뇌에서 나오는 창의력에서 얻는다.

이런 시대 흐름에 따라 온 세상이 변하고 있습니다. 엔트로피의 법칙같이 세상의 변화는 한 방향으로 농경시대, 산업시대, 정보화시대로 변해간다고 합니다. 이런 시대 흐름에 따라 무엇이 변하는가는 일단 그 시대를 대표하는 부자들을 보면 알 수 있습니다.

미국의 부자들을 예로 든다면 〈바람과 함께 사라지다〉에서 마지막 장면에 스칼렛 오하라는 "타라, 타라"를 외치며 농장에 희망을 겁니다. 남북전쟁 시절만 하더라도 미국의 최고 부자는 스칼렛 오하라와 같은 대지주들이었는데 다들 바람과 함께 사라졌습니다. 그 다음으로 자동차 대량생산 시스템을 개발하여 산업화를 가동시킨 헨리 포드가 미국의 최고 부자입니다. 오늘날의 최고 부자 자리는 마이크로소프트사의 빌 게이츠가 차지한 것을 보면 미국이 정보화시대에 있는 것은 확실한 듯합니다.

그렇다면 한국은 어느 시대에 있는가? 한국에선 땅 부자도 부자요, 대기업 재벌도 부자요, 마이크로 칩으로도 떼돈을 벌고 있습니다. 또 무선 전화기를 들고 다니는 사람들은 또 얼마나 많은가요. 분명 변해도 한참 변하기는 하는데 도대체 뚜렷한 시대 변화를 가늠해 볼 수가 없습니다.

구미에서는 산업 혁명이 시작된 후로 근 300년이나 걸린 시대 변화를 한국에서는 지난 30년 만에 일구어냈으니 세 가지 시대 요소들이 함께 어우러져 있는 것입니다.

앞장에서 언급했듯이 세계는 농경사회에서 산업사회로, 다시 정보사회로 변해가고 있습니다. 여기서 염두에 두어야 할 중요한 점은 시대 변화는 생산 방식만이 변하는 것이 아니고 사회의 모든 구조와 생활 방식, 사고 방식까지 덩달아 변한다는 점입니다. 이런 현상이 곧 패러다임 이동(paradigm shift)입니다.

구시대가 토지, 군사력, 상품 경쟁 등의 물질 싸움 시대였다면 지금부터는 지식 싸움 시대입니다. 오늘날 선진국은 지식(두뇌) 재산을 축적해 가는데, 한국은 물질(의식주) 재산만 쌓아놓았으니 경쟁력을 잃은 것입니다. 조선이 폐쇄적 농경사회만 고집하다가 산업화를 준비한 일본에게 나라를 빼앗긴 것과 같은 패턴입니다.

교육 이동

산업시대의 사회 문제는 산업 경제 구조에서 찾아야 했듯이 정보시대의 위기는 지식 구조에서 찾아야 합니다. 그리고 그 지식 구조의 핵심은 바로 교육입니다.

시대 흐름에 따라 변하는 현상들을 교육에 맞추어보지요. 육체 노동으로 농산물을 재배하던 때에는 사실 학교 교육이란 별로 필요 없었습니다. 극소수의 지배층만이 고전이나 경전을 읽고 풀어서 다수의 무지몽매한 인력을 다스리면 되었습니다. 오히려 농부나 노예가 책을 읽고 철학을 논하며 지배 계급을 비판할 수 있게 되면 부려먹기가 곤란했기 때문에 지배층은 백성들이 낫 놓고 기역 자도 모르도록 내버려두었습니다.

그러나 산업시대는 좀 다릅니다. 여러 지방에서 도시로 몰려든 각양각색의 노동 인구를 마치 기계 다루듯 일사불란하고 능률적으로 움직이게 하려면 최소한 똑같이 읽고, 쓰고 셈할 수 있게 가르쳐야 했습니다. 약간의 고급 기술자라 해도 중등 기술 교육 정도를 받으면 일할 수 있었습니다. 여기에 한 사람의 자본가와 수백, 수천 명의 노동자 사이의 중간 사무 일을 처리하기 위해서는 중등 교육 정도를 받은 사무 직원들이 필요했습니다. 따라서 인구의 대다수에게 초등과 중등 교육만 시키고 소수의 상층만 대학 교육을 받게 해도 산업사회를 유지하는 데 무리가 없었습니다.

그러나 정보시대에는 더 많은 고급 두뇌 인력이 필요합니다. 겨우 읽고, 쓰고, 셈하기를 마친 초등 교육 인력에서는 지식·기술 생산을 기대할 수 없기 때문입니다. 또 겨우 주인의 명령대로(체제 순응형 교육을 받고서), 기계를 부리고 사무 정리를 하는 정도의 고졸 인력으로는 정보시대를 이끌어 나갈 수가 없습니다. 정보시대에서는 사장도 답을 모르는 문제들이 부지기수입니다. 때로는 문제가 무엇인지를 찾아내는 것이 바로 답이 될 수도 있는데 사장 말에 "네, 분부대로 시행하겠습니다"를 되풀이하는 사람은 곤란합니다. 즉 언제 어떻게 무엇이 얼마나 변할지 아무도 모르는 상황에 체제 순응형 인력은 무용지물이라는 말입니다.

정보 홍수 시대에는 정보나 지식을 학교에서 미리 배우고 나서 나중에 써먹을 수 없습니다. 중고교 학생뿐 아니라 상인, 예술인, 언론인, 회사원, 교사, 중역, 재벌, 정치가, 주부들도 새로운 지식에 관심을 두고, 모르면 언제든지 배워야 하는 시대가 왔습니다. 이미 대학을 나온 사람이라도 현장에서 일하다 새로운 지식이 필요하다고 느끼면 언제든지 배울 자세가 되어 있어야 합니다. 구시대 지도자들처럼 대학 학위를 권위의 장식품으로 걸어놓아서는 안 됩니다. 모두가 정말 쓸모 있는 정보를 선별할 줄 알고, 지식을 활용할 수 있는 안목을 갖추도록, 끊임없이 배우고 성장해야 한다는 말입니다.

즉, 이제 교육은 학교만의 문제가 아닙니다. 사회 전체가 학습의 장이 되어야 합니다. 교육은 이제 어린 학생들만의 것이 아닙니다. 사회 구성원 모두가 숨쉬듯 행해야 하는 삶의 기본인 것입니다. 이제는 교육의 초점이 없어졌습니다. 흐려져 없어지는 것이 아닙니다. 조명등을 무대 한곳으로 집중시키는 것이 아니라 반대로 발산적으로 확대되어 무대 전체가 밝혀진 것입니다.

그럼에도 불구하고 아직도 한국 사회는 (대학 '입학'을 위한) 초중고 교육에 집착하고 있습니다. 가계를 짓누르는 사교육비 문제가 그렇고, 해마다 바뀌는 대학 입시 제도가 가장 큰 문제 아닙니까. 우리나라의 교육열이 세계 최고라고 하지만 그 열기가 모두 '입시'를 위한 중등 교육에만 치우쳐 있습니다. 즉 고3까지의 교육열입니다. 자녀가 대학에 입학한 다음에 대학에서 무슨 공부를 하는지, 시간 관리를 어떻게 하는지, 어떤 판단력을 키우고 어떤 지식 체계를 쌓아가고 있는지에 관심을 두는 부모는 몇이나 되는가요? 이제는 대학 문에 턱 걸이하려고 중등 교육에만 그렇게 열 올리기보다 대학에 들어간 후에 도대체 뭘 배우고 무슨 능력을 키워야 하는 지에도 온 국민이 관심을 두어야 할 때가 왔습니다.

온 국민이 대학 입시에 매달리는 것은 세상을 고3때까지의 실력으로 살아보겠다는 구닥다리 전략입니다. 학부모 시대에는 잘 맞아떨어진 전략임은 틀림없습니다만 우리 자녀들이 살아갈 새 시대를 대비하기엔 너무나도 터무니없는 생존 전략입니다.

더욱더 강조되는 '가르치는 일'의 중요성

대학에서도 큰 변화가 일어나고 있습니다. 미국의 경우 1980년 극심한 경제난 이후 신경제가 도래하면서 그 무게 중심이 '교육'으로 이동하고 있습니다. 미국 교육계를 깜짝 놀라게 만든 사건들을 몇 가지 소개하겠습니다. 스탠퍼드에서는 교육에 충실하기 위해 120억 원의 투자를 할 것이며 20여 명의 교수를 신규 채용할 계획을 세웠다고 합니다. 특히 놀라운 내용은 새로 채용되는 교수는 신입생들만을 위한 교수라는 점입니다. MIT에서는 교육에 관해 큰 성과물을 낸 공대 교수를 석좌 교수로 임명했으며, 〈향후 25년을 내다본 학부 교과과정〉이라는 주제의 워크숍을 후원하고 주관하였습니다. 그리고 MIT의 2,000개 넘는 과목들의 강의록을 모두 인터넷에 게재하여 아무나 볼 수 있도록 하는 대규모 교육 사업을 벌이겠다고 선언하였습니다.

아니, 스탠퍼드와 MIT라면 세계 최고의 연구 중심 대학들이 아닌가요. 대학원생 수가 학부생 수보다 훨씬 더 큰 연구 중심 대학들이 왜 갑자기 학부 교육에 이토록 지대한 관심을 가지고 막대한 재정 투자를 할까요. 저는 이 점이 무척 궁금하였습니다.

또 하나 더 있습니다. 하버드의 웹페이지에는 매년 200여 명의 교수와 강사들이 자신의 강의 모습을 비디오 테이프로 찍어 개선하려는 노력을 기울인다고 자랑스럽게 소개하고 있습니다. 하버드대 교수들이라……. 세계적인 석학들이 아닌가. 그들이 이런 노력을 하지 않아도 세계 최고이고 존경받으며 떵떵거릴 수 있지 않은가. 그들이 무엇이 아쉽다고 이토록 강의에 신경을 쓴단 말인가. 저는 잘 이해가 되지 않았습니다.

그러나 미국 교육 역사를 습득하고 최근 추세를 알아차리게 되자 궁금증이 금방 풀렸습니다. 앞서 이미 말씀 드린 대로 교육이 이동하기 때문입니다. 최근 보이어 블루리본 패널에서 『Reinventing Undergraduate Education: A Blueprint for America's Research Universities』라는 책자를 발간했는데, 요지는 연구 중심 대학에서 학부 교육을 변화시키지 않으면 살아남을 수 없다는 내용이었습니다. 이 책은 미국 대학 사회에 센세이션을 불러일으키며 베스트셀러가 되었습니다.

이 책 이외에도 교육의 중요성을 주장하는 글은 상당히 많습니다. 이유는 다음과 같습니다. 먼저 대부분의 교수들이 가장 많은 시간을 강의에 할애하고 있기 때문입니다. 상황이 이렇다 보니 잘 가르쳐야겠다는 열망과 욕구가 높은 것은 당연할 겁니다. 두 번째는 연구와 강의가 분리될 수 없는 시대가 도래했기 때문입니다. 이제 연구 중심의 대학, 교육 중심의 대학이라는 이분법적 논리로는 대학의 발전을 기대할 수 없게 되었습니다. 세 번째는 학부 교육을 무시한 연구력 향상은 불가능하기 때문입니다. 지식 창출 시대에 연구 능력은 물론 중요합니다. 하지만 연구 능력을 개발하기 위해서는 창의력과 종합력, 응용력과 정보 선별 능력들이 필수인데, 이것은 초중고를 비롯하여 학부 교육에서 얻어질 수 있는 능력이기 때문입니다. 그래서 학부 교육이 강조되는 것이고 잘 가르치는 것이 더욱 중요해지는 것입니다.

마지막으로 '교육=연구'로 보기 때문입니다. 1990년 어니스트 보이어라는 대학자가 쓴 『Scholarship Reconsidered』라는 책에 의하면 지식을 발견하고, 응용하고, 종합하고, 그리고 가르치는 일(교수)이 학자의 네 가지 영역이라고 했습니다. 새 시대의 학자란 학생이 지식을 발견하고, 응용하고, 종합할 수 있도록 어떻게 하면 효과적으로 가르쳐줄 수 있을까 연구하는 교육자를 뜻합니다. 학자가 해야 할 일을 학생들도 할 수 있도록 도와주는 것이 바로 가르치는 일, 즉 교육인 것입니다.

저는 왜 스탠퍼드, MIT, 하버드가 명문대인지 알게 되었습니다. 이 대학들은 시대 흐름을 정확하게 읽습니다. 그러나 다른 대학들과 달리 이 대학들은 알고 있는 데서 끝나지 않고 곧바로 행동으로 이어갑니다. 남들은 그저 우왕좌왕하고 있을 때 이들은 확신을 가지고 혁신을 주도해 나갑니다. 보통 대학과 명문대의 차이는 행동인 것입니다.

2 :: 사회가 요구하는 교육을 행한다

    비전 없는 행동은 악몽이며, 행동 없는 비전은 공상이라는 말이 있습니다. 앞장에서는 시대의 흐름을 정확하게 파악하는 것이 목표였다면, 이 장에서는 그 결과에 의하여 곧바로 어떻게 행동으로 옮겨야 할지 그 핵심 사항을 나열하겠습니다.

인재의 양성에서 활성까지
    한국의 인력 정책의 가장 큰 문제는 인력 양성 이후에 대한 대책이 없다는 것입니다. 인력에 대한 정책이 교육받는 '양성' 기간과 그 이후에 사회인으로서 일을 하는 '활성' 기간으로 구분되었고, '양성' 시기에다 초점이 맞추어져 있습니다. 저는 '양성' 시기와 '활성' 시기가 서로 단절되어 있는 시간적 격리 때문에 문제가 발생한다고 생각합니다.

탁상공론이 아닙니다. 문제점은 우리 눈앞에 이미 벌어지고 있습니다. 한국에서 상당수의 우수한 학생들이 특수 교육 프로그램을 통해 고품질 교육을 받고 있지만 그들이 졸업 후에 갈 곳이 어디입니까? 민족사관고는 아예 SKY대에 들어가고 싶은 학생은 오지 말라고 합니다. 현재 과학고와 외국어고에는 유학(외국 대학 입시) 준비반이 편성되어 있습니다. 많은 투자를 해서 비행기를 만들어 하늘 높이 띄웠지만 착륙할 활주로가 국내에 없는 셈입니다.

활주로 없는 비행기는 표류하다가 불시착 아니면 추락하게끔 됩니다. 과학고가 훌륭한 취지로 시작하였지만 과학고 학생들이 졸업한 후의 진로에 대한 정책 부재는 원래 목적을 상실하게 하고 당장 눈앞에 보이는 대입이라는 임시 활주로에 불시착하게 만들고 있지 않습니까. '활성' 시기의 요구를 무시한 '양성'은 쓸모없는 인재를 배출하게 될 확률이 높습니다. 대졸 취업난은 사회와 기업이 요구하는 능력을 외면한 (즉, 활성 단계를 고려하지 않은) 양성 과정의 결과이기도 합니다.

단절된 정책이 나오게 되는 이유는 인력 양성에 대한 시대착오적 발상 때문입니다. 즉, 현재 우리나라에서 차세대 성장 동력을 위하여 왜 고품질의 교육을 실시해야 하는지에 대해 내세우는 논리는 산업화시대의 발상에서 맴돌고 있지 글로벌 정보사회에는 적용되지 않습니다. 산업화시대에는 한국인이 한국 학교에서 인재로 '양성'되어 한국 기업·기관에서 활약하였습니다. 한 국가가 자국내 기업을 독점하고, 국내 기업이 자국민의 인력을 독점하던 시대였습니다.

하지만 글로벌 정보사회는 국경의 테두리가 불분명하고 기업의 국적 개념조차도 상당히 모호합니다. 특히 대기업일수록 글로벌 기업이어서 사무실과 공장이 국경을 넘어 사업하기 좋은 나라를 찾아다 니듯이 인력도 우수 인력일수록 이동성이 커서 한 기업이나 한 나라에 머물지 않고 일하기 좋은 환경을 찾아다닙니다. 이미 4만여 개의 초국적 기업이 전 세계 상품·서비스 교역의 3분의 2를 차지하고 있습니다. 미국으로 세계의 수많은 인재가 몰리는 이유는 그만큼 미국에 일하기 좋은 (능력껏 일을 할 수 있는) 환경이 마련되어 있기 때문이다.

예를 들어 미국의 최고 연구 집단 중의 하나인 벨 연구소(Bell Laboratories)의 전문 연구원들의 40퍼센트가 외국에서 초중고를 나왔습니다. 이제는 어느 국가가 자국내 기업을 독점하고 자국내 기업이 자국민의 인력을 독점할 수 있는 시대가 아닙니다.

인력의 시대적 변화

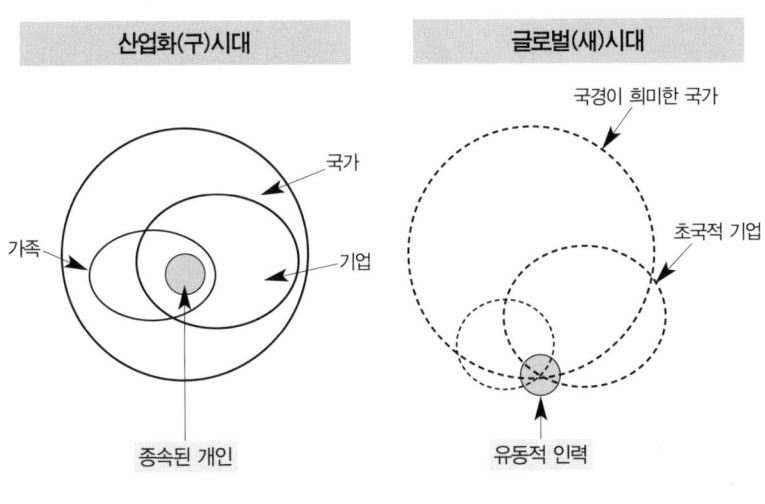

2. 사회가 요구하는 교육을 행한다

이와 같이 개인과 기업과 국가의 관계가 본질적으로 달라진 새 시대에는 우수 인력에 대한 정책의 기본 패러다임을 새롭게 인식해야 합니다. 인력에 대한 정책이 인재 '양성' 단계에 그쳐서는 안 되고 인재 유치와 유지로 확산되어야 할 것입니다.

우선 '양성'과 '유통'이란 두 개념의 일반적인 차이를 먼저 네 영역으로 요약해서 설명하겠습니다. 첫번째는 시간적 영역의 차이입니다. '양성'이라는 개념은 준비 기간에 벌어지는 행위를 지칭하기 때문에 유아기부터 초중고를 거쳐 기껏해야 대학과 대학원을 포함하는 단기적 시기를 뜻합니다.

이에 반해 '유통'이라는 개념은 정규 교육을 통한 양성을 포함해서 은퇴할 때까지 모두 포함하는 장기적 시간을 뜻합니다. 평생 교육의 개념과 일맥상통합니다.

두 번째는 공간적 영역의 차이입니다. '양성'은 정규 교육을 받는 교육 기관에 국한된 적은 활동 범위를 뜻하지만 '양성'과 '활성'의 영역을 두루 엮는 '유통'은 사회 전체를 뜻하기 때문에 광범위합니다. 학습 사회 개념과 연관됩니다.

세 번째는 연관성의 차이입니다. '양성'은 외부로부터 보호되거나 차단된 상황에서 벌어지는 단순 행위를 연상시키고, '유통'은 여러 개체가 서로 상호작용하는 종합적이고 연계된 관계를 연상시킵니다.

네 번째는 동기의 차이입니다. '양성'은 타율적으로 이루어지는 반면 '유통'은 자율적 흐름의 개념도 포함되어 있습니다.

양성과 유통의 개념적 비교

	공간	연관성·시각	동기
양성	교육기관 · 국내	개별체	타율적 제어
유통	사회 전체 · 세계적	종합/통합체 (Integrated)	자율적 흐름

인재 유통에 혁신을 가져와야 합니다. 가격 파괴는 물건이 중간상인을 거치지 않고 생산자에서 소비자에게 바로 전달될 때에 일어나는 현상이기도 합니다. 곧바로는 아니더라도 도매상과 소매상을 거쳐 소비자에게 가는 과정을 대폭 줄이는 물품 유통개혁의 결과입니다. 새 시대에는 지식에 있어서 이같은 유통 개혁을 해야 합니다. 이런 뜻에서 우수한 학생들이 영재 학교와 학급이라는 한정된 특수 교육 센터를 거치지 않고도 영재 교육 프로그램을 받을 수 있도록 하는 것이 지식 유통 혁신의 한 예입니다. 지식 유통 혁신의 핵심에는 다음과 같은 새로운 인식이 필요합니다.

첫째, 지식을 하드웨어(유형)로 인식하지 말고 소프트웨어(무형)로 인식해야 합니다. 둘째, '지식'이란 말은 지식을 지니고 있는 사람(지식인)을 포함합니다(조벽, 2000a).

삶과 삯

일반적으로 교육의 목적을 '삶을 위한 교육(education for living)'과

'삶을 위한 교육(education for making a living)'으로 나누어볼 수 있는데 남과 더불어 잘살게 해주는 것이 인성 교육이고, 돈을 벌게 해주는 것이 직업 교육입니다. 하지만 교육의 목적을 이렇게 구분해서 보는 시각 자체가 구시대적 발상이라고 생각합니다.

구시대에는 일터(직장, 삯)와 쉼터(가정, 삶)가 명확히 구분되어 있었습니다. 직장인은 아침에 회사로 향하고, (주로) 아내는 집에 남아 가정을 돌보았습니다. 오후 늦게 집으로 되돌아온 직장인은 일에서 '해방'되어 쉬고 싶어집니다. 특히 일요일에는 집에서 꼼짝도 않고 '완벽한 쉼(잠)'을 취하고 싶어집니다.

하지만 새 시대에는 정보통신의 발달로 인하여 회사원이 회사로 출퇴근할 필요 없이 집에서 사무를 볼 수 있게 되었습니다. 집에서 자녀를 돌보면서 일을 할 수 있게 되었지요. 또한 미혼모와 이혼자가 증가하고 부부가 모두 일을 하는 경우가 많아졌기 때문에 새 시대 직장인은 일도 하고 자녀를 돌봐야 합니다. 그래서 사내에서 유아원을 운영하여 부모가 일하는 동안 짬짬이 시간을 내어 자녀를 보도록 하고 있습니다. 소위 쉼터에서 일을 할 수 있게 되고 일터에서 가정 일을 할 수 있게 되고 있습니다. 새 시대에는 삶과 삯이 명확하게 구분되는 것이 아닙니다.

새 시대 직장에서는 삶과 삯을 구분하지 않는 사례가 하나 더 있습니다. 특허를 가장 많이 등록한 미국의 유수 기업(3M)에서는 직원의 창의력을 최대한으로 발휘하기 위하여 일하는 시간의 10분의 1을 직원 마음대로 활용할 수 있도록 합니다. 이 시간 동안 직원은 낮잠을 자든 잡지를 읽든 체스를 두든 잡담을 하든 상관하지 않습니다. 창의력이란 여유(두뇌가 쉬고 있는 상태)가 있을 적에 효과적으로 발휘되기 때문입니다.

DNA의 구조를 발견한 과학자 클랙이 꿈('완벽한 쉼')에서 아이디어를 얻었다고 하는 유명한 얘기가 있듯이 창의력이 중요한 새 시대에는 쉼(여유)이 중요한 생산 자원으로 인식되어야 합니다.

자녀를 쉴 틈 없이 학교에서 학원으로 보내어 하루종일 공부를 시키는 것은 자녀에게 구시대가 요구하는 능력만을 키우게 하는 것입니다. 구시대적 능력이란 참을성(타율에 대한 적응력), 지구력(목표 성취 욕구), 암기력(기계적, 양적 능력)입니다. 물론 새 시대에도 이러한 능력이 어느 정도 필요하지만 솔선할 수 있는 지도력(자율에 대한 책임), 순발력(목표 설정 능력), 판단력(유기체적, 질적 능력) 등이 상대적으로 더 중요해집니다.

대학에서 전공 교육에 치중하는 것 역시 구시대적 교육입니다. 책에 있는 내용은 새 시대가 요구하는 지식의 일부밖에 되지 않습니다. 교양(인성) 교육도 전공(직업) 교육만큼 중요하기 때문에 강의실 밖의 체험적 교육을 고려해야 합니다.

삶과 삯을 위한 교육은 철학적으로 확실히 다른 차원의 내용이지만 현실적으로 서로 떼어놓고 따질 수 없습니다. 따라서 새 시대 교육은 직업 교육과 인성 교육이 서로 어우러져 시너지 효과를 발휘해야만 가능합니다.

학력(學歷)에서 학력(學力)으로

교육의 목적은 크게 나눠볼 때 취업(삯) 이외에 지적 체험이나 지적 인지 발달(삶)이 있습니다. 특히 후자의 경우 소위 자유 교양 교육에 치중하는 인문(liberal arts & sciences) 대학에서 첫번째로 꼽는 목표입니다. 꼭 이렇다 할 뚜렷한 직업 의식이 없어도 사회에 기여하는 능력인을 만드는 것입니다. 명문 스탠퍼드의 경우 58퍼센트의 학생들이 학과를 선정하지 않은 무소속 학생들입니다. 대다수의 한국 대학생들이 직업 의식을 키우지 못했다면, 대신 높은 수준의 지적 능력인으로 성숙되어 대학을 졸업하나요?

하버드의 교육학 교수 페리(Perry)는 대학생들의 인지 발달 단계를 9단계로 구분하였는데 정답을 추구하는 단계를 제일 초보적인 1단계로 보고 있습니다. 조금 발달한 단계의 학생에게는 여러 가능성을 고려해 보는 능력이 있고, 그후엔 상대적 가치를 따져볼 수 있는 능력이 있는가를 가늠하는 단계입니다. 고도의 단계는 판단해서 결정을 내리고 그에 대한 책임감을 가지는 단계에 도달했을 때를 말합니다. 졸업할 때까지도 여전히 정답이 하나뿐인 문제를 풀다 나간다면 한국 대학생들의 인지 발달도는 가장 낮은 단계에서 제자리걸음만 하는 것입니다.

현재 우리나라에서 하고 있는 교육은 장식품 얻기, 겉포장하기에 불과합니다. 학생들은 학력(學力)은 갖추지 못한 채로 학력(學歷=졸업장) 하나 받고 졸업합니다. 새 시대에는 가상 학교가 존재합니다. 그러나 가치 없는 졸업장을 찍어내는 학교를 일컬어 가상 학교라 하는 것이 아닙니다.

새 시대에는 교육을 인식하는 사고 방식부터 바꾸어야 합니다. 한국 사람들은 공부를 마치고 졸업하면 학위를 '딴다'고 합니다. 열심히 공들여 키운 과일 나무의 결과인 과일을 따는 시각적 비유를 뜻하기 때문에 나는 이 말을 무척 싫어합니다. 공들여 키운 과일 나무가 열매를 맺지 않으면 완전 도로아미타불이듯이 학력(學歷)이 중요했던 구시대에는 대학교에 다니고도 학위를 못 따면 대학에 다니지 않은 것과 똑같이 생각했습니다. 그러나 학력(學力)이 중요한 새 시대의 관점에서 보는 학위는 단지 지식 소비 영수증에 불과합니다. 그래서 대학 교육의 선진국인 미국에서는 지성인들이 학위와 상관없이 필요한 지식을 얻고자 대학 문을 수시로 들락거립니다. 청강도 가능하며 학과 소속도 필요없습니다.

요리의 맛이 값과 일치하지 않듯이 학력(學力)이 학력(學歷)과 일치하지는 않습니다. 대학 졸업장이 취직을 보장해 주는 시대는 사라지고 있습니다. 앞으로 기업은 능력 위주로 사원을 뽑을 것입니다. 전문대를 나왔든, 대학을 나왔든 상관하지 않을 것이라는 얘기입니다.

이런 뜻에서 교육은 학력(學歷=지식 소비력)을 파괴하고, 학력(學力=지식 생산력)을 증진시키는 데에 주력해야 합니다.

'발전되어 가는 인간'을 추구하는 열린 교육으로

세상 흐름에 따라 교육적 인간관에 엄청난 변화가 일어납니다. 사회·문화·경제·정치 체제가 질적으로 달라지기 때문에, 인간에게 요구되는 내용도 질적으로 변화할 수밖에 없습니다.

농경사회, 산업사회 같은 구시대에서는 완벽한 인간형이 하나 있고, 대부분의 피교육자들을 이런 기준에 맞추는 것을 교육이라고 보았습니다. 공장에서 대량생산되는 상품처럼 결과물이 모두 똑같고, 기준에서 미달되는 것은 모두 불량으로 취급되었던 것입니다. 학생들은 모두 똑같은 제복을 입고, 똑같은 교과서를 배우고, 정답이 하나뿐인 똑같은 시험 문제를 풀며 만점에서 멀수록, 모범생 기준에서 멀수록 불량 학생으로 취급받았습니다. 한마디로 교육은 절대적, 획일적, 수직적, 일방적, 그리고 경직된 사회 이데올로기의 축소판으로 나타난 것입니다.

그러나 정보시대, 즉 새 시대는 다릅니다. 우선 한 가지 '정답'이나 '모범 인간형'이라는 개념이 없고 누구나 나름대로 개성과 소질을 개발해 나가야 합니다. 정답이 없는 문제를 푸는 게 공부고, 문제 해결을 다각도로 생각하면서 아이디어를 창출해 내는 것이 해답입니다. 또 모든 것이 빠르게 변하기 때문에 절대성과 완벽을 추구하는 것보다 상대성과 적응력을 키워야 생존할 수 있습니다.

이런 사회에서는 순발력과 유연성이 곧 생존력입니다. 따라서 교육에 있어서도 학생(인간)은 끝없이 변화하는 과정에 있다고 봅니다. 교육을 통해 기성세대가 설정한 어떤 '완벽한' 인간이 되는 것이 아니라 나름대로 각자 평생 배우고 변화해야 한다는 뜻입니다. 말하자면 예전의 교육적 인간관이 '완성된 인간'에 있었다면, 새 시대에는 '발전되어 가는 인간'이라고 할 수 있습니다.

교육적 인간관이 바뀌면 당연히 교육 과정에 대한 시각도 따라서 바뀌게 됩니다. 교육적 인간관 자체가 바뀐다면 그러한 인간을 양성하기 위한 방법 또한 달라질 수밖에 없기 때문입니다. 구시대의 교육 과정은 한마디로 '닫힌 교육'이었습니다. 교과서 외에 소설이나 잡지나 영화를 보는 것은 모두 '쓸데없는 짓'으로 간주되었고, 한 학급, 학년, 학교, 입시생 등 한정된 경쟁자들에게 똑같은 수험 문제를 주어 점수 순서로 서열을 매길 수가 있었습니다. 학생, 교사, 학부모의 개성이나 희망 사항 따위는 쉽게 무시되었고 따라서 모두가 타율에 의해 이끌려가는 상황이 '정상적'인 교육 과정이라고 합의되었던 것입니다.

그러나 정보시대에는 정보의 속성상 '닫힘'을 거부합니다. 이미 학생들은 인터넷과 무선 전화기를 소유하고 무한한 정보의 바다를 누비고 있는 상황입니다. 정보는 물이나 공기처럼 국경선과 바다와 상공을 자유자재로 넘나들고 인터넷은 밤이나 낮이나 시간적 제한을 받지 않고도 순식간에 워싱턴과 서울 사이에 메시지를 주고받을 수 있게 합니다.

이런 변화는 교육 과정 또한 '열림'을 전제로 하게 합니다. 수업 시간은 물론 숙제할 때나 심지어 시험을 치를 때조차도 책, 노트, 참고서, 백과사전, 컴퓨터를 '열어놓고' 할 수 있어야 합니다. 한 과제에 한 가지 답보다 한 과제에 여러 답이 나오도록 다양성을 권장하고, 남들과 똑같은 답을 적어내기보다는 아무도 생각해 보지 못한 기발한 생각을 '특성'으로 인정해 주어야 합니다. 이것은 누가 이래라 저래라 해서는 도저히 나올 수 없고 스스로 알아서 하는 자율성이 성숙되어야 가능합니다.

정부에서도 학교에서도 가정에서도 규제, 일방적 훈시, 감독, 체벌보다는 목적을 명시한 다음에는 스스로 알아서 할 수 있도록 여건을 조성해 주고, 격려해 주고, 필요하다면 협조하고 지원해 주는 쪽으로 교육 방식의 발상과 방향 전환이 이루어져야 하는 것입니다.

산업시대의 교육은 가라

어느 대학 교수의 계산에 따르면 우리나라 학생은 초등학교를 입학해서 수능을 치를 때까지 한 학생당 사지선다형 문제를 평균 약 백만 번쯤 풀게 된다고 합니다.

문제 하나, "2, 4, 6, 다음에 오는 숫자는?" 그리고 나서 답은 4, 7, 8, 12 중에 하나를 고르라고 합니다. 초등학생은 정확히 8을 선택합니다. 그리고 의기양양합니다. 중고등학생들은 1초도 생각하지 않고 8이라고 답합니다. 그리고 이렇게 싱거운 문제를 왜 묻느냐는 듯 떨떠름한 표정을 짓습니다. 대학생들은 머뭇거립니다. 정답은 뻔히 8인데, 분명 어떤 농담이나 계략이 있는 게 아닐까 생각하면서.

그런데 과연 답이 하나뿐일까요? 2, 4, 6 다음에 오는 숫자는 7도 되고 7.93도 되고 8154191111도 됩니다. 즉 6보다 큰 숫자는 다 맞는 답입니다. 그렇게 무궁무진한 답이 있는데도 4개 중에서 선택을 요구하는 식을 반복하게 되면 나머지의 무한한 가능성은 미리 차단되어 버리고 맙니다. 창의력이란 불가능하다고 굳게 믿던 것조차 과감하게 깨뜨리고 생각의 한계를 넓혀가는 능력을 말하는 것인데 한국 학생들은 오히려 가능한 것조차 외면하는 훈련을 어릴 때부터 줄곧 받게 되는 것입니다.

사지선다형 문제는 문제의 뜻도 모르고 답도 모른 채 눈감고 대충 '찍어도' 맞힐 확률이 25퍼센트입니다. 그런데 창의력은 100번을 시도해도 한 번이나 성공할까 말까 입니다. 에디슨은 2,000번 시행착오 끝에 전기를 발명했다고 합니다. 성공 적중률이 0.05퍼센트였던 셈입니다. 적중률 25퍼센트에 익숙한 학생들이 0.05퍼센트 확률에 도전하려고 할까요? 총 네 발만 쏘면 장난감 곰이라도 한 마리 잡을 수 있도록 훈련된 사람이 1,000발을 쏘아도 잡을까 말까, 며칠씩 찾아 헤매도 볼까 말까 한 산 속의 진짜 호랑이에 도전하려 할까요?

한국에서는 21세기를 코앞에 둔 오늘도 모두 획일적 학교 교육을 받으며 대다수가 창의력 말살 교육에 길들여지고 있습니다. 비극입니다.

주어진 네 가지의 답 중에 하나를 골라야 하는 강제가 빚어내는 또 하나의 비극이 있습니다. 학생들은 교사, 학교 당국, 교육부가 준 네 가지 답 이외의 가능성에 대해서는 일언반구 말할 수 없습니다. 다른 가능성을 생각하다가는 낙오자, 문제아 취급을 받습니다. 그래서 학생들은 권위자로부터 주어진 네 가지 답 가운데 정답이 하나 있음을 암암리에 순응합니다. 즉, 체제 순응형 인간이 되어가는 것입니다.

산업시대 교육을 받았기 때문입니다. 산업화를 성공적으로 이루기 위해서는 체제 순응형 인력이 필요합니다. 산업화란 기계를 이용해서 똑같은 상품을 빨리, 많이 만들어내는 생산 경제 체제였으니까요. 이런 획일적, 기계적, 대량 생산 체제에서 '남과 다른 생각, 남과 다른 행동'은 위험 천만입니다. 교복도 남과 똑같이 입어야 하고, 머리 모양도 같게 하고, 교과서도 한 가지로 배웁니다. 교복을 입고 자란 지금 40대 이상의 사람들은 기억할 것입니다. 남보다 머리카락이 단 1센티미터만 길어도 어떤 처벌을 받았는지, 교복 속에 빨간 스웨터라도 입고 간다면 어떤 엄벌이라도 각오해야 했던 것을. 학생들을 이렇게 길들여야 정부의 지도력에 잔소리를 하지 않고, 대기업의 수출 위주 지시에 묵묵히 따라가는 일꾼이 됩니다.

아이디어 시대에 상부에서 결정한 대로 따라주는 예스맨(yesman, 체제 순응형 일꾼)은 필요 없습니다. 왜냐하면 사장도 무엇을 어떻게 만들어야 경쟁력이 높아지는지 모를 때가 더 많기 때문입니다. 반짝이는 창의력이 샘솟는 인력이 필요한 시대입니다.

정신적 영역을 고려하라

1960년대는 미국과 소련이 우주 탐험과 정복을 위해 치열한 경쟁을 벌이고 있던 때였습니다. 미국 항공우주국(NASA)은 우주의 무중력 상태에서도 작동이 가능한 볼펜을 고안할 필요를 느꼈습니다. NASA는 새로운 볼펜을 개발하기 위해 돈을 아끼지 않았습니다. 결국 2천4백만 달러라는 거금을 들여서 우주선에서도 사용할 수 있는 첨단 볼펜을 만드는 데 성공하였습니다. 물론 소련 우주비행사에게도 일반 볼펜이 무중력 상태에서는 작동하지 않는 똑같은 문제가 있었습니다. 하지만 소련 우주비행사는 볼펜 대신 연필을 선택하였습니다.

어처구니없는 농담 같지만 실화입니다. 새 시대가 요구하는 창의력 교육은 꼭 돈으로 해결되지 않습니다. 창의력은 사고 방식의 변환으로 이루어진다고 생각합니다. (다만 돈은 변환 과정을 순조롭게 해 줄 수는 있겠습니다.) 창의력 계발에 도움이 되는 아이디어를 알려드립니다.

창의력을 키우려면,
1. 호기심을 가져라
2. 기초 지식을 다져라
3. 항상 무엇이 필요한가를 탐구하라
4. 똑같은 일도 다른 방법으로 해보라
5. 상식을 재검토해 보라
6. 사물을 볼 때 옳고 그름으로 보지 말고, 색다르거나 흥미로운 기준으로 보라
7. "만약에……"라는 질문을 하라

위의 아이디어에 담긴 창의력의 첫번째 요소인 호기심은 모든 학생들에게 있습니다. 어린아이는 "왜?"라는 질문을 시도 때도 없이 퍼붓습니다. 하지만 학교에 다니기 시작하면서 "왜?"라는 질문을 점점 하지 않게 됩니다. 그러니 교육 과정으로 인해 학생들의 호기심이 시들어버리지 않도록 배려를 해야겠습니다. 학생들로부터 질문을 유도

해 내고 아무리 엉뚱한 질문이 나와도 질문하는 그 과정 자체를 존중해 주는 환경을 만들어주어야 하겠습니다.

창의력의 두 번째 요소는 기초 지식입니다. 새 시대가 요구하는 창의력은 공상이 아닙니다. 만화가, 소설가, 엔터테이너 등이 아니라면 창의력도 객관적 사실에 근거해야 하기 때문입니다. 따라서 열린 교육을 한다 해도 기초 지식은 (주입 교육을 통해서라도) 확실하게 가르쳐야 할 것입니다. 열린 교육의 특징은 정답을 거부하는 것이지 기초 지식을 저버리는 것이 아닙니다.

나머지 다섯은 생각하는 습관입니다. 습관은 타고나는 재능이 아니고 노력으로 이루어집니다. 따라서 창의력은 교육으로 계발이 가능한 실력으로 인식해야 합니다. 노력이라 함은 교육에서 일반적으로 따지는 인지 영역이 아니고 정의적 영역과 연관되어 있습니다. 인지 영역의 계발은 '일을 하는 지적 능력'을 쌓는 것이라면 정의적 영역의 계발은 '일을 할 수 있게끔 해주는 정신적 능력'을 쌓는 것이라고 말할 수 있겠습니다.

정의적 영역은 특히 과학고나 외국어고 등 특수학교에 입학한 뛰어난 학생들에 대한 교육을 고려할 때에 염두에 두어야 합니다. 흔히 뛰어난 학생들은 일반 학생들로부터 격리되어 교육을 받을 때 더 많은 내용을 배우게 된다는 연구 결과들이 많습니다(Robinson & Clinkenbeard, 1998). 이런 연구 결과의 중요한 포인트는 '더 많은' 내용의 학습이 목표일 경우에 격리된 학습이 더 효과적이라는 점입니다. 그러나 과연 교육의 목표가 '더 많은' 내용의 학습일까요? 1920년대에 연구 대상으로 선발된 영재를 최근까지 관찰해 온 유명한 터먼 연구는 영재 중에서 가장 성공한 사람과 가장 실패한 사람을 각각 150명씩 선정하여 면밀히 분석한 끝에 성공 여부를 결정짓는 것은 성격적 요인이라고 밝혔습니다(Terman & Oden, 1959). 따라서 정의적 영역의 발전을 무시하고 인지 계발에만 중점을 둔 고품질 교육은 장기적 실패로 이어질 확률이 높습니다.

단순히 제 개인적 예상이 아닙니다. 영재들을 일반 학생들로부터 격리해서 교육할 때 여러 부작용이 나타난다는 연구 결과가 많습니다 (Colman Fults, 1982; Harter, 1986 등). 예를 들어 마시(Marsh, 1991)는 보통 아이들은 자신 주변의 다른 아이들과만 비교하기 때문에 영재들하고만 어울릴 때 자아 개념이 축소되고 자신의 능력을 과소 평가하게 된다고 합니다. 왜곡된 자아 개념은 영재들의 학습자세, 진로, 성취욕, 성취도 등에 부정적인 영향을 미칩니다(Marsh & Johnston, 1993).

물론 영재들을 일반 학생들 틈에서 교육을 시킬 때도 정서적 문제가 발생합니다. 자라나는 아동과 청소년들은 발달 단계 특성상 극소수의 특수아에 대한 거부감과 배타성을 지닙니다. 너무 못나도 '왕따'지만 너무 잘나도 '왕따'를 당합니다. 영재로 선발된 학생들이 '비정상' 괴짜 취급을 당하지 않으면서 전인적인 발전을 할 수 있도록 보살펴야 합니다.

"천재성은 1퍼센트 영감과 99퍼센트의 땀이다"라는 에디슨의 명언을 새겨들어야 합니다. 여기서 영감(inspiration)은 지적 영역을 뜻하고 땀(노력)은 정의적 영역을 뜻합니다. 즉, 영재성에는 이 두 가지 요소가 다 필요하지만 특히 정의적 영역의 발전이 상대적으로 무척 중요하다는 것입니다. 영재 교육 전문가를 교육할 때는 교육 내용에 대한 연수는 물론 영재들의 전인 교육과 상담 능력도 향상시킬 필요가 있습니다.

실험 정신을 지녀라

교수 회의 중에 자주 벌어지는 상황을 하나 그려보겠습니다. 학생들의 창의력을 향상시켜야 하겠다는 제안에 모두가 고개를 끄떡입니다. 창의력 계발에 매우 중요한 요소가 실험(experimentation)이라는 연구 결과에 다시 많은 고개가 끄떡여집니다. 하지만 실험 과목을 개선하는 작업이나 새로운 실험실을 꾸미는 작업에 누가 자원하겠느냐하면 모두 고개를 절레절레 흔듭니다. 모두 몸을 움츠리고 서로 눈치를 보게 됩니다. 어느 힘없는 교수가 어서 지명되어 거북한 침묵이 빨리 끝나기를 기도합니다.

이런 무책임한 상황에 개개인이 죄책감을 느낄 필요는 없습니다. 너무나 당연한 일이니까요. 우선 회의실을 빙 둘러보면 실험 교육을 맡길 인재가 눈에 잘 띄지 않을 것입니다. 특히 신임 교수들은 압도적으로 이론 중심입니다. 공대의 경우, 박사학위 연구가 현장 위주의 공학(engineering)보다는 이론 위주의 공학과학(engineering science)에 치우칠 수밖에 없게끔 되어 있지 않습니까. 그러니 자연스럽게 실험 교육을 책임질 만한 경험과 능력이 있는 교수는 멸종 위기에 처한 희귀종이 되어갑니다.

다행히 실험 경험과 능력이 있는 교수가 있어도 책임을 떠맡기기 미안합니다. 우리 모두 다 잘 알고 있지 않습니까. 연구를 하고 논문을 많이 써야 교수 업적 평가를 잘 받을 텐데 어느 누구도 알아주지 않는 일에 '재수 없게' 걸려들어 소중한 시간을 학부 교육에 '낭비'하고 싶을까요?

그뿐만이 아닙니다. 실험실 운영은 돈과 공이 많이 듭니다. 장비와 공간을 확보하고 지속적으로 업그레이드해야지요, 조교와 기술자를 고용하고 관리해야지요. 그리고 하기 싫어하는 교수님에게 억지로 떠맡기거나 다른 혜택을 주면서 달래야 합니다. 그러니 행정 관점에서 본다면 실험 교육이 없는 것이 마음 편하고 재정적으로도 이롭습니다.

이런저런 이해타산이 딱 맞아떨어져 실험 교육의 중요성을 모두가 인정하면서도 모두의 관심 밖으로 슬며시 사라지고 있습니다. 새로운 실험 과목이 신설되기는커녕 기존 실험 과목마저 하나둘씩 사라져버리는 추세입니다. 아직 명을 이어가고 있는 실험 과목의 교육 과정을 보면 과연 학생들이 이것저것 실습해 보는 '실험'인지, 아니면 얼마나 실험 매뉴얼을 잘 읽고 따라하는가를 평가하는 '시험'인지 잘 구분이 안 되는 경우가 많습니다.

미국에서는 이런 위험한 추세를 바로잡기 위해 강의에 실습/실험을 포함시키는 방법과 기술에 대한 교육자 재교육 프로그램이 실시되고 있는 것입니다. 새 시대가 요구하는 창의적 인력을 배출하기 위해 반드시 성공해야 하는 목표이기도 합니다.

잠깐, 교육 프로그램의 목표를 다시 자세히 읽어볼 필요가 있습니다. '실험실'이 아니고 '강의'에 실험을 포함시키는 것입니다. 실험 교육에는 여러 종류의 교육 목표가 있습니다. 현상을 직접 관찰하고, 이론을 확인하고, 도구를 써보고, 그리고 실험 정신을 배우는 것입니다. 창의력과 관련된 사항은 '실험 정신'입니다. 교육 프로그램의 목표는 가능한 모든 교과목에 실험적 사고 방식을 곁들이자는 것입니다.

이론은 강의실에서 배우고 실험은 실험실에서 배운다는 이원론적 흑백논리가 지배하는 교육관은 구시대적 발상입니다. 이제 강의실과 실험실의 구분이 무의미해지고 있습니다. 창의력이 중요하다면 실험을 몇 과목 안 되는, 그마저 버려지고 외면당하는 실험 과목에 한정시킬 수 없다는 뜻입니다.

우리 모두 실험실 교육을 담당할 수도 없거니와 그리 할 필요가 없습니다. 그럴 재정적 여유도 없습니다. 우리는 실험실 기피증에 대해서 개인적으로 죄책감을 느끼지 않아도 된다고 이미 말씀 드렸습니다. 하지만 우리가 모두 각자의 강의실에서 학생들이 실험 정신을 가지게끔 도와주면 좋겠습니다.

실험 정신은 열린 질문과 긍정적인 교육 환경에서 비롯합니다. 긍정적인 교육 환경은 긍정적인 선생님으로부터 비롯합니다. 선생님 마음만 있으면 모든 강의실이 얼마든지 실험실이 될 수 있습니다. 선생님 마음만 있으면······.

변화하는 시대에 맞게 행동하라

저희 집 거실에는 아주 재미있는 사진이 하나 걸려 있습니다. 1930년대 초에 찍은 사진인데 한복 차림에 정자관을 쓴 어른이 중앙에 앉아 계시고 두루마기에 중절모를 쓴 신사가 한쪽 뒤에 서 있고 다른 한쪽으로 까만 교복에 사각모를 쓴 학생이 서 있는 사진입니다.

사람들은 할아버지, 아버지, 아들, 이렇게 삼대가 기념 촬영한 것이냐고 묻습니다. 옷차림으로 보면 당연 그래야만 하는데, 사실 사진 속의 인물은 나의 큰아버지, 작은아버지, 아버지 이렇게 삼형제입니다. 삼형제의 옷차림이 삼대를 방불케 합니다. 너무 빨리 변하다 보니 여러 시대가 한꺼번에 공존하는 모습이 사진 한 장에 담겨질 정도입니다. 그만큼 한국은 빨리 변해왔던 것입니다.

한마디로 한국의 위기를 일컬어 '세월이 원수다'라고 말하고 싶습니다. 세상이 변했는데 한국 사회는 구시대를 고집한 그 이유 때문에 벌어진 일입니다. 명치유신(明治維新)으로 산업화를 시작하는 일본을 옆에 두고 쇄국 정책을 강행하고 시대적 요구를 외면하던 조선 말기

역사를 읽어보면서 우리는 얼마나 어처구니없어 하였던가요.

지금 개혁을 반대하는 사람은 구한말 상투 자르기를 결사 반대했던 사람과 별 다를 바 없어 보입니다. 개혁을 왜 하느냐, 하기 싫다 하고 외치는 사람이나, 변하는 세상이 두려워 눈 딱 감고 땅바닥에 주저앉아 발버둥치는 고리타분한 사람들과 같습니다. 공포에 질린 채로 질질 끌려가서 결국 아끼던 상투마저 잘리는 어리석은 사람들과 같습니다. 쓸데없는 울부짖음으로 정신을 소모하지 말고 마음을 가다듬고 세상 흐름에 맞춰 개혁을 시도하되 그 틈틈이 올바른 방향으로 가고 있는가를 차분하게 따지는 것 또한 게을리 해서는 안 됩니다.

그러나 이 사진이 주는 교훈이 하나 더 있습니다. 사진에 나오는 제 큰아버지와 작은아버지의 집안은 상당히 기울어버렸습니다. 지금 와서 보면 당연한 일이지요. 시대가 어느 때인데 갓 쓰고 앉아서 헛기침이나 에헴 하고 앉아 있었으니 당연히 망했어야지요. 지금 보면 당연한 일인데 그때 그분들께서는 모르셨을까요? 아닙니다. 이 두 어르신들께서 그 당시에 산업화가 생존을 위한 유일한 길이라고 생각하지 못하신 것이 아니었습니다. 해야 하는 일을 알되 단지 행동으로 옮기지 못하셨던 것입니다.

전 지금이 이 사진이 찍혔던 70여 년 전과 비슷한 시기라고 생각합니다. 그때 사람들이 어떤 교육을 받았는가에 따라 온 집안이 기울거나 성했듯이 지금 우리가 어떤 교육을 실시하는가에 따라 나라의 앞날이 결정될 것입니다.

시대가 변하고 있다는 것을 알지 못하는 교육자는 없을 것입니다. 시대 변화에 따라 많은 것이 따라 변해야 한다는 사실도 이젠 우린 잘 알고 있습니다. 모두가 새 시대가 요구하는 패러다임인 다양화, 특성화, 자율화를 외치고 있습니다. 하지만 이 세 가지 기본 패러다임을 실천하는 교육자는 별로 없어 보입니다. 혁신이 모두 구호로 시작하여 구호로 끝나버립니다. 구호가 귀에 익숙하다보니 모두가 혁신하고 있다고 착각하고 있을 뿐입니다.

  변화하는 시대를 읽어야 합니다. 그리고 실천해야 합니다. 그러지 못하면 영원히 고생입니다. 지금 우리는 선택을 해야 합니다. 해야 할 일을 실천해서 우리 교육자들이 정보화시대의 일등 공신이 될 것인가, 아니면 사회로부터 외면당하고 스스로 경멸할 수밖에 없는 초라한 모습으로 인생 후반부를 후회로 살 것인가는 지금 선택하기 나름입니다. 선택을 잘 하시기 바랍니다.

3 :: 시대의 특성에 따라 교육 목표도 바뀌어야 한다

앞에서 시대에 따라 변해야 하는 교육 패러다임을 소개하였습니다. 이 장에서는 선생님께서 각자가 교실에서 매일 활용하셔야 하는 교수법 패러다임을 말씀드리겠습니다. 변해야 하는 교수법 사항이 한둘이 아니겠지만 여기에는 그중 가장 시급하고 중요한 교수법 다섯 가지만 제시하겠습니다.

지식 중간 도매상에서 지연 컨설턴트로

강의 시간이 시작되자마자 시작하여 끝나는 종소리가 날 때까지 쉬지 않고 판서만 하는 선생님이 있습니다. 심지어는 교과서에 나오는 내용을 칠판에 그대로 판서하는 경우가 있습니다. 비록 교과서에 없는 내용을 쓴다 하더라도 이것은 강의 시간을 유용하게 보내는 방법이 아닙니다. 칠판 내용 따라 적기는 학생들이 강의실에서 가장 지겨워하는 행동 중 하나입니다. 따라 적자니 따분하고 안 적자니 따로 할 일 없어 어정쩡하니 말입니다.

이런 예가 너무 잦다 보니 "강의는 지식이 교사나 학생의 머리를 거치지 않고 교사의 노트에서 학생의 노트로 곧바로 이동하는 행위다"라고 지나친 판서를 비꼬는 말이 나돌게 됩니다. 지식 중간 도매상의 대표적인 예라고 말할 수 있겠습니다.

이런 수업을 학생들이 '빼먹고' 싶은 충동을 느낄 만큼 치명적으로 느끼는 것은 어쩌면 당연한 결과일 수도 있습니다. 선생님께서 판서하는 동안 학생들로부터 등을 돌리게 되며 자연히 등을 돌린 채로 말을 건네게 되지요. 등을 돌리고 있으니 학생들이 뒤에서 만화를 보거나, 문자 메시지 보내고 있다거나, 장난을 치거나 알 도리 없습니다.

뿐만 아니라, 등을 돌리는 몸 동작은 학생들에게 엄청난 비구어적 메시지를 전하고 있습니다. '쳐다보기도 싫은 존재야.' 그렇지 않습니까. 우리는 원수로부터 등을 돌리지 좋아하는 사람들에게는 등을 돌리지 않습니다. '그래, 너희들 마음대로 하거라. 난 상관치 않겠다.' 물론, 이런 마음을 지니고 계시지 않더라도, 문제는 학생들이 그런 메시지를 받는다는 점입니다.

또 한 예로 강의 내용이 너무 빽빽하게 많은데다가 그 내용이 꼬리를 물고 줄줄이 전개되는 상황을 들 수 있습니다. 이런 경우 학생들은 어떤 내용이 주요 개념인지 소개념인지 구분하지 못하고 그냥 모든 것을 같은 차원의 내용으로 무분별하게 취급하게 됩니다. 마치 사막을 헤매는 기분일 것입니다. 사방팔방 모래알만 잔뜩 쌓여 있고 어디가 어딘지 영 구분이 안 되지 않습니까. 열심히 걷긴 걸었는데 도달한 곳이 없듯이 수업 시간에 무언가 열심히 배웠다는 생각은 들지만 효과는 없다는 결론을 피할 수 없게 됩니다.

우리는 이제 지식 중간 도매상의 역할에서 벗어나야 합니다. 우리가 먼저 배운 많은 내용을 매수업 시간에 학생들에게 조금씩 떼어주는, 그런 지식 중간 도매상의 역할을 고집하는 교육자는 학생들과 사회로부터 존경받을 수 없는 세상이 왔기 때문입니다. 이제는 학생 스스로 첨단 지식을 접할 수 있는 세상입니다. 선생님들께서 알고 있는 지식보다 훨씬 더 첨단 지식과 정보를 아무 때나 쉽게 받아볼 수 있습니다.

한때 지식을 건네주는 것이 교육자의 가장 중요한 역할이었던 때가 있었습니다. 그때는 지식이 귀중하던 옛시절, 우리가 학생이었던 시절이었습니다. 그때는 학교에서 배운 내용으로 한평생 잘 살 수 있었던 시절이었습니다. 그러나 지금은 어떤가요? 제 아무리 똑똑한 학생이라도 학교에서 배운 내용으로 한평생 살기는커녕 취업하기도 어려운 세상이 아닌가요. 학교 다닐 때 아무리 많이 배워봤자 졸업할 때 쯤에는 반 정도가 구닥다리 지식과 정보가 되어 쓸모없게 되지 않습니까. 자고 나면 새로운 지식과 정보가 쏟아져 나오고 있는 세상입니다. 정보화시대는 정보 홍수 시대이기도 합니다.

정보화시대의 학생들은 선생님이 옆에 있지 않더라도 스스로 배울 수 있는 능력을 배워야 합니다. 새 시대의 교육자는 학생들에게 지식을 전달하는 것에 초점을 맞추는 것이 아니고 학생들 스스로 지식을 접하는 방법과 사고력을 가르쳐주어야 합니다. 우리는 이제 지연(知緣, 지식 네트워크) 컨설턴트로 변신해야 할 것입니다.

'알고 있다'에서 '할 수 있다'로

제가 교수법 특강을 할 때 자주 사용하는 물건이 하나 있습니다. 미국의 저희 대학 학생들이 시험볼 때 입는 옷으로, 앞면에 온갖 수학 공식이 빽빽이 적혀 있는 '시험용 티셔츠'입니다. 티셔츠를 입고 내려다보면 제대로 보이게끔 공식들이 위아래가 뒤집혀 적혀 있습니다. 이 티셔츠는 지식기반시대의 학생들에게 이런 공식을 달달 암기해서 시험을 잘봤자 아무 소용없다는 메시지를 전달하기 위해 고안되었습니다.

새 시대에는 정보와 지식을 응용하는 능력, 여러 지식을 연결시켜서 새로운 지식으로 발전시키는 창조력, 어떤 정보가 필요한지 분별하고 판단하는 능력이 중요한 시기이기 때문입니다. 이제는 무엇을 알고 있다보다는 무엇을 할 수 있는가가 상대적으로 중요하게 됩니다. 이 차이는 구시대 학생들의 이력서와 새 시대 학생들의 이력서를 비교하면 잘 나타나 있습니다.

구시대 학생의 이력서의 특징은 학점을 강조한 것과, 이수한 과목의 명칭을 나열하는 것입니다. 즉, '나는 무엇을 배워서 알고 있다'를 나타내주고 있습니다. 특별한 기술과 동아리 활동을 기입한 부분도 마찬가지로 명칭의 나열로 이루어져 있습니다. '나는 어느 동아리에 소속되었었다' 또는 '나는 이런 특별한 기술을 지니고 있다'를 암시할 뿐, 그래서 무엇을 할 수 있는가에 대한 언급은 전혀 없습니다.

예를 들어 84쪽에 수록한 〈구시대 학생 이력서 샘플〉에는 학점(양)이 세 번씩이나 나열되었습니다. 총 평균 학점이 3.26지만 전공 과목의 학점만 계산한 경우 평균 학점은 3.45라고 적었습니다. 다시 말하자면, 전공 과목들에 대해서는 매우 높은 성적(거의 A 학점)을 받았지만, 교양 과목에서 상대적으로 낮은 성적(B 학점)을 받았기 때문에

구시대 학생 이력서 샘플

David -----------

Present Address
000 Cedar Bluff Drive
Houghton, MI 49931
(906) 482-0000

Permanent Address
000 Rxxxxxxx St.
xxxxxxxx, MI 49801
(906) 000-0038

OBJECTIVE

To initially obtain a challenging position in Mechanical Engineering
dealing with product design/development or manufacturing

EDUCATION

MICHIGAN TECHNOLOGICAL UNIVERSITY, Houghton, MI
B.S. Mechanical Engineering
Expected graduation: Nov 1992
Overall GPA: 3.26   Departmental GPA 3.45
Dean's List last 5 times (GPA > 3.5)

SELECTED COURSE WORK

Composite Materials Design	Principle of Management
Noise Control Engineering	Material Removal Processes
Computer Aided Design Methods	Manufacturing & Dynamic Systems
Intro. to Manufacturing Processes	Robotics

COMPUTER SKILLS

CAD (solid modeling)	BASIC	FORTRAN
CAD (finite element)	UNIX	CADKEY

ACTIVITIES
Society of Automotive Engineers (SAE)
American Society of Mechanical Engineering (ASME)
Intramural Basketball and Softball
Golfing

EXPERIENCE
Twin City Testing, Wausau, WI, Summer 89
Responsible for quality control of soil compaction and concrete testing
Responsibilities included:
- Thorough knowledge of specifications and test methods
- Performing, analyzing and approving tests
- Pinpointing test locations on blue prints

Blind Duck Inn, Kingsford, MI, Summer 88
Responsible for the maintenance and minor remodeling of Inn

Beach Hill, Kingsford, MI, Summer 86
Responsible for general upkeep of a home for the mentally handicapped

References and transcript available upon request

평균이 3.26밖에 되지 않는다고 변명을 하고 있는 셈입니다. 즉, 이 학생은 '하드 기술'이 중요하고 '소프트 기술'은 그다지 중요하지 않으므로 교양 과목에 낮은 성적을 받아도 괜찮다고 생각하고 있습니다. 이 학생은 전공(하드 기술)과 교양(소프트 기술)이 서로 연관되지 않고 분리된 객체라고 인식하는 것입니다.

학력(education)에 대한 내용이 구시대 학생의 경우에는 이력서 면적의 거의 반을 차지하지만 새 시대 학생의 경우에는 88~91쪽에 수록한 〈새 시대 학생 이력서 샘플 1〉에 보시듯이 정식 교과 과정의 결과는 학점이 3.6이라는 숫자 하나로 요약되었고, 이력서 면적은 거의 다 교과 과정 외 과정(extra curriculum)과 현장 경험이나 체험을 서술하는 데 할애하고 있습니다. 이런 표면적 차이보다도 더 중요한 것은 질적 차이입니다. 경험이 명사가 아니고 동사로 묘사되어 있습니다. 명칭의 나열이 아니고, '무엇을 했다. 고로, 무엇을 할 수 있다'를 조목조목 구체적으로 나열하고 있습니다. 마치 포트폴리오를 작성한 것같이 느껴집니다.

이제는 지식의 암기나 이해를 추구하는 것이 교육의 목표가 아니고, 응용, 분석, 종합, 평가 등 더 높은 차원의 교육 목표를 달성하기를 요구하고 있습니다. 즉, 무엇을 아는가보다는 무엇을 할 수 있다가 중요한 시대가 왔습니다.

소비적 교육 경험에서 생산적 교육 경험으로

이력서를 비교하면 몇 가지 차이를 더 발견하게 됩니다. 첫째, 선택된 단어들이 인증 기준에 등장하는 단어들을 반영하고 있습니다. 조직화할 수 있고, 커뮤니케이션을 잘할 수 있고, 새로운 아이디어를 창출할 수 있다는 등 마치 이력서가 인증 기준을 만족시켰다는 증빙 자료같이 보입니다.

둘째, 현장 경험이 강조되었습니다. Co-op은 주로 3학년 때 대학이 주선해 준 회사에서 6개월 간 근무하면서 얻는 현장 경험이고, 인턴십은 여름방학 기간(약 3개월)의 임시 취업입니다. Co-op은 전공과 관련이 있는 경험이기 때문에 3학점으로 인정되고, 평균 월급은 2,500달러 정도입니다. 인턴십은 일 경험을 위한 임시 취업이기 때문에 전공과 관련이 없어도 됩니다. 이 학생은 주로 대기업에서 Co-op 경험을 쌓았습니다.

셋째, 〈새 시대 학생 이력서 샘플 1〉의 학생은 공부만 잘하는 것이 아니라, 운동과 동아리 활동도 열심히 하여 균형을 이루고 있습니다. 리더십 항목에 동아리의 재무 회장을 지낸 경력 등을 기입함으로써 자신의 커뮤니케이션 기술, 대인관계 기술, 또는 도덕적 책임성을 직접적으로 강조하였지만 이 부분에는 간접적 메시지가 더 돋보입니다. 스키 챔피언까지 될 정도로 대단한 실력을 지녔지만 스키 패트롤을 하면서 봉사 활동으로 확대해 나갔고, 스쿠버 다이버 자격증을 지닐 만큼 수영을 즐기지만 구조원으로 활동하고 있습니다. 놀이와 일, 전공과 부전공이 구분되어 있지 않고 상승작용의 효과를 내고 있습니다.

〈새 시대 학생 이력서 샘플 2〉의 학생은 현장 경험을 무려 세 번이나 했습니다. 운동과 봉사 활동, 동아리 활동도 많이 하였습니다. 자신이 쓴 시(詩)가 출판되었다는 점이 상당히 돋보입니다.

하지만 이 이력서가 가장 강조하는 점은 세계화(international experience)입니다. 호주의 컬틴 기술대에서 한 학기를 유학한 후 곧이어 호주 벡텔사에서 인턴십을 받았습니다. 졸업 논문을 쓰기 위해

새 시대 학생 이력서 샘플 1

William ----------

Permanent Address: w----e@mtu.edu   Current Address:
000000 Woodland Dr.   xxxx College Ave.
0xxxxxxxxxxxxxxxx   Houghton, MI 49931

Education
Michigan Technological University, Houghton, MI
B.S. Mechanical Engineering, December 2003 (GPA 3.60)

Work Experience
Kimberly-Clark Corporation
Research and Engineering co-op in Family Care Sector (8/02-1/03)
- Worked in a team with four full-time engineers to create a paper towel pilot line
- Designed the fluid handling system for the pilot line
- Interacted with vendors to obtain technical specifications, cost, and lead time
- Organized and lead trial of high pressure water cutting for tissue converting

General Motors Inc. Technical Center   Warren, MI
Manufacturing Intern, summer 2001
Data Manager (5/01-7/01)
- Obtained math data files for prototype builds using Unigraphics
- Outlined process for saving and archiving ALPS laser cutting programs
- Scheduled and prioritized jobs as required to meet deadlines
- Tracked progress of jobs, solved any problems encountered

- Communicated management needs to skilled trade hourly employees

Wm. R. Aviation
Owner/Flight Instructor (6/99-present)
- Instruct new pilots for licensing
- Advertise and promote new business
- Perform basic, preventative aircraft maintenance
- Instruct experienced pilots for advanced ratings/license
- Obtained financing to purchase Cessna 150 Aircraft (9/01)

Leadership
- Extensive teaching experience as a flight instructor
- Certified Red Cross Head Life Guard, First Aid, CPR
- Member of American Society of Mechanical Engineers (ASME)
- Member of Sigma Tau Gamma Fraternity

Offices held; Risk Management Chairman, Vice President of Finance

Accomplishments
- Licensed pilot by age 17, Certified Flight Instructor by age 19
- Certified SCUBA diver
- Minnesota State Champion in Nordic Skiing, 1998
- 2 time All State, 4 time All conference in Nordic Skiing

새 시대 학생 이력서 샘플 2

Kimberly ----------

Current Address: xxxxxs@mtu.edu   Permanent Address:
PO Box 000   6270 xxxxxxxx Road
Houghton, MI 49931   xxxxxxxx, MI 497xx
(906) 487-0000   (906) xxx-0008

Education
- BS Civil Engineering with honors from Michigan Technological University (Dec.02)
- Passed the E.I.T./ F.E. Exam
- GPA: 3.1/ 4.00

International Experience
- Studied Abroad at Curtin University of Technology in Australia (Spring 2002)
- Completed Volunteer Intensive Engineering Senior Design Project in Bolivia, South America. The Senior Design Project involved the design and construction of a school structure for the children of the Los Pinos Barrio. (2001)
- Recipient of Rotary Int'l MBA Ambassadorial Scholarship (Beginning 2004)

Work Experience
Engineering Intern, Bechtel Corporation, Perth, Western Australia (April-June 2002)
- Mentored by the business manager for Bechtel Australia Pty Ltd in WA
- Learned about marketing and business strategies and organization practices

Assistant Structural Engineer, California DOT, San Francisco, CA (Jan-June 2001)
- Mentored by the Chief Engineer on the Seismic Retrofit Project
- Reviewed concrete mix designs, analyzed bridge deck contours, general surveying, organized files, tested materials, and learned about many procedures
- Learned about a wide variety of construction equipment and its applications

Intern Field Engineer, Gundlach Champion Inc, Houghton, MI (Summer 1999)
- Exposed to construction practices for multiple low-rise structures in Sault Ste, MI

International Resident Advisor, Michigan Tech, Houghton, MI (1999-2000)
- Organized educational programs, social events, and diversity awareness programs for international students.
- Assistant and motivator to the hall with the highest GPA
- Development of interpersonal skills through conflict prevention and resolution

Activities and Achievements
- Served as President of the MTU Associated General Contractors
- Member of the Am. Society of Civil Engineers and the Society of Women Engineers
- Original Poetry Published in <u>On the Threshold of a Dream</u>
- First Aid and CPR certified and Emergency Medical Technician trained
- Participated in marathon endurance training to raise funds for the Leukemia Society.

남미 볼리비아에 직접 가서 학교 부지 디자인과 건설에 관여하였으며, 미시간 공대 기숙사 사감을 하되 해외 유학생 전용 기숙사에서 일을 했습니다. 그리고 로타리클럽 장학생으로 1년 간 해외 파견을 나가게 될 것이라고 적었습니다.

여기에서 한국 대학생과 큰 차이점을 발견할 수 있습니다. 한국 대학생들이 주로 하는 해외 연수는 영어 또는 문화 체험이며 돈을 내고 하는 '소비적' 경험인 반면 이 학생의 해외 연수는 공학 기술과 관련되었으며 돈을 받으면서 하는 '생산적' 경험입니다. 돈을 받기 때문에 책임을 느끼면서 쌓는 '생산적' 경험은 소비자 또는 고객의 입장에서 받은 연수와는 질적으로 다른 경험입니다.

새 시대 이력서가 모두 그렇듯이 이 이력서 역시 서술 형식으로 꽉 찬 느낌을 주고 있습니다. 학력(學歷)은 짧게, 그 대신 학력(學力)은 길게 쓰는 형식도 같습니다. 이 글에는 공대생의 이력서를 예로 들었지만 제가 저희 대학 학생들의 이력서 1,200개를 검토한 결과 다른 학과의 학생 이력서들 역시 같습니다. 저희 대학뿐만 아니라 다른 앞서가는 대학의 경우도 마찬가지입니다.(Cho, 2004). 결론을 다시 말하겠습니다.

구시대의 경우, 졸업증과 자격증은 지식을 얼마나 소비했는가를 나타내주는 영수증과 같은 역할을 했습니다. 하지만 새 시대에는 이력서에 대학을 다니면서 얼마나 다양한 '생산적 경험'을 쌓았는가를 증명해야 합니다. 무엇을 배웠고, 알고 있는가는 상대적으로 중요하지 않습니다. 이제는 무엇을 할 수 있는지 아는가가 중요하기 때문입니다.

완성된 모습에서 완성되어 가는 모습 보여주기로

"강의를 잘하려면 컴퓨터나 프로젝터 등 첨단 교육매체(TP, PPT 또는 OHP)를 많이 이용해야 합니까?" 새 시대 교수법 강연 후 질의 응답 시간에 자주 등장하는 질문입니다. 제가 강연하면서 교육 매체를 많이 쓰기 때문에 마치 제가 암암리에 첨단 교육 매체를 권장하는 것같이 보였던 모양입니다.* 물론 제 답은 "글쎄요……"입니다. 상황에 따라 화려하고 산뜻해 보이는 PPT(파워포인트) 프로젝션을 쓰는 것이 효과적일 수 있지만 어떤 경우에는 오히려 분필 하나가 더 큰 학습 효과를 내기 때문입니다.

PPT와 OHP는 무척 많은 내용을, 그리고 말로 잘 표현할 수 없는 내용을 전달할 수 있다는 큰 장점이 있습니다. 하지만 PPT나 OHP에 담긴 내용은 주로 '완성된 생각'입니다. 고난도 교육 매체 기술까지 동원하면 PPT에 생각이 완성되어 가는 모습을 담을 수 있습니다. 하지만 이러한 차원까지 가려면 상당한 시간 투자가 요구될 것입니다. 바로 이 점에 PPT나 OHP의 약점이 있습니다.

학생들은 완성된 생각은 교과서에도 볼 수 있습니다. 교과서에는 이론과 법칙들이 논리 정연하게 완성된 작품으로 나타나 있지 않습니까. 교실에서는 학생들이 교과서에서 얻을 수 없는 것을 교수님으

---

* 강연과 강의는 다르다는 점을 말씀 드리고 싶습니다. 강연은 일시적인 만남이고 단기적 목표를 짧은 시간 내에 달성해야 하기 때문에 내용 전달이 가장 중요합니다. 하지만 강의는 한 학기 내내 지속되는 만남입니다. 각 강의마다 달성해야 하는 단기적 목표(학습 내용) 외에 고려해야 할 사항이 무척 많습니다. 믿음과 신뢰 등 인간적 차원의 요소들이 상대적으로 중요하게 됩니다. 따라서 강의 시간에 교수님과 학생들 사이에 바람직한 인간 관계를 형성하는 데 많은 시간 투자와 노력을 해야 효과적인 강의가 이루어질 것입니다. 이렇게 강연과 강의의 차이가 있기 때문에 교수법도 다르게 해야 효과가 있습니다.

로부터 얻을 수 있어야 합니다. 어떤 교육 매체를 사용하건 학생들에게 생각이 '완성되어 가는' 모습과 과정을 보여주어야 합니다.

제 기억에 가장 강하게 남아 계신 선생님은 고등학교 수학 선생님입니다. 물론 그 당시에는 첨단 교육 매체가 없었고 오로지 분필과 칠판이 전부였지만 그래도 그 선생님께서 판서하는 방법은 다른 선생님의 방법과 확연히 달랐습니다. 글씨 하나 하나에 정성을 다하시는 모습에 학생들은 고개가 저절로 숙여졌고, 마치 자로 그은 듯한 일직선과 거의 완벽하다 싶은 원에 학생들의 눈이 휘둥그레졌지요. 그런데 더욱 감탄할 노릇은 이토록 깨끗한 글씨와 정돈된 그림을 학생들을 쳐다보면서 판서를 해나가셨던 것입니다. 마치 눈이 뒤통수에도 달린 듯이 말입니다.

'그것이야 그저 쇼맨십이 아닌가!' 하고 대수롭지 않게 생각할 수도 있겠습니다. 하지만 그 정도 할 수 있도록 노력하여 학생들을 압도하고 주의력을 장악하여 논리가 학생들의 머릿속에 쏙쏙 들어가게 하였다면 쇼맨십이라고 업신여길 수 없습니다. 그 대신 칠판을 무척 효과적으로 쓴 예라고 말할 수 있겠습니다. 그 선생님께서는 교육받은 사람의 정신과 습관을 학생들에게 보여주기 위해서 판서를 하셨다고 기억됩니다. 그러나 가장 중요한 점은 그 선생님께서는 내용을 전달하기 위해서라기보다 자신이 생각하는 과정을 학생들에게 '보여주기' 위해서 판서를 하셨던 것이지요.

'무엇을 할 것인가'에서 '무엇을 하게끔 할 것인가'로

일반적으로 우리는 수업을 준비할 때 '이번 강의에는 내가 무엇을 할까?'라는 생각으로 시작합니다. '흠…… 오늘 오후 강의에는 학생들에게 뉴턴의 제1법칙을 소개하고, 칠판에 수식을 적고, 간단한 예문을 두 가지 풀어 보이고, 숙제 문제를 내줘야지.' 그러고는 구체적인 강의 준비로 들어갑니다.

교수님께서 이것저것 다양한 내용을 많이 준비하시더라도 여기에는 심각한 문제가 하나 있습니다. 강의록에는 교수님께서 하실 말, 교수님께서 칠판에 쓰실 판서 내용, 교수님께서 사용하실 교육 매체 등이 적혀 있을 뿐 학생들은 안중에도 없다는 점입니다. 만일 강의 준비를 연극 각본을 쓰는 것이라고 한다면 각본에는 교수라는 연기자 한 명만 나와 있는 것과 같습니다. 분명히 강의실이라는 무대에는 교수님 한 분 이외에 수십 명의 학생들이 등장하는데도 불구하고 각본에는 교수님께서 하실 말과 행동에 대한 내용만 빼곡하게 적혀 있다는 점이 문제입니다.

물론 강의록은 연극 각본이 아닙니다. 하지만 강의록에 학생들이 등장하지 않는다면 아마도 강의는 연기자 한 명이 혼자 떠드는 일인극과 같을 것입니다. 말하고 행동하는 연기자는 결국 교수님 한 분이고 학생들은 관중처럼 수동적으로 입 꼭 다물고, 교수님께서 하시는 말을 듣고, 교수님께서 하시는 행동을 쳐다보고만 있게 될 것이기 때문입니다.

학생들이 듣고 보기만 하는 강의는 그다지 효과적이지 못합니다. 학생들을 수동적으로 만들어버리기 때문입니다. 물론 학생들이 강의 내용을 노트에 필기야 하겠지만 많은 경우 정보가 학생들의 눈과 귀에서 손가락으로 직통으로 전달되지 않나 합니다. 정보가 교수의 노트에서 학생의 두뇌를 통과하지 않고 노트로 곧바로 전달될 바에는 아예 교수님의 강의 노트를 복사해서 학생들에게 나눠주는 것이 더 효율적이겠습니다.

가장 효과적인 강의는 학생들을 능동적으로 유도합니다. 강의 내용이 학생들의 두뇌를 거치고 그 결과 그들의 지식 구조에 변화가 일어나고 있다는 증거는 학생들이 행동을 할 때 잘 나타납니다. 강의 내용이 기억에 남는 비율을 조사한 연구 결과는 왜 학생들이 수동적인 자세에서 벗어나고 능동적으로 수업에 임해야 하는지 뚜렷이 보여줍니다.

왜, 잘 아시지 않습니까. 우리가 학생일 때는 제대로 이해하지 못한 내용이라도 강의를 준비하면서 (행동으로 옮기면서) 비로소 거의 완벽하게 이해하게 되지 않습니까.

그래서 최근에는 어느 익살스런 교수가 아래 통계에 마지막 종목을 추가하기도 합니다.

강의 내용이 기억에 남는 비율
읽기 10퍼센트
듣기 26퍼센트
보기 30퍼센트
보기와 듣기 50퍼센트
보기와 말하기 70퍼센트
말하기와 행동하기 90퍼센트
가르치기 99퍼센트

교육자의 역할이 학생들이 무엇을 할 수 있게끔 도와주는 것이라면 어떻게 강의를 준비해야 할까요. '내가 무엇을 할까?' 대신 '학생들로 하여금 무엇을 하게끔 할까?'를 생각하십시오.

"요즘 학생들은 학습에 대한 주인 의식이 없다" "너무 수동적이다"

등 비판하시기 이전에 과연 내가 그들을 그렇게 만들고 있지는 않은가 살펴보시기 바랍니다.

4 :: 시대의 변화 속에
교육자들이 경계해야 할 것들

 교육 혁신에 대한 특강을 한 후 질의응답 시간에 흔히 나오지만 아쉽게도 제가 가장 듣기 거북해 하는 코멘트가 하나 있습니다. "그렇지만 한국 현실은 이렇습니다"로 시작되는 코멘트입니다. 그 말을 뒤집어보면 제가 제시한 여러 내용은 다 좋고 맞는 말이지만 한국 '현실'이 이렇고 저러니 빛 좋은 개살구라는 말입니다.
 제 특강 내용을 거부하거나 저항하는 것은 조금도 실망스럽거나 불쾌하지 않습니다. 아쉬운 것은 타성적 무기력과 책임 회피가 혁신의 걸림돌이라고 그렇게 강조를 했건만 결국 끝에 가서는 그 한계를 넘지 못하고 현실이라는 타성에 손을 들고 현실이라는 편리한 책임 회피용 구실을 찾는 것이 따분할 뿐입니다.
 그래서 저는 한마디 던집니다. "아, 그래요? 지금 현실이 어렵고 비정상적이라는 점은 충분히 이해합니다. 하지만 지금 우리는 혁신 방법에 대해 논하고 있습니다. 혁신이란 바람직하지 않은 현실을 바꾸자고 하는 노력인데, '현실 때문에 우리가 할 수 있는 일이 별로 없다'라는 말씀은 잘 이해가 되지 않습니다." 코멘트를 한 분을 너무 야단치는 것같이 보여 다음에는 이 말을 하지 말아야지 하면서도 다시 하게 됩니다.

우리는 현실을 마치 우리와 무관한, 별도로 존재하는 객체로 인식하기 쉽습니다. 하지만 현실은 우리 가치관과 행위로 인한 집합적 결과입니다. 우리가 현실을 만들어왔습니다. 혁신은 남을 바꾸는 노력이 아닙니다. 사회 혁신은 각자 개인 차원에서 혁신을 해야 비로소 가능한 것입니다. 현실을 탓하지 마십시오.

'못해먹겠다'는 말을 하지 않는다

제가 한국을 떠났던 1960년대의 구호는 '산업화'였습니다. 박정희 대통령이 산업화를 이루기 위해 고속도로를 건설하고, 공장을 세우고, 대기업 체제를 구축하였습니다. 공장을 돌리기 위한 인력을 공장 근처로 집중시켜야 했습니다. 결국 시골을 떠나고 도시로 몰리는 대대적인 인구 이동이 시작되었습니다. 그렇게 버려진 농지를 헐값으로 사들여서 비싼 값으로 주거 용지로 팔아 넘기면서 기업인들은 자본을 모았습니다.

그후에 등장한 구호는 1990년 초에 '국제화'란 구호였습니다. 한때 국제화해야 한다는 말을 듣다가 얼마 후에 한국에 나와보니 구호가 어느새 세계화로 바뀌어 있었습니다. 국제화는 무엇이고 세계화는 무엇인가? 이 물음에 자신 있게 설명해 주는 사람이 없었습니다. 김영삼 대통령이 '국제화'라는 단어를 발음하기가 어려워 '세계화'로 바꿨다는 농담을 들려줄 뿐입니다. 좀더 익살스러운 사람은 세계화는 국제화를 좀더 세게 하는 것이라고 하더군요.

대통령이 바뀌니까 구호도 바뀝니다. 김대중 대통령 시절의 구호는 '정보화'였습니다. 새 시대의 패러다임을 표현하는 적절한 구호임은 틀림없습니다. 하지만 정부가 큰 돈 써가며 벌인 사업은 '전산화'이지 '정보화'는 아닌 듯 보였습니다. 아마 '정보＝전산(컴퓨터화)'이라고 착각하지는 않았는지 생각됩니다. 청와대 초청으로 시대 흐름의 대가 앨빈 토플러가 한국을 방문하고 대통령을 만나던 무렵 정부의 구호는 '지식기반사회'로 다시 변하였습니다. 그럼 정보는 뭐고, 지식은 뭔가? 이 단어들을 구분해서 쓰는 사람은 거의 없을 것입니다. 구호만 바꾸면 결과도 달라진다고 생각한 모양입니다.

그러던 와중 아예 영문약자를 그대로 사용하는 일도 생겼습니다. GIS(Global Information Society), 즉 지구촌 정보화사회라는 말입니다. 세상이 하도 빨리빨리 변하다 보니 영문을 국어로 번역할 여유조차 없는 변화무쌍한 세상입니다. 세상이 이렇게 정신 없으니 대통령마저도 못해먹겠다는 말이 나올 수밖에 없는 세상이 온 것입니다.

특히, 교육자가 못해먹겠다는 말을 많이 하게 되어 있습니다. 크게 두 가지 이유가 있습니다. 첫째, 국제화, 세계화, 정보화, 지식기반사회 등으로 표현되는 새 시대를 두고 학습 사회와 평생 교육 시대라고도 합니다. 국민 모두가 교육을 받아야 하는 학습 사회 시대일 뿐더러 죽을 때까지 교육을 받아야 하는 평생 교육 시대에는 교육자의 역할이 매우 중요합니다. 교육자의 능력에 국가의 흥망이 걸려 있다고 해도 무리가 아닙니다. 따라서 사회는 교육자를 선반에 올려놓고 돋보기로 관찰하듯 우리가 하는 모든 사항을 평가하고 참견할 것입니다. 지금 겨우 시작에 불과합니다. 그래서 교육자는 엄청난 스트레스를 받게 되어 있다고 한 것입니다.

둘째, 산업화시대에는 우리가 학교를 다닐 때였습니다. 그때는 우리가 학교를 다니기 시작한 첫 세대였습니다. 그때는 뭐가 뭔지도 모르고 학교를 다녔습니다. 모든지 다 첫 경험이었기 때문에 학교에서 무엇을 하든지 원래 그러려니 하면서 다녔습니다.

하지만 새 시대 학생들은 교육 2세대입니다. 이들의 부모님들은 대다수가 적어도 중고등학교를 다녀본 경험이 있고 상당수는 대학을 다닌 경험이 있습니다. 학생들과 학부모들은 이제 무엇이 정상인지, 무엇이 품질인지 잘 알고 있습니다. 이제는 시행착오가 용납되지 않습니다. 이제는 잘못을 덮어둘 수 없는 시대인 것입니다. 교육자가 피곤한 세상이 온 것입니다. 못해먹겠다는 말이 저절로 나오게 된 세상입니다.

그러나 이 말을 하지 마십시오. 이 말은 책임을 회피하는 하소연입니다. 무기력에 호소하고 있습니다. 절망만 퍼트립니다. 이 말은 일반인들은 해도 되지만 희망의 원천이어야 할 교육자가 할 수 있는 말은 아닙니다.

배타적인 이념의 대립을 피한다

한국의 경우는 교육에 대한 논의가 이루 말할 수 없을 정도로 매우 복잡하다는 점이 큰 문제로 보일 수 있습니다. 사회가 특목고와 자립형 사립고에 대한 논의 등 평준화 유지냐 폐지냐에 대한 뜨거운 논쟁에 휘말려 있습니다. 그뿐 아니라 강남 집값 폭등, 강북 발전 등 부동산 문제와 연관되고, 특수 교육은 과외를 부추길 수 있다는 염려 때문에 사교육비, 입시 지옥, 학벌주의 등 현대 한국의 대표적이며 고질적인 문제로 두루 연결됩니다. 이러한 문제들은 또 다시 특혜, 특권, 기득권 등 엘리트 계급 형성이라는 계층간 갈등을 자극하는 반면 학력 저하, 공교육 붕괴, 대졸자 실업난 등 사회 붕괴에 대한 위기 의식을 고조시킵니다. 이렇기 때문에 교육 정책 문제를 교육부만 아니라 경제부, 건설교통부, 노동부, 산업자원부, 정보통신부에서도 개입하고 있고, 교육 전문가 이외에 공무원, 기업인, 학부모 등 다들 한마디씩 거들고 있습니다.

하지만 이 역시 당연한 것입니다. 국가의 흥망이 교육에 달려 있다 보니 교육에 대한 논의가 극단적인 표현으로 치장되고 있으며 마치 종교적인 구호나 전쟁 상황을 방불케 합니다.

"평준화야 무너져라 할렐루야."(《한겨레》, 2003년 11월 12일자)
"평준화 해제 땐 핵폭탄 같은 혼란올 것"(MBC 뉴스, 2003년 10월 27일)

교육에 대한 논의가 진보 대 보수, 또는 경제계 대 교육계의 격렬한 이념적 논쟁으로 치닫는 것 역시 세계적으로 공통적입니다. 예를 들어 미국의 경우 지난 100년 동안 사회 가치관이 마치 시계추같이 평준과 수월성 사이를 오갔으며 이에 따라 교육에 대한 사회적 관심이 커졌다 작아졌다를 반복하였습니다. 귀족, 계급 사회의 잔재가 아직도 강하게 남아 있는 영국에서는 엘리트 교육에 알레르기 반응을 보이기 때문에 엘리트 교육이라고 보이기 쉬운 영재 교육을 국민에게 설득시키는 일이 쉽지 않았습니다. 영국 정부는 1992년부터 영재 교육에 대한 필요성을 꾸준히 제시하였고 1996년에는 평준화 철학이 짙은 노동당(Labour Party)에서 영재 교육을 인권이라는 개념으로 제시하였습니다. 즉, 영재들을 일반 학교에 방치해 두는 것은 영재들에 대한 인권 유린이라는 것입니다. 학생들이 자신들의 능력껏 발전할 수 있도록 해야 된다는 것입니다. 그리하여 겨우 1999년에 와서 정부가 우수한 고등학생 5~10퍼센트에 대한 특수(영재) 교육을 실시하기에 이르렀고, 최근에는 우등생 신속 진학 제도 등을 도입하여 영재들의 속진 학습과 진학을 돕고 있습니다.

독특한 역사 배경으로 인하여 평준화 정신이 매우 강한 호주의 경우 1990년까지만 하더라도 법적으로 모든 초등학생은 의무적으로 무조건 7년 간 초등교육(유치원 포함)을 받아야 했습니다. 그러나 1991년부터는 속진 학습을 허용하여 우수한 학생들이 월반하고 조기 졸업을 할 수 있게 되었고 영재 학급도 실시하였는데 교사 노조의 반발이 무척 심했습니다.

다른 나라에서와 마찬가지로 교육에 대한 논의는 경제, 사회, 심리 등이 얽히고 꼬일 수밖에 없기 때문에 질서정연한 논의로 풀어나가기가 쉽지 않습니다. 따라서 교육은 정치적 결단이 필요합니다. 마치 알렉산더 대왕이 꼬인 밧줄을 손으로 한 가닥씩 푸는 대신 칼로 단번에 싹둑 잘라서 풀었듯이 말입니다. 하지만 이같은 알렉산더 대왕의 결단은 비록 통쾌할 수는 있으나 민주사회의 모델이 될 수는 없습니다.

한 가지 분명한 것은 경쟁과 분배, 경제성과 사회성, 평등과 수월성은 대립적인 관계이지만 비행기의 두 날개와 같은 동행자이기도 하다는 것입니다. 좌우 날개가 균형을 이루어야 비행기가 똑바로 날 수 있듯이 평등과 수월성이 교육의 좌우 날개 역할을 할 때 성장 동력이 발휘될 것입니다.

그런 즉, "평준화 깨야 공교육 산다"(《중앙일보》, 2004년 1월 4일자) 같은 윈-루즈 형태의 이원론적이며 상호 배타적인 흑백논리로 해결책을 찾을 수 없습니다. 우리 사회도 더 왕성하고 건설적인 논의로 논쟁의 평행점을 찾으면 국민소득 2만 달러 시대에 빨리 도달할 수 있을 것입니다.

교육 개혁의 주체와 대상을 따지지 않는다

어떤 사람이 열기구를 타고 공중을 표류하고 있었습니다. 방향을 잃고 헤매고 있던 중에 발 아래 걸어가는 사람 한 명을 발견하고 고도를 낮춘 다음 큰소리로 물었습니다.

"여보시오, 뭐 좀 하나 물어봅시다. 나는 한 시간 후에 목적지에 도착하기로 약속을 했는데 길을 잃어버려 큰일났소. 내가 도대체 어디에 와 있습니까?"

걸어가던 사람이 대답을 했습니다.

"당신은 지금 해발 20미터에 떠 있으며 위도 37.5도와 경도 127도에 와 있습니다."

열기구에 탄 남자는 교수에게 화를 벌컥 내면서 큰소리를 질렀습니다.

"혹시 교수님이 아니세요? 맞죠?!"

"네, 그렇습니다만……."

열기구에 탄 남자는 교수에게 화를 덜컥 내면서 큰소리를 질렀습니다.

"내 위치를 정확하게 말씀해 주시긴 했지만 도대체 그게 나한테 도움이 될 거라고 생각하나요! 역시 이론은 밝아도 현실 문제 풀이엔 깡통이라니까. 교수님 때문에 괜히 시간 낭비만 했잖아요."

이에 교수는 대답을 했습니다.

"아, 교육부 장관님이군요. 맞죠?!"

"예, 그렇습니다만…… 어떻게 아셨나요?"

"장관님께서는 허풍으로 높은 데까지 올라갔으며, 그저 바람따라 이리저리 왔다갔다 하고 있잖아요. 지킬 수 없는 약속은 떡 해놓고, 밑에 있는 사람이 문제를 풀어주기를 바라고 있네요. 그리고 지금 자신이 잘 못하여 방향을 잃고 헤매고 있건만 갑자기 교육자 탓을 하시는 걸 보아 교육부 장관님이 틀림없지요."

위의 유머가 교육계의 혼란을 잘 표현해 주고 있습니다. 한국의 교육을 엉망으로 몰고 간 당사자가 누군가요. '교원이 교육 개혁의 대상이냐 주체냐?' 하는 문제로 시끌벅적하던 때가 있었습니다. '교육부를 없애면 개혁이 저절로 이루어지리라'며 교육부가 개혁의 주체가 아니고 오히려 대상이 되어야 한다는 말이 나돈 지도 한참 되었습니다. 정답은 무엇일까요.

학부모의 말을 들어보면 마땅히 교원이 개혁의 대상이라고 생각됩니다. 교원의 하소연을 듣다 보면 이제는 교육부가 대상이 되어야 한다고 확신을 가지게 됩니다. 그러나 교육부 관계자의 말을 들으면 또 다른 개혁 대상이 나타나고 맙니다. 과연 누구의 말이 옳을까요? 혼란스럽기 짝이 없습니다.

그러나 혹시 토론의 주제가 잘못되어 있지는 않은가 생각해 볼 만합니다. "누가 사족(蛇足)을 잘라야 할까?" 하며 열띤 토론을 벌인다면 얼마나 우스울까요? 개혁의 대상과 주체는 둘 다 사족과 같은 것이 아닐까 생각합니다. 존재하지도 않은 것을 찾아 헤매는 것처럼 부질없고 허무한 일은 없겠지요.

또, 혹시 우리가 개혁과 혁명을 혼동하고 있지는 않은지요. 혁명에는 주체와 대상이 확실히 존재합니다. 프랑스 혁명의 주체는 중하류의 국민이며 대상은 호화스런 귀족들이었습니다. 러시아 혁명의 주체는 노동자며 대상은 자본가였습니다. 중국 혁명의 주체는 인민이었으며 대상은 외세였습니다.

그러나 개혁에는 주체와 대상이 구분되어 존재하지 않습니다. 일본을 근대 세력으로 탈바꿈시킨 메이지유신(개혁)에는 숙청 대상이 없었습니다. 권력이 지방에서 중앙으로 이동하기는 했지만 사회의 질서를 갑자기 뒤집어 엎어버리지는 않았습니다. 권력 이동마저 싸움으로 빼앗는 윈-루즈의 방식이 아니고 합의로 이루어졌다는 사실을 우리는 알아야 합니다.

개혁은 모두가 주체인 동시 모두가 대상입니다. 그러므로 서로 주체냐 대상이냐 다투는 것은 의미가 없습니다. 혁명은 남을 향해 손가락질을 하는 것이라면 개혁은 손가락을 자신으로 돌리는 것이라고 생각합니다. 손가락을 자신으로 돌릴 수 있는 힘은 자신감에서 비롯합니다.

교육부 무용론과 부상론에 좌우되지 않는다

대학을 살리려면 교육부부터 없애야 하는가. 온갖 규제와 통제로 꼼짝달싹 못한다는 교육자들의 하소연을 들어보면 세상의 쓸모없는 것이 교육부 정책이라는 '교육부 무용론'에 맞장구쳐집니다. 하지만 지식 창출이 중요한 시대에 교육부가 인력개발에 관련된 정부 부서를 총괄해야 한다는 이론도 타당하게 들립니다. 어떤 교육 개혁 기본 전략이 바람직한지 알쏭달쏭하기 짝이 없습니다.

지식 창출이 세계적인 생존 전략이 되었기 때문에 대졸들이 대졸이라는 학력(學歷)에 걸맞는 학력(學力)을 발휘해야만 나라가 바로 세워지는 시대가 왔음은 확실합니다. 경쟁력을 지니기 위한 한국 개혁 시도는 바로 교육 개혁이 얼마나 잘 되는가에 좌우될 것도 확실합니다. 그러므로 교육부 무용론과 부상론에 대한 토론이 심심풀이 탁상공론이나 화풀이 겸 하소연이 되어서는 안 됩니다. 지금 우리는 교육 개혁의 기본 전략을 확실하게 선택해야 합니다.

교육부 무용론이나 교육부 부상론에 대한 경계심의 핵심 관건은 교육 기관 자율화입니다. 자율화는 특성화, 다양화와 더불어 문민정부 초기부터 교육부가 추진한 대학 교육 정책이기도 합니다. 특성 있는 과정들을 통해 다양화란 꽃을 피우기 위한 필수 전제조건이 바로 자율화란 뜻으로 풀이됩니다. 하지만 교육부가 쥐고 있는 지방 이양 권장 사무가 아직도 7백 가지나 된다는 것으로 미루어보아 자율화란 그만큼 하기 어려운 일인가 봅니다. 대학에 이양해야 하는 사무는 또 몇백 가지나 될까요.

과연 자율화는 교육부를 없앰으로써 얻어지는 것일까요? 저는 자율화란 주고받는 것이 아니며 서로 뺏고 빼앗기는 것은 더욱 더 아니라고 생각합니다. 나라가 살기 위해 누가 죽어야 한다니, 무엇이 망해야 한다니 하는 비슷한 맥락의 생각은 윈-루즈 사고 방식에서 벗어나지 못한 구시대적 발상인 것입니다. 새 시대는 윈-윈 시대라고 하지 않던가요. 이렇듯 시대 이동과 교육 이동에 따라 교육 행정에 대한 인식도 변해야 하겠습니다.

시대 이동에 따라 교육 이동이 일어나고, 이에 따라 정부의 주무 부처마저도 이동하게 됩니다. 한때 한국에서 가장 무서운 부처였던 법무부가 국민을 툭하면 잡아 가두던 시절이 있었습니다. 그 당시는 한국의 대졸자가 전 국민의 5퍼센트 남짓하던 '무교육' 시절이었습니다. 그러다가 한국이 산업화 기적을 일구어내던 때에는 경제부처 관리가 최고 엘리트였습니다. 그러나 이제는 국민의 대다수가 대학 교육을 받아야 하며, 교육의 생산품인 지식과 정보가 주자원이기도 한 시대입니다. 이제는 교육부가 나라의 흥망을 책임지게 됩니다.

교육부가 강화되면 자율화는 사형 선고를 받게 되지 않을까? 저는 이 역시 아니라고 생각합니다. 경제부처가 관 주도형 경영이 더 이상 먹혀들어가는 시대가 지났는데도 불구하고 시장 경제를 외면했기 때문에 IMF를 유발했다는 훌륭한 교훈이 있으니 교육부가 관 주도형 교육 개혁만을 고집할 수 없을 것입니다. 하지만 자율권 이양이 교육 개혁의 걸림돌이 되는 이유는 자율권 이양에는 이권과 주도권 등 권력 이동이 따른다고 믿기 때문입니다. 더욱 안타까운 이유는 규제나 통제를 푸는 것이 자율화와 일치한다는 착각입니다.

타율이란 단어는 복합명사로서 자타로 나누어지고 규율의 유무로 구분되기 때문에 타율의 정반대는 자율이 아니라 자유입니다. 고로 규제와 통제를 풀면 제멋대로 노는 무법천지 자유가 판칠 가능성이 더 큽니다. 자유와 자율은 둘 다 창의력의 원천이기는 하지만 자유는 파괴적인 창의력으로 사회적 혼돈을 가져다줄 수 있는 반면 자율은 건설적 창의력으로 혁신을 가져다줍니다.

이렇기 때문에 규제를 풀지 않아도 문제지만 규제를 풀어도 문제가 되기도 합니다. 대학 정원 자율화 발언이 언급만 되어도 지방대학에서 들고일어나고, 사립대 등록금 자율화에 학생들이 반발하고, 대학 입시 자율화에 학부모가 등골이 휜다며 한숨을 쉽니다. 이런 불확실한 결과 또한 새 시대의 특징입니다.

새 시대는 이것이냐 저것이냐를 따지지 말아야 하는 시대입니다. 흑백논리가 적용되지 않는 시대이며, 여야의 대립, 노사의 대립, 공산-반공의 대립, 정부-반정부의 대립 등 배타적이며 적대적인 관계는 아무 쓸모없는 시대입니다. 이제는 관 주도와 시장 경제가 어우러져야 경쟁력이 나오는 시대입니다.

교육의 히딩크를 바라지 않는다

"미국 교육부 장관은 안 바뀌는데, 한국 교육부 장관은 매년 바뀐다." 매년 바뀌는 입시 제도, 바꿔보았자 효과는커녕 혼란만 더 초래한다는 개혁 방안, 우왕좌왕한다는 한국 교육 정책을 비판할 때 반드시 언급되는 말입니다. 매우 효과적인 비교입니다. 하지만 이 말에는 외국에서는 개혁을 잘 시도하고 있는데 유독 한국에서만 안절부절하고 있다는 뜻이 포함되었습니다. 그런데 과연 그럴까요?

미국 교육부 장관은 장기 집권한다는 말은 정확한 사실입니다. 2000년 초부터 오늘까지 한국 교육부 장관은 7번 바뀌었습니다. 그 사이 미국 교육부 장관은 단 한 번도 바뀌지 않았습니다. 그러나 장관의 임기를 비교하는 것은 무의미하다는 또 하나의 사실을 알아야 합니다.

미국에서는 교육 정책을 연방 정부 교육부 장관이 주도하지 않습니다. 연방 정부는 미국 전체 공교육 예산의 6퍼센트만 지원하기 때문에 영향력이 미미합니다. 교육에 필요한 예산은 주(州) 정부와 지방 정부(local government)와 지역 자치 단체(school district)에서 조달합니다. 그러므로 미국 교육 정책은 누가 연방 정부 교육부 장관이며, 그가 얼마나 오랫동안 하는가와 무관합니다. 그대신 각 지역 자치 단체에서 선출하는 지역별 교육 최고 담당자(school superintendent)에 달려 있습니다. 결론적으로, 한국 교육부 장관의 비교 대상은 미국 연방 정부 교육부 장관이 아니고 지역별 교육 최고 담당자여야 한다는 말입니다.

그럼 과연 미국의 교육 최고 담당자는 한국의 경우와 달리 장기 집권할까요? 아닙니다. 미국의 교육 최고 담당자는 한국의 교육부 장관처럼 자주 바뀝니다. 뉴욕의 경우 지난 11년 동안 교육 최고 담당자가 10번이나 바뀐 사실은 한국에는 잘 안 알려져 있지요. 뉴욕뿐만 아니라 뉴욕과 비슷하게 거대한 집단을 이룬 지역 자치 단체는 한결같이 거의 매년 교육 최고 담당자가 바뀝니다.

이럴 만한 이유가 있습니다. 지식기반사회에서 교육의 중요성이 무척 커졌기 때문에 모두를 만족할 만한 교육 정책을 세우기가 엄청 어렵습니다. 그래서 교육 정책 담당자의 단명은 교육 정책을 일관성 있게, 꾸준히 이행하기가 어려운 현실을 반영하고 있을 뿐입니다.

산업화시대에는 교육의 목표가 단순했습니다. 입에 풀칠하기도 힘들었던 시대에 공교육은 일단 밥 걱정을 덜어주는 것이 목적이었습니다. 대다수의 국민이 가진 것이 별로 없던 산업화시대의 공교육은 최소한의 생활을 보장해 주는 사회보장제도라고 볼 수 있습니다. 그래서 '결과의 평등(평준화, 획일화)'이 상대적으로 매우 중요했습니다. 모든 국민들이 안정된 생활을 할 수 있게 해주는 것이 교육의 궁극적 목표였습니다.

그러나 시대가 달라졌습니다. 이제는 아무도 굶어죽는 걱정은 하지 않습니다. 오히려 살을 빼기 위해 일부러 굶는 상황입니다. 그러니 학교 공부를 싫든 좋든 해야 하는 절박한 이유가 없습니다. 그리고 이제는 변화무쌍한 세상을 살아나가기 위해서 평생 교육을 받아야 하지 않습니까. 단기전을 위한 요령과 눈치 작전은 필요없고 장기전을 치르기 위한 안목과 생존 전략이 필요합니다.

교육의 목표가 달라지면 교육 정책(방법)도 달라져야 합니다. 구시대는 어린이가 교육 대상이며, 단기 목적 달성을 위한 대량생산체제 교육을 획일적(효율적)으로 밀고나가야 했습니다. 하지만 지식기반시대에는 어린이부터 노인들까지 국민 모두가 교육 대상이며, 직업 위주라는 단기 목적과 평생 교육이라는 장기 목적을 두루 달성해야 하며, 소량 다품종 교육체제를 유도해 내어야 합니다. 한마디로, '결과의 획일화' 대신 '결과의 다양화'를 유도하는 교육 정책이 필요하게 되었습니다.

바로 여기에서 심각한 문제에 부딪히게 됩니다. '결과의 다양화'가 '빈익빈 부익부' 현상으로 나타날 우려가 있기 때문입니다. 하지만 이 둘은 동일하지 않습니다. 선자를 유도하되 후자를 다스리는 교육 정책은 가능할 뿐만 아니고 지식기반사회에 접어들기 위해 필히 이행해야 합니다.

교육 정책자는 학부모의 마음을 읽어야 합니다. 특히 자녀가 한둘 밖에 없는 시대에서는 시행착오의 여지가 없기 때문에 초조한 학부모의 마음을 이해해야 합니다. 학부모의 심정을 이해하지 않는 정책은 실패로 돌아가게끔 되어 있습니다. 정책자들은 교육을 머리로 이해하지만 학부모들은 피부로 느끼고 직관에 의해서 행동한다는 점을 잊어서는 안 됩니다.

대부분의 정책은 '무엇'에만 초점을 맞추고 '어떻게'에 대해서는 그다지 신경을 쓰지 않기 때문에 실패합니다. 혁신적인 결과를 구닥다리 방법으로는 성취할 수 없습니다. 따라서 혁신적인 교육을 실현하기 위해서는 행정의 혁신이 뒤따라줘야 합니다. 결국 가장 시급한 것은 행정 개혁이라고 말할 수 있습니다.

바람직한 행정은 미래를 정확하고 구체적으로 그려낼 수 있어야 하며(비전 제시), 구성원들로부터 동의를 얻어낼 수 있어야 하며(참여 행정), 구성원들이 각자의 장점을 최대한으로 발휘하여 미래에 동참하게끔(내적 동기) 유도합니다. 즉, 이론으로 다 잘 아는 다양화, 특성화, 자율화 패러다임을 실행으로 옮길 수 있는 행정이라는 뜻입니다(조벽, 2001).

밀어붙이는 정책은 쉽습니다. 자발적으로 따라오도록 유도하기는 어렵습니다. 그래서 자율화를 존중해야 하는 새 시대 교육 정책은 어려울 수밖에 없습니다. 지식기반사회로 변신하려는 모든 나라가 똑같이 힘들어하고 있습니다. 한국인이 못났기 때문에 한국만 우왕좌왕하고 있다는 왜곡된 인식은 하루 빨리 버려야 합니다. 우리는 교육의 히딩크가 나타나기를 기대하지 말아야 합니다.

정책에 의지하지 않는다

한때 이런 대화를 나눴던 적이 있습니다. "우리 학과에서 유체역학 실험 과목을 신설하자는 제의가 있습니다." "아, 그래요? 실험 내용이 학생들에게 얼마나 필요한가요? 담당할 교수님은 확보하셨습니까? 교과 과정 어느 부분에 속하게 됩니까?" 그리고 한참 후에 예산에 대한 논의가 나왔습니다.

그러나 지금은 첫 마디부터 돈입니다. "아, 그래요? 실험실 꾸미는 데 돈이 얼마나 필요한가요? 외부 지원금을 확보하셨습니까? 운영비는 어디서 나오게 됩니까?"

교육 기관에서마저 모든 대화가 돈으로 직결되는 듯합니다. 마치 돈(자금) 자체가 최고 목표가 되어가는 듯 싶습니다. 모든 것이 돈으로 축소되고 정량화되어 가는 추세는 벤치마킹이 설치기에 이루 말할 수 없는 최적의 환경입니다. 기업 도구가 교육 영역에 들어와서 판치는 것을 이상하게 생각하는 사람이 오히려 이상하게 되어버린 세상이 온 것입니다. 왜 그럴까요?

가장 큰 이유는 시대 이동에 따라 교육 자체가 본질적으로 달라졌기 때문입니다. 구시대에는 아이가 대여섯 살 때 학교에 입학하여 초중고, 또는 대학을 졸업하는 동시 정규 교육은 끝났습니다. 정부가 재정적으로 책임져야 하는 정규 교육에 시작과 끝이 확실하였고 시기도 짧았습니다. 하지만 평생 교육이나 학습 사회라는 단어들이 귀에 익숙해진 새 시대에는 국민 모두가 교육을 죽을 때까지 받아야 하는 세상입니다. 사회 전체가 교육의 장이 되어버렸습니다.

직장인들이 직업을 평균 네 번 바꾼다는 통계 하나만 보아도 알 수 있습니다. 직업을 바꾼다는 것은 직장을 바꾸는 것과 달리 재교육을 받아야만 가능합니다. 그러나 고용성은 개개인의 문제만이 아닙니다. 만일 취업 후 계속 (성인) 교육의 기회가 없으면 실업자들이 늘 것이며, 여자들도 점점 더 많이 노동 시장에 뛰어들게 되어 남성 실업자의 수가 높아질 것입니다. 사회 불안정이 위험 수위에 가까워지는 첫 신호입니다. 그래서 정부가 어쩔 수 없이 재교육에 점점 더 깊숙이 관여하게끔 되어 있습니다. 무엇이 '정규' 교육이고 무엇이 '계속' 교육인지 차이가 희미해져 버렸습니다.

하지만 정부가 걷은 세금으로 초중고 교육도 제대로 지원해 주지 못하는 마당에 무슨 수로 국민의 교육을 평생 동안 감당하겠습니까? 뻔하지 않습니까. 교육을 정책적으로 밀고나가자니 돈 쓸 곳은 늘어나고, 그러나 돈은 자꾸 옆으로 새어나가고…… 결국 공교육 기관마저 예산의 상당 부분을 자체적으로 충당해야 하는 압력을 점점 더 강하게 받게 될 것입니다. 교육 기관은 백년대계 장기전을 치른다는 생각보다는 한 해 한 해 예산을 '펑크' 내지 않고 넘기는 것을 최대 목표로 삼게 됩니다. 교육 기관에서는 일을 할 때 가장 먼저 예산(돈)을 고려하게끔 됩니다. 불행하게도 교육 기관마저 '돈 우선주의'가 판치게 됩니다.

그러나 교육 기관이 기업화·상업화되어 가는 것이 당연하다는 말은 아닙니다. 교육 기관이 점점 돈을 숭배하게 되는 이유는 정부가 새 시대의 특성을 아직도 제대로 파악하지 못하고 교육을 '정책'으로 움직이려고 하기 때문입니다. 정부는 교육을 국민의 취업을 위한 복지 정책이나 5T, 6T산업을 위한 기술 인력 양성 정책으로만 간주해서는 안 될 것입니다. 이공계 기피에 대한 문제도 이와 비슷합니다. 학생들이 이공계를 기피하게끔 정책을 펴놓고 대책 세우느라 분주한 것 역시 밑 빠진 독에 물 붓기지요. 정규 교육은 망가지도록 해놓고 재교육에 집중 투자하는 정책은 밑 빠진 독에 물 붓기 식입니다. 최근에 새로 도입한 수능 9등급제만 보아도 우리가 정책에 교육의 밝은 미래를 기대할 수 없음을 느끼게 합니다.

권위주의를 경계하라

얼마 전 대학 입시 즈음에 한 신문에서 이런 기사가 나왔습니다. 대입에 성공하는 비결은 부모의 관심, 교사의 지도, 학생의 노력인데 이 삼박자가 잘 맞아야 한다고.

이 말을 사회 심리적으로 한번 살펴보지요. 첫째, 사회적으로 볼 때 부모의 관심을 많이 받을 수 있다는 것은 뒤집어보면 그만큼 자식 교육에 헌신 봉사할 수 있는 여력이 있는 부모를 두었다는 말입니다. 학생 혼자 도시락 서너 개씩 싸고, 밤 늦게 지하철·버스를 번갈아 타며 고3 생활을 할 수 있을까요? 적어도 고3을 뒷바라지하려면 독방도 부족해서 온 식구들이 텔레비전 소리를 낮추고 집안 행사나 친척 방문도 거절하고 산 속 절간 같은 환경을 조성해 줄 능력과 열의가 있어야 합니다.

이런 이야기가 있습니다. 고3 자식을 둔 아버지가 어느 날 밤 늦게

술에 취해 친구들을 데리고 집에 들어왔습니다. 부인은 현관문에 서서 황당해 하며 "우리 고3짜리 아들이……" 하니까 말이 채 끝나기도 전에 아버지와 친구들은 모두 술이 확 깨어 두말없이 떠나더라는. 슬프게도 이 이야기는 실제 있었던 얘기입니다. 방해물이 잘 차단된 보호막에서 공부한 학생들은 그만큼 부모에게 의존하게 됩니다. 그리고 주위의 모든 사람들이 위해주면 그 아이는 독선적이고 편협한 사람이 되기 쉽습니다.

둘째, 교사의 지도를 잘 따라야 한다는 것은 체제 순응을 잘해야 한다는 것입니다. 대입에 실패한 학생들은 고3 담임에게 밉보여서 가고 싶은 학교나 학과를 지망할 수 없었다는 말을 가장 많이 한다는데 이는 곧 우선 교사의 말을 잘 따르고 봐야 성공의 길로 간다는 뜻입니다.

그리고 셋째로, 공부 잘하는 학생들이라 해도 심리적으로는 불안할 수밖에 없습니다. 자기 밑에 경쟁자들이 그만큼 많기 때문입니다. 잠시라도 한눈 팔다가는 상위권 자리를 빼앗기게 될 것입니다. 어디 불안한 마음이 그때뿐입니까? 초등학교 6년, 중학교 3년, 고등학교 3년. 장장 12년 동안 피눈물 나는 노력의 결과가 하루 남짓한 수능 시험으로 결정납니다. 학생은 12년을 불안한 마음으로 지내야 하는 것입니다.

이러한 대입 합격의 삼박자는 다시 편협성, 체제 순응, 불안감의 삼박자로 연결됩니다. 사회 심리학자 아도르노(T. Adorno)는 체제 순응형이고 편협하고 불안감이 높은 사람은 권위주의자가 될 확률이 매우 높다고 합니다. 그런 유형의 특징은 흑백논리를 좋아하고, 강한 자에 약하고 약한 자에 강한 경향이 있으며, 권위에 의존하며 체제를 고수하려는 성향이 높다고 합니다.

아도르노가 한국에서 연구했다는 말은 못 들었는데 어찌 그리 우리 사회의 엘리트들의 특징을 점쟁이같이 알아맞히는지요. 사회 기득권자는 체질적으로 변화를 싫어합니다. 그럴 수밖에 없습니다. 창의력 말살과 체제 순응형 교육 과정에 가장 잘 적응한 사람들이 소위 모범생, 일류생이 되어 졸업 후엔 사회 기득권자가 되기 때문입니다. 어쩌면 우리 사회에서 '성공'하기 위해 가는 길은 곧바로 권위주의자들을 만드는 정통 코스는 아닌지!

사회 기득권자는 원래 기존 시스템을 고수하려 합니다. 누구든 애써 얻은 것을 잃고 싶어하는 사람은 없는 법이니까요. 그래서 일단 기득권을 얻고 나면, 변화를 몰고오는 창의력을 싫어하며 억누르게 됩니다. 따라서 목에다 힘 주고 눈을 내리깔면서 사람을 보는 버릇이 저절로 생기는지도 모르겠습니다.

그러나 창의력이 결핍된 리더십의 가장 치명적인 결과는 그들로부터 나라를 이끌 수 있는 비전이 나올 수 없다는 점입니다. 왕성한 창의력 없이는 하루 앞을 내다볼 수 없는 변화무쌍한 새 시대이기 때문입니다. 새 시대는 한국 리더들의 상상력을 초월한 시대입니다. 그래서 3장의 주제는 '가르치는 사람 스스로 리더가 돼라'입니다. 남이 우리 교육을 제대로 잡아주길 기다리지 말고 우리 모두 스스로 리더가 되어야 한다는 뜻입니다.

3장 새 시대 교육자 생존 전략 2

가르치는 사람 스스로 리더가 되라

1 :: 자신을 알라

리더(지도자) 하면 우리 머릿속에 연상되는 모습이 있습니다. 자신만만하게 남들보다 앞장서 나가는 사람이나 위에서 군림하면서 아랫사람에게 이것저것 지시하는 사람일 것입니다. 하지만 이것은 구시대 리더의 모습들입니다. 사람들이 앞서가는 한 사람을 따라가던 획일화 시대의 발상입니다. 한 사람의 지시에 의해 여러 사람이 일사분란하게 움직일 수 있었던 단순한 사회에서나 있는 모습입니다. 이런 모습은 다양화, 특성화, 자율화가 화두인 시대에는 걸맞지 않습니다. 다양화 시대에는 모든 사람 각자가 리더가 되어야 합니다. 각자가 자신을 자신의 특성에 따라 스스로 '지도'해야 다양화가 꽃피는 사회가 이루어지기 때문입니다.

이 점은 특히 우리 교육자에게 적용되는 말입니다. 학습 사회의 교육자는 가르치는 사람(teacher)이 아니라 동료 학습자(co-student)

입니다. 새 시대 교육자는 학습을 많이 하고 난 후에 남(학생들)을 '지도'하는 사람이 아닙니다. 이제 우리는 영원한 학습자로 남아 꾸준하게 자기 자신부터 '지도'해야 합니다. 그런즉 사회는 교육자가 새 시대의 리더가 되길 바라고 있습니다.

새 시대 리더는 세 가지 노력을 합니다. 자신을 알려고 하는 것, 자신을 다스리는 것, 그리고 자신을 바치는 것입니다. 이 장에서는 이 세 가지 사항을 설명하겠습니다. 우선 자신을 안다는 것부터 시작합니다.

교육자는 교육의 알파이자 오메가이다

교육자는 교육의 시작이고 끝이다.
교육의 승패는 교사에게 달려 있다.
교육의 질은 교사의 질을 능가할 수 없다.

교육학 개론서에 흔히 나오는 인용문구들입니다. 저는 이 문구들을 처음에 대했을 때에는 그저 멋진 구호들이라고만 생각하였습니다. '교육자는 교육의 시작이고 끝이다.' 이 문구는 교육자의 존재를 한층 높여주고 있어 듣기 좋습니다. 이중에서도 세 번째 문구는 교육 품질에 대한 논쟁이 심한 요즘 상당히 의미심장한 말이라고 생각됩니다.

그러나 요즘아 어느 세상이라고 그저 멋들어진 구호만 내세울 수 있겠습니까. 지식기반사회일수록 확실한 정보와 검증된 지식을 내세워야 설득력이 있습니다. 다행스럽게도 이런 구호를 뒷받침해 주는 연구 결과가 최근에 소개되었습니다.

1988년에 네드 헐만(Ned Herrmann)은 인간의 두뇌를 좌반구와 우반구로만 나누어 보지 않고 네 등분하였습니다. 분석적 두뇌, 계획적 두뇌, 감각적 두뇌, 그리고 창의적 두뇌로 나눴습니다. 분석적 두뇌가 발달한 사람은 수학, 물리, 이론 등 분석을 요구하는 일에 능하고, 계획적 두뇌가 발달한 사람은 계획성 있고 꼼꼼하며, 정리 정돈을 잘한다고 합니다. 감각적 두뇌가 발달하면 말솜씨와 언어 감각이 뛰어나고 대인관계가 원만하며, 창의적 두뇌가 발달하면 호기심이 강하고 모험심이 풍부하여 남과 좀 다르게 엉뚱하거나 삐딱한 행동을 곧잘 한다고 합니다.

이를 바탕으로 하여 미시간 공대의 럼스데인(Lumsdaine) 박사가 여러 대학 공대 학생들을 대상으로 조사했더니 공대생들이 졸업할 즈음에는 분석적 두뇌만 압도적으로 발달되어 있더라는 것입니다. 이 결과는 공학계에서 상당히 오래 전부터 걱정해 오던 문제에 확실한 증거를 마련해 주었습니다. 기술 경쟁을 하자면 창의력이 필수이며 서비스 경쟁을 하려면 감각적 두뇌도 골고루 발달되어야 하는데, 공대에서는 아직도 정답 있는 문제만 잘 푸는 졸업생들이 배출되고 있는 것입니다.

럼스데인 교수가 원인을 연구해 보다가 한번은 공대 교수들을 검사해 보았다고 합니다. 그 결과는 가히 놀라웠습니다. 너무나 명쾌한 결과에 놀랍기도 하지만 너무나 당연한 원인이어서도 놀랍습니다. 교수들의 두뇌는 학생들과 완전 일치였습니다. 공대 교수들도 분석적 두뇌만 압도적으로 발달되어 있었습니다. 부전자전!

90년대 초에 미국에서는 거의 모든 대학에서 새 시대에 걸맞는 교육을 실시하기 위해 교과 과정을 혁신하였습니다. 그러나 럼스데인 교수의 연구 결과는 그 모든 것이 무용하다는 점을 밝힌 셈입니다.

물론 교과 과정을 새롭게 바꾸고 첨단 시설에 투자를 하면 그리 하지 않은 것보다야 낫겠지요. 하지만 교육에 혁신적인 발전을 가져오게 하려면 그것으로는 역부족이라는 것입니다. '교육의 질은 교사의 질을 능가할 수 없다.' 이제 이 구호는 좀더 다른 뜻으로 이해가 됩니다. 럼스데인 교수는 교육의 근본적인 발전을 원하면 우리 교육자가 변해야 한다는 부인할 수 없는 연구 결과를 보여준 것입니다. 미국 공학교육학회는 럼스데인 교수에게 최고의 상을 주었습니다.

'학생은 수업을 받는 것이 아니고 교사를 받아들인다.' 그렇습니다. 학생은 교사로부터 지식을 전해 받으려 교실에 모이는 것이 아닙니다. 학생들은 교사를 받아들이려 교실에 나옵니다. 우리는 알게 모르게 학생에게 엄청난 영향을 미치는 존재인 것입니다.

우리는 학생들에게 소중한 존재다

"교수님, 안녕하세요? 저를 기억하실지 모르겠지만…… 한 6~7년 전이었을 거예요. 제가 교수님의 열역학 강의를 들었거든요. 그때 강의 맨 마지막 날, 저는 '노력상'이라고 적힌 상장을 교수님으로부터 받았습니다. 저는 그 상장을 요즘도 저의 서류 가방 속에 넣어 다니고 있답니다."

어느 졸업생이 보내온 편지 내용입니다. 한때 공학 공부가 힘들고 지겨워서 그만 포기할까 하는 생각까지 했지만 지금은 무사히 졸업해서 뉴욕에서 좋은 직장에 다니고 있다고 합니다. 그때 상장이 흔들리던 자신에게 큰 용기를 주었고 아직도 자신의 마음이 약해질 때마다 큰 힘이 되어주고 있답니다.

저는 매년 제 강의를 듣는 학생들 중 한 학기 동안 가장 많이 발전

했거나, 가장 예리한 질문을 했거나, 가장 많이 노력했거나, 가장 눈에 띄게 자신감이 붙은 학생들에게 상장을 줍니다. 단지 시험 성적이 가장 우수한 학생에게 주는 상(賞)이 아니고 가장 바람직한 발전과 변화를 보여준 학생에게 주는 상입니다. 상이라 해봤자 그저 강의실에서 동료 학생들로부터 받은 박수와 함께 받은 종이쪽 한 장에 불과한데 그것이 졸업 후 오랫동안 학생과 매일 함께 생활하게 될 줄 몰랐습니다.

우리를 잊지 않고 있는 사람이 있다는 사실은 참으로 고마운 일입니다. 우리는 대수롭지 않게 생각하지만 우리를 만남으로써 인생을 보람되고 힘차게 살고 있는 사람이 있다는 사실만으로 우리 교육자의 인생은 참으로 뜻깊어 보입니다. 저는 이 편지를 받은 날 하루 종일 기분이 좋았습니다. 잡무를 보면서 받은 스트레스가 쑥 다 내려가 버렸고, 밉상으로 보이던 주변 사람들에게 미소를 보내게 되었습니다. 그리고 교육자라는 직업이 참으로 멋져 보였습니다.

한평생 살다 보면 자신의 인생에 지대한 영향을 미치는 다섯 명의 중추적인 역할자(five pivotal people)를 만나게 된다는 말이 있습니다. 유아기에 첫 사람을 만나게 되는데 주로 자신을 돌봐줬던 어머니나 아버지 같은 보호자입니다.

두 번째는 사춘기 또는 청소년기를 지낼 때, 가장 민감하고 혼란스러운 시기에 자신의 중심을 잡아주는 친구나 스승이 등장합니다.

세 번째는 성인으로서 사회에 진출하는 무렵에 흔히 나타납니다. 나머지 두 역할자는 성인이 된 후에 만나게 됩니다. 우리 교육자들은 바로 두 번째 또는 세 번째의 중추적인 역할자로 학생들에게 지대한 영향을 미칠 수 있는 소중한 존재입니다. 이 무렵 진정한 스승을 만나지 못한 불우한 학생들에게는 탤런트, 가수, 운동선수 등 국내외

슈퍼스타 들이 그 공백을 메우기도 합니다. 그러고는 학생들은 그 허깨비에 홀려 울고불고 야단법석을 떨기도 합니다. 그것은 학생들의 잘못이 아닙니다. 우리 스스로 학생들에게 얼마나 소중한 존재인가를 망각하고 있을 때 생기는 현상일 뿐이기 때문입니다.

학생들은 우리를 그저 지적 세계의 선생님이 아니라 마음과 정신 세계의 스승으로 만나고 싶어합니다. 그래서 우리 교육자들은 학생들에게 말 한마디, 손짓 하나 조심스레 해야 합니다. 우리가 무의식적으로 내뱉은 한마디, 아무 뜻 없이 보인 제스처나 몸 동작이 학생들에게는 큰 상처를 안겨줄 수 있습니다. 그 반대로 우리의 긍정적인 말 한마디나 따스한 눈길이 그들에게는 엄청난 희망을 줄 수 있습니다. 그러니 우리는 손가락 하나라도 의식적으로 마음을 써야 하겠습니다. 우리는 학생들에게 그토록 소중한 존재이기 때문입니다.

"우리는 학생들에게 소중한 존재다. 우리는 학생들에게 소중한 존재다. 우리는 학생들에게 소중한 존재다." 우리 교육자가 주문 외듯 매일 읊어야 할 학생 중심 교육 만트라입니다. 학생을 살리는 길입니다. 그리고 우리가 잘 사는 길이기도 합니다.

교육자는 학생들의 인생 대본 작가다

"야, 그게 말이나 되냐?"
"그렇게밖에 생각이 안 돼?"
"어쭈, 제법이네."
"너희들한테 답을 기대한 내가 잘못이지."

학생들이 가장 듣기 싫어하는 말이라고 합니다. 선생님께서 아무리 농담으로 한 말이라도 학생들은 기분이 좋을 리 만무합니다. 그럴

만도 합니다. 우리야 우등생 또는 모범생들이었으니 별로 들어본 적이 없겠지만 평균 학생들은 수시로 야단 맞고 꾸지람을 들었습니다. 집에 간들 다르지 않습니다.

"공부도 못하는 주제에 나서기는……."
"꼴에 겉멋만 들어가지고, 쯧쯧."
"너 때문에 창피해서 못 살겠다."
"너 뭐 될라고 그 모양이냐?"
"48점? 꼴 좋다. 밥이나 빌어먹고 살면 다행인 줄 알아라."

아무리 맘에 없고 홧김에 퍼부은 말이지만 이 모든 말이 자녀의 머릿속에 꼬박꼬박 채워집니다. 이런 부정적 말을 집에서 아침 저녁으로 두 번, 학교에서 두 번, 하루에 네 번씩만 들어도 한 달에 120번이요, 일 년에 1,440번이요, 학생 신분을 면할 때까지 모두 3만 번 이상을 듣게 됩니다. 정말로 귀에 못이 박히도록 듣는 셈입니다.

학생들의 귀 속에는 "나는 무능하다. 나는 구제불능이다" "나는 실패형이다"라는 말이 항상 윙윙 울리고 있습니다. 참으로 비극입니다. 왜냐하면 훗날 누가 "공부도 못하는 주제에 나서기는……" 하고 말을 하지 않는데도 불구하고 그 소리가 귀에 들려서 마음이 위축될 것이기 때문입니다. 어느 누가 "너는 성공할 수 없어"라고 무시하지 않는데 "나는 안 돼"라는 말을 스스로 하게 됩니다.

이런 현상을 두고 '인생 대본'이라고 합니다(최성애·조벽, 『이민 가지 않고도 우리 자녀 인재로 키울 수 있다』). 인생 대본이란 우리 각자 머릿속에 씌어 있는 각본입니다. 우리는 매사 각본대로 반응을 보이고 행동을 취합니다. 우리는 의식적으로 선택하는 말과 행동이 있는가 하면 무의식적으로 내뱉은 말과 자동적으로 나오는 행동이 있습니다. 인생 대본이란 후자를 지배합니다. 우리는 상황이 급하거나 중

대할 경우 이미 쓰여진 각본대로 움직이게 됩니다.

인생은 파란만장합니다. 승승장구 올라가다가 언제 삐끗해서 바닥으로 곤두박질치게 될지 모릅니다. 이때 부정적 인생 대본이 머릿속에 씌어 있는 사람은 쉽게 무너져내립니다. "맞아, 계속 잘될 것이라고 기대한 내가 잘못이지." "그래, 입에 풀칠이라도 할 수 있는 것이 다행이지." 예전에 어른들로부터 들었던 말이 되살아납니다. 다시 일어서서 인생에 도전하고 싶은 맘이 생기지 않습니다. 모두가 다 헛수고라고 생각되고 인생 낙오자가 자신의 당연한 모습이라고 받아들입니다.

그러나 성공한 사람들을 보면 그들의 머릿속에는 긍정적인 인생 대본이 씌어 있다고 합니다. "나는 성공할 수 있어" "나는 괜찮은 사람이야" "나는 해낼 수 있어" 이렇게 인생 대본이 자신을 끊임없이 격려하고 자신감과 희망을 불어넣어 줍니다. 성공한 사람들은 실패의 맛을 본 적이 없는 완벽한 사람들이 아니지 않습니까. 이들은 단지 실패에 굴복하지 않고 오뚝이처럼 다시 일어났을 뿐입니다. 그렇게 하면 된다고, 본래 그렇게 하는 것이라는 각본대로 했을 뿐인 것입니다.

우리는 지금 학생들의 인생 대본을 바꿔줄 수 있습니다. 그들의 머릿속에 씌어 있는 부정적인 각본을 삭제하고 그 위에 긍정적인 각본을 써줄 수 있습니다. 우리 학생들은 지금 정신적 빈곤에 허덕이고 있습니다. 다들 나름대로 괜찮은 학생들인데 잘못된 사회 가치관 때문에 정신적 영양실조에 걸려서 휑한 눈동자로 우리를 멀거니 쳐다보고 있습니다. 배가 심하게 고플 때엔 밥 먹을 기력마저 없듯이 정신적 빈곤이 극에 도달하면 성취 동기가 사라집니다.

선택하십시오. "오늘은 또 무슨 야단을 맞을까?" 하고 두려움과 지굿지굿함에 쩌들은 학생들의 얼굴을 대할 것인가, 아니면 선생님을 대하자마자 반가움과 설레임에 부푼 학생들의 환한 얼굴을 대할 것인가. 우리가 선택하기 나름입니다.

2 :: 자신을 다스려라

"우리가 학생들에게 소중한 존재라고 하셨습니까? 아, 우리도 다 아는 내용입니다. 우리가 지금 몰라서 이러는 줄 아십니까. 우리도 답답하기 짝이 없습니다. 정말 짜증나는 일이 한두 가지가 아닙니다." 이런 하소연이 제 귀에 들리는 듯합니다. 이해됩니다. 혁신을 위해 이것에 손을 대자니 저것이 걸리고, 저것부터 하자니 이것이 되어 있지 않습니다. 닭이냐 달걀이냐……. 어떤 것부터 손을 대야 할지 엄두가 나지 않습니다. 그래서 우리는 쉽게 무기력증을 느끼게 됩니다. 그러고는 우리가 놓인 처지를 한탄하게 됩니다. 교육부가 없어지면, 본부가 정신을 차리면, 예산이 늘어나면, 기자재가 구입되면, 학점이 늘어나면……. 이렇게 우리는 혁신을 가능케 하는 요소들이 구비되기를 기대합니다.

그렇습니다. 교육이 발전하자면 첨단 교수법을 지닌 교사 이외에 많은 조건들이 충족되어야 합니다. 새 시대에 걸맞는 교과 과정이 개발되어야 하며, 학교의 시설이 목적과 기대에 부합해야 하며, 학교의 행정이 이를 뒷받침해 주어야 하며, 이 모든 것이 가능하려면 교육에 대한 올바른 가치관이 사회에 정착되어야 합니다. 문제는 이 다섯 요소가 서로 유기적으로 연결되어 있다는 점입니다. 예를 들어 아무리 훌륭하고 혁신적인 교과 과정이 개발되어도 행정의 뒷받침이 없거나 시설이 부족하면 1~2년 후에 흐지부지해져 버리기 일쑤입니다. 아무리 우리가 첨단 교수법을 배운들 경직된 교과 과정의 틀 안에서는 별로 활용할 수 없습니다.

그래서 우리는 교육 문제를 놓고 어떤 것부터 암담해 하는지도 모르겠습니다. 노력을 해봤자 결국 끝에 가서는 막히고 마는 경우가 허다하지 않습니까. 그래서 화가 나고, 짜증스럽고, 말이 거칠어지고, 상대가 미워지고, 참을성이 줄어들고, 증오심과 원망감만 불어납니다.

그래도 그나마 감정이 살아 있다면 다행입니다. 주변에는 생각하고 느끼기를 완전히 포기한 사람들이 자주 보입니다. 혁신이란 말만 들어도 진절머리가 쳐져서 귀를 아예 닫은 동료들이 있습니다. 모든 시비가 귀찮고 허접한 것 같아 신경을 끄고 입을 꼭 다문 사람들도 제법 많습니다. 묵묵하게 자기가 맡은 일과 해야 할 일을 한다면 상관없지만 그 중에는 자기가 하고 싶은 일만 골라서 하는 얌체도 상당수 됩니다. 언제부터인지 약삭빠름이 덕으로 칭송되어 버렸습니다. 아직 노골적으로 칭찬하지 않아도 약삭빠르게 자기 일부터 조용히 챙기는 사람을 은근히 부러워하게 되었습니다.

감정을 죽여서 시체같이 되는 것은 감정을 억제하지 못하고 몸부림치는 것과 똑같이 바람직하지 않습니다. 우리가 우리 스스로를 다스리지 못할 때 감정은 양극으로 치닫게 됩니다. 다스린다는 것은 중도(中道)를 지키는 것입니다. 자신을 다스려야 하는 것은 말과 몸 동작만이 아닙니다. 우리의 마음을 다스리는 것이 가장 중요합니다. 특히 개혁 바람으로 교육계가 전반적으로 뒤숭숭하고 혼잡스러운 시기에 더더욱 마음을 다스려야 하겠습니다.

몸을 다스린다

　우리는 학생에게 소중한 존재입니다. 우리가 무의식적으로 내뱉은 말 한마디나 별 다른 의도 없이 움직인 몸 동작에 학생들은 큰 상처를 입을 수 있습니다. 이와 반대로 우리는 따뜻한 말 한마디와 은은한 눈빛 하나로 학생들에게 큰 희망을 안겨줄 수 있습니다. 그래서 우리는 말 한마디, 몸 동작 하나 의도적으로 신중하게 해야 합니다. 우리는 우리 자신을 다스릴 수 있어야 합니다.
　정말 우리의 손놀림 하나에 학생들이 그토록 민감하게 반응을 할까요? 이런 통계가 있습니다. 말에 담긴 내용은 커뮤니케이션의 7퍼센트밖에 효과가 없고 나머지 93퍼센트를 좌우하는 것은 말의 억양과 몸 동작과 같은 비구어적 커뮤니케이션이라는 연구 결과가 있습니다(메라비안, 1972).
　이런 연구 결과를 실감나게 해주는 실제 상황은 주변에 무척 많습니다. 미국 메이저리그에서 활약하는 김병현 투수를 잘 아시겠지요. 김병현 선수가 말은 하나도 하지 않았지만 그저 손가락 하나 잘못 움직여 가지고 인생을 망칠 뻔했던 그 사건 말입니다. 그 큰 야구장에서 김병현 선수가 투수 마운드에 서서 가운데 손가락을 잠시 내밀었는데 관중들로부터 심한 반감을 샀지 뭡니까. 소속 팀인 보스턴 레드삭스에서 거의 쫓겨날 지경까지 갔었습니다. 말 한마디 하지 않고 보일까 말까 하는 손가락 하나 삐끗 움직인 것이 그 정도의 위력을 발휘한 것입니다. 1994년 미국 대통령 후보 토론 중에 부시 후보가 자신의 손목시계를 쳐다보는 모습이 텔레비전 화면에 잡혔는데 그 초조해 하는 모습 때문에 클린턴에게 참패당했다는 분석이 나오기도 했습니다. 이런 것들이 바로 93퍼센트라는 비구어적 커뮤니케이션의 위력을 잘 설명해 줍니다.

과연 우리는 학생들에게 어떤 비구어적 커뮤니케이션을 하고 있을까요. 학생들이 우리를 대할 때에 따뜻함, 존중심, 사랑, 안전함, 평온함, 희망을 느끼는지요. 이 모두 학생들에게는 공기와 물과 같이 중요한 요소들입니다. 학생 모두가 하루 세끼를 먹어야 하듯이 이 역시 학생들이 매일 느껴야 정상적인 것입니다. 이런 느낌을 받지 못한 학생들은 비타민과 프로틴이 모자라서 성장이 위축된 것과 같이 정신적으로 빈약하게 됩니다. 이런 학생들이 집중력이 떨어지고, 정신이 산만하고, 말귀를 잘 못 알아듣는 소위 문제아들입니다.

진정 우리를 필요로 하는 학생들은 이런 문제아들입니다. 이들에게는 질책과 야단과 벌이 아무 소용없습니다. 마치 영양실조에 걸린 아이에게 왜 기운이 없냐고 따지고 기운내라고 격려하는 것처럼 어이 없는 일입니다. 이들이 필요한 것은, 이들이 진정으로 선생님으로부터 바라는 것은 수학 이론이 아니고 아메바 조직체도 아니고 작문법이 아닐 것입니다. 그저 따스한 눈길 한번 주길 기다리고 있습니다. 그저 아픈 곳을 단 한번만이라도 쓰다듬어 주시길 바랍니다. 매일도 아니고 단 한번만이라도…….

매사에 신중을 기한다

물리학 교수인 친구가 기차역에서 저를 배웅하면서 재미있는 이야기를 들려주었습니다.

"교수 셋이 기차역에서 기차를 기다리고 있었어. 그들은 토론에 몰두한 나머지 기차가 도착한지 몰랐지. 기차가 떠나기 시작할 때 비로소 정신을 차린 교수들은 움직이는 기차를 쫓아 뛰었어. 가까스로 두 명만 올라타고 한 명은 불행하게도 못 타고 말았지. 그러나 더 불행한 것은 기차에 올라탄 두 명이 배웅 나왔던 사람들이었던 거야."

기차에 진정 타야 할 사람은 못 타고, 타지 말아야 할 사람이 타고 마는 엉뚱한 결과를 상상하면서 한참 웃었습니다. 제 웃음이 끝나자 갑자기 제 친구는 길게 한숨을 쉬었습니다. 이 우스갯소리가 학문의 세계에 푹 빠져 있는 학자의 참되고 멋진(?) 모습이 무엇인가를 말해주고 있다고 덧붙였습니다.

그렇습니다. 이 이야기는 뉴턴이 연구에 골몰하던 중에 자신의 시계를 달걀인 줄 알고 끓는 물에 넣었다는 이야기를 상기시켜 줍니다. 제 친구의 깊이 있는 해석은 제 옆구리를 찔러주었습니다. 그래서 저도 친구따라 한숨을 쉬었습니다. 자기 일에 충실한 나머지 세속적인 일에는 아둔하기 짝이 없는 학자의 세계가 저와는 너무 먼 이야기같이 들렸기 때문입니다.

그러나 이 이야기는 옆구리를 찌를 뿐만 아니라 제 머리까지 '톡' 때려주었습니다. 움직이는 기차에 일단 올라타고 보는 교수를 은근히 꾸짖는 이야기같이 들렸기 때문입니다. 아무 생각 없이, 또는 얄팍하게 대세에 휩쓸리고 있지는 않은가 잘 반성해 보라고 말하는 듯합니다. 교수 업적 평가에 연구 실적이 중요하다고 해서 연구에 억지로 매달리고 있지는 않은지, 이사장이나 총장이 맘에 들지 않는다고 해서 시끄러운 집안 싸움에 말려들고 있지는 않은지, 교육 개혁이다 해서 무조건 새로운 제도와 구조를 받아들이지는 않는지…….

너무 쉽게 대세에 마음이 동요되지는 않는지 점검해 보십시오. 동료의 권유를 이기지 못하고 마음에 없는 일을 하고 있지는 않은지, 별 생각없이 남이 하라는 일에 매달려 있지는 않은지, 혹시 일을 허겁지겁하고 나서 영 맘에 안 들어 남 보기에 민망스러워 하지는 않은지, 하루하루 정신없이 보내다보니 영 엉뚱한 곳에 와 있지는 않은지, 매사 신중을 기할 시간의 여유도 없고 마음의 여유도 없어 모든 일을 대충대충 하게 되는지요.

매사 신중을 기한다는 것은 뜸을 들이는 것과 다릅니다. 뜸을 들이는 것은 미래에 대한 불확실성에 대한 불안감과 근심을 다스리지 못해 결정을 미루는 결단력 부재 행위입니다. 신중을 기한다는 것은 마음의 성급함과 초조함을 다스려서 느긋함과 차분함을 지니는 의도적 행위입니다. 교육자의 지도력은 자신을 다스림으로부터 비롯합니다.

대세가 아니라 대의를 생각한다

혁신에 사람들이 어떻게 반응하고 대응하는가에 대한 흥미로운 연구 결과 하나를 전해 드리겠습니다. 로저(Rogers, 1971)에 의하면 교육 기관을 포함한 어느 기관이건 다섯 그룹이 존재한다고 합니다. 첫째로, 창의적이고 혁신적인 아이디어를 스스로 개발하는 능력이 있거나 도입에 앞서는 사람이 두서넛 됩니다. 더도 아니고 덜도 아닙니다. 아무리 조그만 단체라도 혁신적인 인물이 한둘 정도는 존재하며, 아무리 거대한 조직이라도 혁신을 주도해 나갈 수 있는 혁신파가 서넛 이상은 안 됩니다. 둘째로, 약 12퍼센트에서 15퍼센트 정도 되는 지지파가 있는데 이들은 비록 스스로 혁신을 추구하지 못하더라도 혁신의 가치를 순순히 인정하고 협조 또는 참여합니다. 셋째로 약 3분의 1은 눈치파로 대세가 쏠리는 쪽으로 움직인다고 합니다. 이들은 철학이니 이념을 따지지 않습니다. 그냥 "좋은 게 좋은 게지" 하고 뚜렷한 주관없이 쉽게 사는 사람들입니다. 넷째로, 그 다음 3분의 1은 이기주의파로 혁신에 참여하느냐 마느냐의 판단 기준은 오로지 자기에게 직접 이익이 있냐 없냐, 입니다. 이익이 없으면 무조건 반대요 이익이 있으면 무조건 찬성입니다. 마지막으로, 나머지 약 15퍼센트는 반대를 위한 반대를 하는 사람들입니다. 이들은 사실상 구제불능이라고 합니다.

이 연구 결과를 들려주면 열이면 열 명이 무릎을 탁 치며 "맞아, 맞아!" 하고 감탄하십니다. 개인적 경험에 비추어보아 혁신에 대한 사람들의 반응이 이와 같이 구분될 뿐더러 비율이 비슷하게 맞는 것이 매우 신통하기 때문입니다. 미국 사회나 한국 사회나 사람의 심리는 같아서 매한가지인 모양입니다. 그리고 마지막 15퍼센트는 '구제불능'이라는 표현이 너무나도 잘 어울린다면서 통쾌함을 금치 못하십니다.

여러분은 어떤 그룹에 속하십니까? 이 책을 읽을 정도면 첫번째 아니면 적어도 두 번째 그룹에 속하시겠지요. 그러나 새로운 제도나 구조에 반대한다고 다 바람직하지 않은 것은 절대로 아닙니다. 세상에는 '혁신'이라는 구호 아래 도무지 이해되지 않는 억지나 설익은 아이디어나 그저 유행에 따른 구호가 사람을 울리기도 하고 웃기기도 하니까요. 이런 경우에는 누가 뭐래도 끝까지 반대해야 하겠습니다. 이번 기회에 한번 생각해 보십시오. '혁신에 대해 혹시 내가······.'

　　말초신경적 반응을 보이는지,

남의 말을 들을 때 반박할 말부터 준비하는지,
항상 단점만을 꼬집어낼 생각부터 하는지,
아이디어와 아이디어의 주체를 함께 묶어 생각하는지,
확실히 잡히는 것 없이 못미더워하는지,
너무 이해타산적인지,
신경을 아예 끄고 사는지,
남의 의견에 귀가 솔깃한지,

이 어느 하나라도 리더에 적합한 행위는 아닙니다. 리더는 이와 상반된 모습을 보여줍니다.

리더의 행동은 묵직하고 의도적입니다.
리더는 남의 말을 끝까지 들어줍니다.
리더는 장단점을 두루 고려하며 트집을 잡지 않습니다.
리더는 편견을 버리고 앙심을 품지 않습니다.
리더는 근거없는 불신으로 불안해 하지 않습니다.
리더는 자기 이득을 챙기는 소인배가 아닙니다.
리더는 항상 신중하게 생각합니다.
리더는 대세(大勢)가 아니라 대의(大義)에 의해 움직입니다.

아, 이렇게 적어놓고 보니까 새 시대의 리더란 별게 아니군요. 옛날 성인들이 말씀하시던 군자(君子)와 다를 게 하나도 없지 않습니까. 새 시대 리더는 군자와 같이 남을 다스리기 이전에 자신을 다스립니다.

지속적으로 배우고 또 배운다

흥미로운 연구 결과를 하나 더 말씀 드리겠습니다. 대학에서 마련해 주는 교수 발전 프로그램에 과연 어떤 교수들이 얼마나 참여하는가에 대한 연구입니다. 그저 한두 대학의 경우가 아니고 무려 756개 대학을 대상으로 한 방대한 연구의 결과입니다. 이 연구의 결과는 그다지 새로운 내용을 제시해 주지 않는 대신 우리가 평소에 알고 있었던 느낌에 무게를 실어줍니다.

두 가지 통계가 무척 돋보입니다. 첫째, 유능한 교수 중 43퍼센트는 교수 발전 프로그램에 항상 참석하지만 도움이 필요한 교수 중에는 단 6퍼센트만 참석합니다. 도움이 필요한 교수의 압도적 대다수(78퍼센트)는 가끔 참여하거나 거의 참여하지 않습니다. 즉, 교수 발전 프로그램은 도움이 필요한 교수들을 위해 주최하지만 사실상 도움이 필요 없는 교수들만 잔뜩 참석하는 해프닝이 벌어진다는 뜻입니다. 정말 그렇습니다. 세미나에 가보면 주로 능력이 있는 분들이 와 계십니다. (눈 도장 찍기 위해 참여하신 몇 분만 빼고요.)

말을 물가까지 끌고갈 수는 있어도 물을 마시게 하지 못한다는 속담이 있듯이, 교수의 활력은 교수 스스로 진정으로 원할 때 가능한가 봅니다. 교수 발전 프로그램에 참석하기 때문에 유능한 교수가 된 것인지, 아니면 유능한 교수님이기에 교수 발전 프로그램에 관심을 가지는 것인지 알쏭달쏭합니다.

둘째, 교수 발전 프로그램에 참여하는 정도가 신임 교수와 원로 교수 사이에 큰 차이가 없다는 점입니다. 이 연구 결과는 우리가 평소 자주 듣던 말을 무색하게 만들어줍니다. 신임 교수들의 '바빠서' (단기적 생존에 급급하여) 교수 발전 세미나에 참석하고 싶어도 못한다는 말은 그저 변명에 불과하다는 결과입니다. 그대신 발전하고 싶은 욕망과 적극성은 한시적 주변 환경(필요성)에 의해 결정되기보다는 각 교수의 고유 가치관과 더 깊은 관계가 있기 때문에 교수의 직급과 무관하다는 해석이 나옵니다. 자기 발전을 중요하게 여기는 교수는 자신이 신임이든지 원로 교수인지 개의치 않고 주어진 기회에 꾸준히 참여한다는 뜻이 되겠습니다.

교수 발전 프로그램 참석률

참석자 종류	항상	자주	가끔	드물게	무답
756개 대학의 통계					
유능한 교수	43	28	21	3	5
도움이 필요한 교수	6	8	38	40	8
신임 교수	19	25	34	8	14
테뉴어(종신직) 받은 교수	10	23	41	9	17

(Clark and Lewis, 1985)

저는 유능함은 존재가 아니라 과정이라고 생각합니다. 유능함은 우리가 우리 자신을 얼마나 잘 가꾸는가에 달렸습니다. 주어진 기회를 쓸데없다고 저버리는 행위는 자신을 쓸모없는 사람으로 만듭니다.

앞으로 교육자를 위한 세미나나 연수가 있다면 꼭 참석하십시오. 성인판 맹모삼천지교라고 생각하십시오. 그곳에 가서서 다른 유능한 교육자들과 함께 호흡을 하고 서로 격려하십시오. 소인들 틈에 부대끼다 보면 자신도 모르는 사이에 그들과 같아집니다. 세미나 내용에서 별로 건진 것이 없어도 세미나에 참석해 리더들의 기운을 힘껏 들이킨다면 투자한 시간이 아깝지 않을 것입니다. 세미나에 참여한 신임 동료에게 유능한 교육자의 모범을 보여주신다면 그날은 보람된 날입니다.

목소리를 살핀다

리더가 되라. 자신을 다스려라. 습관을 가져라. 노력하라. 정말 노력한다고 리더가 되는 것일까요. 글쎄요. 증거는 없습니다만 밑져야 본전이라는 마음으로 노력해 보십시오. 노력하다보면 리더가 되는 순간이 포착될 것입니다. 뜀박질할 때 옆구리가 뒤틀리고 숨이 차서 꼴깍 뒤집어질 것 같다가도 어느 순간 고비를 넘기면 숨이 안정되고 영원히 뛸 수 있을 것 같은 새로운 기운이 들 때가 있습니다. 이와 같이 리더가 되는 순간 새로운 원기가 생기고 그때부터는 노력하지 않고도 바른 자세와 행위가 저절로 행해지기라도 하듯이 마음이 가볍게 느껴집니다. 이때 가장 먼저 변하는 것이 하나 있습니다. 목소리입니다.

불신과 무기력과 절망의 스트레스를 느낄 때 우리 목소리는 대체로 짜증스러움이 배어 있습니다. 목소리가 신경질적인 고음이거나 완전히 반대로 맥빠진 저음일 경우도 있습니다. 말투가 공격적으로 거칠거나 궁시렁대는 어조가 불안해 보입니다. 빈정거리거나 볼멘소리가 나기도 합니다. 목소리에 무게가 실렸지만 목에 힘이 잔뜩 들어가 부담스럽게 느껴지기도 합니다. 반대로 목소리가 너무 가벼워 귀에 잘 들리지 않습니다. 가장 흔한 경우는 탁한 목소리입니다.

"아니, 어떻게 이럴 수가 있어요?" (씨근씨근, 씰룩쌜룩)

"세상에 믿을 놈 없다더니만……." (중얼중얼)

"거 참, 이게 도대체 뭐야! 어따 대고……." (왁자지껄)

"글쎄, 누가 뭐래요. 근데 어제 말예요, 아주 이상한 일이 있었잖아요……." (쑥덕쑥덕)

"제가 그토록 신신당부한 것인데…… 할 수 없죠. 가만히 앉아 있었으면 2등이라도 했을 텐데…… 워낙 바쁘신 몸이 돼서……." (삐죽삐죽)

"아~ 그래요? 허허허." (능글능글)

그러나 리더가 되는 순간 목소리가 맑아집니다. 어조가 차분하고 공손하게 됩니다. 억양에 비정상적으로 높고 낮음이 없이 은은합니다. 음질 또한 어디에서도 거칠거나 쉬었거나 갈라지는 부분이 없습니다. 말이 담담하고 소박하고 간결합니다. 발음은 또박또박 하고 처음부터 끝까지 일정합니다. 아닙니다. 희로애락을 초월한 도사님의 말투를 말하고 있지는 않습니다. 기쁠 땐 환하고 유쾌하고, 슬플 땐 어둡고 육중하더라도 탁한 목소리와 달리 꾸밈이 없고, 거추장스러움이 없다는 것입니다.

말을 하면서 내용만 생각하지 말고 음성과 음질도 살펴보십시오. 이런 말이 있습니다. "마음을 바꾸면 말이 달라지고, 말이 달라지면 행동이 변하고, 행동이 변하면 인생이 바뀝니다."

3 :: 자신을 바쳐라

이 책은 우리 마음과 사고 방식을 바꾸는 방법들을 설명하고 있습니다. 구체적이지만 시시콜콜한 잔소리같이 들리는 마이크로 교수법도 나열될 것이고 굵직하지만 추상적 개념인 매크로 교수법이 제시되고 있습니다. 그러나 이 책에서 제가 여러분들께 말씀드리고자 하는 내용은 단 세 단어로 압축할 수 있습니다. 진실, 최선, 베풂.

이 세 가지 단어는 매일 아침 일어나서 우리 자신에게 스스로 물어봐야 하는 세 가지 질문에 대한 답들입니다. 오늘 난 무엇을 하고자 하는가. 그것을 어떻게 하고자 하는가. 그리고 왜 하고자 하는가.

너무나 평범한 단어들이기에 굳이 설명할 필요가 있겠나 싶지만 그래도 혹시나 하는 노파심 때문에 간단하게 짚고 넘어가겠습니다.

내가 할 수 있는 일은 내가 한다

탓 이론(attribution theory)에 대한 연구를 보면 성공하지 못했거나 행복하지 않은 사람들은 이유를 주로 외부적 요건에서 찾는다고 합니다. "운이 나빠서" 또는 "세상이 말세라서" 등 자신의 노력과는 무관한 것을 탓한다는 뜻입니다.

자신의 의지로 어찌해 볼 도리 없는 상황이라고 정하면 일단 어깨가 가벼워집니다. 자신이 책임질 필요가 없게 되니까요. 하지만 가벼운 어깨는 그 순간일 뿐입니다. 일주일만 지나면 다리가 휘청거리도록 육중한 무게가 온 몸을 억누를 것입니다. 사람은 '내가 어쩔 수 없다'라고 무력함을 느낄 때 가장 큰 스트레스를 받기 때문입니다.

연구 결과를 보면 성공했거나 행복감을 느끼는 사람들은 이유를 주로 내부적 요건에서 찾는다고 합니다. '내가 성공한 이유는 운도 따라줬지만 내가 열심히 했기 때문이지' 또는 '아직 성공하지 못했지만 앞으로 열심히 하면 성공할 수 있을 거야. 열심히 하면 할수록 운도 좋아진다고 하더라'고 마음속으로 성공과 행복을 확인하고 다짐한다고 합니다.

M세대 학생들로부터 스트레스를 덜 느끼는 방법은 생각과 행동의 초점을 자신이 할 수 있는 일에 맞추는 것입니다.

'그래. 이유야 어떠하든 이제 이들이 내 학생들이 아닌가.'

'준비가 덜 된 학생들, 학습 동기가 부족한 학생들, 기초 지식이 약한 학생들에게 내가 할 일과 해줄 수 있는 일이 뭘까?'

'교육 목표를 수정해야 하나?'

'수업 방식을 달리해 볼까?'

'어떤 숙제가 적절할까?'

'어떤 종류의 시험이 더 효과적일까?'

이런 생각이 머리를 스칠 때에 학생들의 태도가 달라질 가능성이 생기는 것이겠지요. 자신이 할 수 있는 행동 범위 안에서 할 수 있는 일을 찾아 하면 됩니다. 그렇습니다. 말은 쉬워도 행동하기가 어렵습니다. 걸리는 일이 한두 가지가 아닐 테니까요. 그래도 하실 만큼 하십시오. 벽에 머리를 치듯이 오기로 하는 것이 아니고 막무가내로 하는 것도 아닙니다. 안 될 일을 붙들고 이리저리 미친듯이 흔들라는 뜻이 아닙니다. 차분히 계산해서 승산이 있을 거라고 판단되는 일을 선정해서 하라는 말입니다.

'노력해 봤자 별 수 없다'라는 말이 저절로 나올 때가 많습니다. 그러나 '어쩔 수 없다'라는 말은 버리십시오. 이 말은 1초의 위안을 얻기 위해 1년의 스트레스를 대가를 치르고 있습니다. 그 대신 말하십시오. '내가 할 수 있는 일은 내가 한다.' 이것이야말로 선생님의 건강을 지키는 유일한 방법이라고 생각됩니다.

부정적인 자기인식에서 벗어나기

공무원 비리, 폭탄주, 왕따, 끊임없이 터지는 비리와 분쟁, 황당한 사고와 허무한 참사, 무능함과 무책임, 이기주의와 지역주의……. 크고 작은 사건이 터질 때마다 들리는 것은 땅이 꺼질 듯한 한숨과 절망뿐입니다. 왜 이토록 문제가 많을까요.

한국 역사관이 비뚤어져서, 한국의 유교 전통이 어쩌고 저쩌고 등 우리 자신을 반성하게 됩니다. 과연 한국의 문제는 한국에서만 일어나는, 한국인만 괴롭히는 풍토병일까요?

밉지만 부러운 미국은 문제가 없는 천국일까요? 미국이라고 공무원 비리가 왜 없겠습니까. 클린턴 대통령이 지난 3년 간 '핍박' 받은 이유는 바지 속의 물건을 마구 꺼내 지린내를 풍겼기 때문이 아니라 바지 주머니 속으로 돈을 마구 집어넣어 구린내가 났기 때문입니다. 비리는 클린턴 이전에도 있었습니다. 비리가 없었다면 레이건 대통령 시절 525달러짜리 군용 망치와 350달러짜리 군용 변기 뚜껑을 어떻게 설명하겠습니까.

한국의 폭탄주는 한국인의 의식 구조에서 비롯됐다고 합니다. 그러나 미국에는 매년 50여 명의 대학생들이 폭탄주로 인해 목숨을 잃고 있습니다. 음주 운전으로 인한 사고는 전국적으로 매 2분마다 한 번 꼴로 일어나고, 지난 12년 동안 음주 운전으로 죽은 사람은 무려 28만3천 명이나 됩니다. 그렇다고 미국인이 한국인의 후예는 아니지 않습니까.

왕따? 미국에서 최근에 왕따당한 학생이 도서실에서 총을 난사해 교우 12명을 죽이지 않았던가요. 이 사건은 특별한 사건이 아닙니다. 전국적으로 매일 3번 정도 총기, 흉기 사건이 학교에서 발생할 정도로 학교 폭력이 심각합니다. 입시제도가 한국식이 아닌데도 말입니다.

그뿐이 아닙니다. 미국에는 한국에서 상상도 못할 문제도 많습니다. 미국 인구의 55퍼센트가 뚱보 또는 비만증 환자입니다. 비만증은 당뇨병, 심장병 등 심각한 성인병을 초래하기 때문에 이대로 가다간 10년 후에는 미국 예산을 의료비가 다 까먹을 것이라고 합니다. 그리고 미국의 초중고 학생 40퍼센트가 국어 실력이 수준 미달이랍니다. 그러니 부실 교육의 본고장은 한국이 아니라 바로 미국인 셈입니다.

뭐, 그리 먼 미국까지 비교할 필요가 있나요. 가까운 이웃을 보지요. 일본 거리가 깨끗하다고 해서 속까지 깨끗하겠습니까. 우리가 정경 유착을 누구한테서 배웠는데요. 중국은 또 어떤가요. 죽은 공자가 다시 죽었는데도 가짜와 비리는 한국 뺨칠 정도로 판치고 있습니다.

이렇듯 모든 나라에는 나름대로 경제, 정치, 사회, 문화적 문제가 있습니다. 그러니 한국에서 필요한 일은 문제없는 새로운 나라를 세우는 것이 아닙니다. 그것은 있지도 않은 정답을 추구하는 헛수고일 뿐. 왜냐하면 새로운 나라에도 문제는 분명 많을 것이기 때문입니다.

문제가 있다는 자체가 문제가 아닙니다. 문제를 어떤 시각에서 인식하고 어떻게 풀어나가는가에 따라 성숙한 사회와 그렇지 못한 사회가 구분되는 것입니다. 문제와 자기 자신을 분리하지 못한 채 하나로 뒤엉켜서 절망에 허우적거리는 어리석음은 분별력과 판단력을 상실한 자기 중심적 사고 방식의 산물입니다.

우리의 문제가 마치 우리만 괴롭히는 불운이거나, 또는 우리가 못났으니 당연하다고 생각하는 것은 건전한 자아 성찰이 아닙니다. 그것은 자신을 죽음으로 몰고가는 자기 학대인 것입니다. 거울 앞에 서서 자신의 헝클어진 모습을 보면서 '이러면 안 되지. 머리카락만이라도 좀 다듬자'고 하면 건전한 자아 성찰입니다. 그러나 '어휴, 미친놈 같아. 맞아. 내 사주팔자가 사납다고 그랬어. 에라, 될 대로 돼라!' 하며 애꿎은 자기 머리카락을 뽑아대면 자기 학대입니다.

자기 학대는 배운 습관입니다. 우리가 못사는 것은 우리 팔자라고 누군가에 의해 세뇌받았기 때문에 가지고 있는 습관일 뿐입니다. 이제 우리 자신을 그만 학대해야 합니다. 한국의 가장 큰 문제는 헝클어진 자신의 모습을 보고 절망하거나 비관하는 태도인 것입니다. 이러면 희망이 없습니다. 우리 모두 자기 머리카락만이라도 다듬어야 합니다.

자신을 잊는다

최근에 제가 '교수들을 가르치는 교수'라고 여러 일간지에 소개되고 난 후로부터 교수법을 강연하는 데 부담을 무척 많이 느끼게 되었습니다. 일반적으로 명강사다 하면 말을 잘하는 사람일 거라고 기대하기 쉬운데, 저는 혀가 짧아서인지 발음이 정확하지 않기 때문에 청산유수 달변의 명강사라는 이미지와 거리가 멉니다.

교수법을 강연하는 데 따르는 부담이 하나 더 있습니다. 교육학과는 거리가 한참 먼 공학을 전공한 자가 교육과 교수법에 대해서 강연한다고 하니 두 눈을 부릅뜨고 지켜보는 분도 계시기 때문입니다. 그래서인지 교수법 강연을 하다보면 자꾸 제 자신을 의식하게 됩니다. '혹시 내가 무엇을 잘못하고 있지는 않은가?' '내가 메시지를 너무 강하게 전해서 마치 전도사같이, 또는 약장사같이 보이지는 않을까?' '청중이 잘난 척하는 내 모습에 꼴사나워하지는 않을까?'

이렇게 강의를 들으러 오신 분들에게 제가 어떻게 보이는가를 의식하게 되니 강의가 자꾸 어색하게 되더군요. 제 행동이 자유롭지 못하니까 당연히 관중에게 비친 저는 부자연스럽게 보였을 것이고, 제 마음이 불편하니까 저를 보는 사람마저 불편하셨을 것입니다.

물론 교수님의 말투와 몸 동작 하나 하나가 학생들의 학습에 지대한 영향을 미치기 때문에 강사는 늘 강의에 임하는 자신을 쳐다볼 수 있는 눈을 가져야 하겠지요. 하지만 저는 이번 한국 방문을 계기로 '자기 자신을 의식해야 한다'는 말의 참뜻을 깨닫게 되었습니다.

자신을 의식해야 한다는 말은 타인에게 비친 사람으로서의 자신이 아니고, 강의 내용을 전달하는 도구로서 청중들에게 어떻게 보이는가를 의식해야 한다는 뜻입니다. 따라서 선생님께서는 강의를 하는 동안 인간으로서의 자기 자신은 잊어야 합니다. 자신은 그냥 칠판과 같이 강의에 필요한 도구라고 인식해야 합니다. 강의 내용을 명확하게 전달하기 위해서, 학생들에게 흥미를 유발하고, 토론을 장려하기 위한 수단으로써 자신의 말투와 몸 동작 하나 하나에 신경을 써야 할 것입니다. 그리고 그 궁극적 목표는 학생들의 학습 효과를 높이는 것일 테지요.

자신을 완전히 잊고, 학생들의 교육을 위한 도구로서의 자신을 모두 바치는 선생님은 학생들로부터 존경과 따름을 받으실 것입니다. 결국 육체적 자신을 버림으로 인하여 정신적 자신을 얻게 되는 것이지요.

결국 달을 가리키는 자신의 손가락을 잊음으로써 학생들이 달에 집중할 수 있게 하는 것이 진정한 명강의가 아닐까 합니다.

무조건 준다

희망을 가지고, 학생들에게 줄 신선한 메시지를 준비하고, 긍정적인 말투로 대하려는 다짐을 하고 강의실에 들어섰습니다. 하지만 강의 시간이 다 되었는데도 반이나 빈 강의실, 강의 도중에 찔끔찔끔 들어오는 지각생들, 의기소침한 학생의 태도, 허공을 헤매는 멍한 눈, 앉아 있기가 지겨워 주리를 트는 몸, 강의실이 자기 집 안방인 양 책상에 엎어져 자는 학생……. 이런 모습을 보는 순간 새 학기 다짐이고 뭐고 다 집어치우고 싶은 마음이 가득 차오릅니다.

'희망? 싹이 노랗다, 노래!'

'긍정적인 말투? 욕이 튀어나오지 않는 것만 해도 다행이다.'

'신선함? 강의 빨리 끝내고 나가서 회나 먹자.'

그렇습니다. 우리는 희로애락을 초월한 도사가 아닙니다. 사람은 환경에 많이 좌우됩니다. 그리고 가능한 주고받는 쌍방형 관계를 원합니다. 무엇을 주면 뭔가 달라지는 것이 보여야 더 주고 싶어지는 법입니다. 줬을 때 되돌아오는 것이 없으면 시큰둥해지기 쉽지요. 그러나 교육자는 일반인과 달라야 할 필요가 있다고 생각됩니다. 그래서 새 학기 다짐으로 '무조건 준다'를 고려해 볼 만합니다.

강의실은 똑똑한 학생들로 가득 차 있고, 모두가 정신 바짝 차려서 강의 내용에 귀를 기울인다면 그처럼 기분 좋은 것이 없겠지요. 이런 학생들은 하루 종일 가르쳐도 지치지 않습니다. 총명과 열기로 가득 찬 강의실은 교수님께 에너지를 되돌려주기 때문입니다. 하지만 기대하지는 마십시오.

똑똑하고 열심히 하는 학생들은 사실 교수님이 그리 필요하지 않습니다. 교수님이 진정 필요한 학생들은 아둔하고 자기가 강의실에 왜 와 있는지조차 모르는 학생입니다. 희망을 못 느끼는 학생은 교수님의 에너지가 필요합니다. 항상 야단만 맞던 학생은 교수님의 긍정적인 말투가 필요합니다. 머릿속이 멍한 학생은 교수님의 신선한 자극이 필요합니다.

〈마음 다스리는 글〉에 이런 문장이 있습니다. "……내 몸 대우 없음에 바라지 말고……" 기대하면 실망하게끔 되어 있습니다. 실망하면 마음이 소극적으로 변합니다. 소극적 자세는 교육자의 말로라고 생각합니다. 왜냐하면 교육이란 적극적으로 개입하는 행동이기 때문입니다. 교수님의 그 귀중한 모든 것을 학생에게 주실 때 되돌아올 것을 기대하지 마시고 무조건 줘보십시오. 아마 교수님께서 학생들에게 희망의 원천이 되고 긍정적인 말투와 신선함을 지키기가 한층 쉬워지는 것을 느끼실 것입니다.

무조건 주라고 해서 가르침이 짝사랑과 같아야 한다는 말은 아닙니다. 짝사랑을 해보신 분은 잘 아시겠지만 짝사랑은 초조하고 처절하지 않습니까. 가르침은 믿지는 마음으로 조마조마한 짝사랑이 아니라고 생각합니다. 강의는 주고 또 줘도 그대로 남아 있습니다. 사랑 역시 마찬가지로 주고 또 줘도 주체할 수 없이 넘쳐 흐릅니다. 그러니 가르침이야말로 가장 느긋하고 뿌듯한 사랑이라고 생각됩니다.

저는 가르침을 악수에 비유하기를 좋아합니다. 악수는 두 손이 모일 때 가능하듯이 가르침은 배움이 있을 때 존재합니다. 그러니 '무조건 준다'는 뜻은 손을 내밀고 홀로 흔들어대는 그런 헛된 행동을 뜻하는 것이 아닙니다. 손을 항상 먼저 내민다는 뜻으로 보시기 바랍니다. 그리고 상대의 손이 나올 때까지 끝까지 내밀어야 한다는 뜻입니다.

진실을 추구한다

이런 말이 있습니다. 우리의 영웅 이순신 장군이 원자력 잠수함에 들어간다면 수군을 제대로 지휘할 수 없을 것이다. 조선시대 아이들이 PC방이나 게임방에 들어간다면 어리둥절하여 조금도 놀지 못할 것이다. 옛날 계리사가 증권시장에 들어간다면 한푼의 돈도 벌지 못할 것이다. 그러나 옛날 조선시대 훈장이 대학교 강의실에 들어간다면 아무 문제없이 강의를 할 수 있을 것이다.

이런 비유는 예전이나 지금이나 별로 다를 바 없다고 대학과 교수를 비판할 때에 등장합니다. 그렇습니다. 교육 방법은 지난 수 세기 동안 근본적으로 변하지 않았습니다. 물론 강의를 보완하는 시청각 자료와 매체도 다양해졌고 사이버 공간을 떠도는 원격 강의도 가능해졌지만, 아직도 강의라고 하면 대체로 학생들을 한자리에 모아놓고 교수님께서 말씀하시는 것이 일반적입니다. 마루 위에 무릎 꿇고 앉은 학동들 대신 의자에 쪼그리고 앉은 대학생의 겉모습만이 다를 뿐입니다. 그러니 교육에 발전이 없다고 매도당할 때 마땅히 대변할 말이 잘 나오질 않습니다.

  변화가 하도 심하다 보니 변화가 없으면 발전하지 않는 것처럼 인식되는 세상입니다. 그래서인지 교육 방식에 변화가 없으면 낙후된 교육이라고 생각하는 사람이 많습니다. 그러나 과연 조선시대 훈장이 강의실에 들어와서 어찌할 줄도 모르고 할 말이 없어야 바람직한 현상일까요?

  예로부터 지금까지 별로 변하지 않은 것이 대학 강의 외에 몇 가지 더 있습니다. 먹는 일, 잠자는 일, 여럿이 모여 잔치하며 노는 일. 이 모두가 다 일상 생활의 가장 근본적인 행위입니다. 우리가 생존하기 위한 필수 행위입니다. 혹시 교육이 잘 변하지 않는 이유가 먹고 자는 것과 같이 우리가 수없이 봐왔고 해왔기 때문이 아닐까 싶습니다. 특히 교육이란 예전의 전통과 지혜를 다음 세대에게 물려주는 궁극적 목적이 다분히 담겨 있으니 교육은 보수적인 경향이 짙을 수밖에 없습니다. 그러니 교육의 무변화는 타성인 동시에 본성에서 비롯됩니다. 조선시대 훈장이 대학교 강의실에 들어가서 아무 문제없이 강의를 할 수 있는 것이 당연하다고 볼 수 있겠지요.

  그러나 모든 교육(강의)이 다 같다는 말은 절대로 아닙니다. 모든 요리가 다 같지 않듯이, 모든 포옹이 다 같지 않듯이 말입니다. 어머니께서 만드신 음식은 길거리 음식과 차원이 다르지 않습니까. 아무리 같은 재료를 썼다 하더라도 인공 조미료와 설탕으로 입맛을 맞춘 길거리 음식은 어머니의 정성이 담긴 음식을 능가할 수 없습니다. 일시적 향락을 위한 포옹은 사랑이 깃든 포옹과 천지 차이로 다릅니다. 순간적으로 짜릿한 기분은 같다 하더라도 일방적인 포옹에는 여운이 있을 수 없겠지요. 어머니의 음식과 길거리 음식의 차이는 진실입니다. 난장판의 포옹과 백년가약의 포옹의 차이는 진실입니다. 이와 같이 교육도 진실이 판가름합니다.

진실은 자신을 되돌아봄으로부터 시작합니다. 진실된 교육이란 우리가 스스로 평가와 피드백을 항상 받을 때에 가능합니다. 진실이 깃든 교육은 이론에 치우치지 않고, 형식에 매이지 않고, 도구에 구애받지 않습니다. 비록 분필 하나 달랑 들고 강의를 해도 진실한 교육을 하는 교육자는 학생들로부터 존경을 받습니다. 동양 최고의 명의 허준이 비록 최첨단 수술실에 들어와서 어리둥절하더라도 환자들은 허준을 찾을 것이 분명합니다.

좋은 교육을 하기 위해서는 멀티미디어 시설을 갖춘 강의실도 필요하고 첨단 기자재를 갖춘 실험실도 꾸며야 한답니다. 하지만 가장 중요한 것은 진실을 갖추는 것입니다. 진정한 교육 혁신과 구조조정은 외형적 요소가 아니라 우리 마음과 사고 방식을 바꾸는 것입니다.

최선을 다한다

무엇을 할 것인가의 판단 기준이 진실이라면, 어떻게 할 것인가의 판단 기준은 '최선'입니다. 이유는 간단합니다. 우리가 완벽하지 않기 때문에 '최선'은 우리가 스트레스를 느끼지 않고 살기 위한 최고의 방책입니다. 특히 교육자에 대한 외부 평가가 이중 삼중으로 난리굿을 쳐대는 시대에서는 필수입니다. '최선'은 평가 결과에 대한 떳떳함을, 부족함에 대한 정신적 회복을, 성취에 대한 자부심을 가져다 줄 것입니다.

그러나 '최선'은 외롭습니다. '최선'은 자율적 잣대로 측정되기에 아무도 알 수 있지 않거니와 아무도 알아주지 않기 때문입니다. 그래서 우리는 일을 한 후에 '최선을 다했습니다'라고 남에게 알리고 싶어지는 모양입니다. 그러나 자신이 얼마나 노력했는가를 남에게 알리고 싶어하는 행위는 결국 타율적 지배에서 벗어나지 못한 자신의 미성숙함을 선전하는 것이나 다름 없습니다. 잘못하면 구차한 평계로 들릴 수도 있습니다. 아니면 자신의 무능함을 감싸고 동정심을 구걸하는 가련한 처세술로 보일 수도 있습니다. '최선을 다했다'는 그저 혼자말로 조용히 해야 합니다.

'최선'은 습관입니다. '최선'은 모든 일을 정성껏 하는 습관을 지닌 사람만이 할 수 있는 일입니다. 가끔 마음 내킬 때 나오는 행동이 아니지요. 어쩌다 중요한 일을 할 때만 발동이 걸리는 재주가 아닙니다. '최선'은 크고 작은 일에서 한결같이 나타나는 지성(至誠)입니다. 지성이 지극하면 돌에도 꽃이 핀다는 속담이 있습니다. '최선'은 백일기도 드리듯 겸허한 몸가짐과 마음 자세를 뜻합니다.

'최선'은 교육자가 지녀야 할 기본 교육 철학입니다. 키가 작은 학생에게 커지라고 요구하지 않듯이, 피부가 검은 학생에게 희어져야 된다고 타이르지 않듯이 모든 학생이 모든 과목에서 만점 받기를 요구하지 말아야 합니다. 하지만 모든 학생들에게 자신이 하는 모든 일에 최선을 다하는 습관을 가르쳐주어야 합니다. 각자 떳떳하게, 자신의 부족함에 상처를 입지 않으며, 자신의 장점에서 자부심을 느끼면서 살 수 있도록 해주어야 합니다. 이런 말들을 교육 시스템이 용납하지 않고, 사회가 허락하지 않는 비현실적인 이상(理想)이라고 깎아내리지 마십시오. 진실된 사회 가치관의 수호자는 우리 교육자의 몫입니다. 우리가 진실의 마지막 수비 라인입니다. 우리마저 이상을 포기하면 우리 사회는 갈 곳이 없습니다.

우리는 학생들에게 미적분만을 가르치고자 교육자가 되지 않았습니다. 우리는 학생들에게 뉴턴의 법칙 따위를 가르치고자 교육자가 되지 않았습니다. 우리는 백년대계를 세우기 위해서 교육자가 되었습니다. 우리는 학생에게 잘 사는 법을 가르치고자 교육자가 되었습니다. 학생들은 수업을 받는 것이 아니라 교사를 받아들인다고 했습니다. 그러므로 우리가 우리의 최선으로 학생을 대할 때 진실된 교육이 비로소 이루어집니다. 우리가 외롭더라도 각자 최선을 다할 때 우리 한국 사회의 미래가 밝아올 것입니다.

최선의 교수법은 베풂이다

마음의 병은 온 관심사를 자기 자신한테로만 모이게 합니다. 그래서 하찮은 일에도 과민하게 반응을 하게 되고, 대수롭지 않은 일이 확대되어 신경이 쓰이게 됩니다.

마음 병의 근원 또한 이와 같습니다. 우리의 온 관심사가 우리 자신한테로만 향했을 때에 마음 병이 도집니다. 책임 회피는 우리의 무능함을 감추기 위한 수법이고, 타성적 무기력은 앞날에 대해 겁에 질렸을 때 나타나고, 남에 대한 불신은 자신 스스로를 믿지 못하는 정도에 비례하고, 맹목적 신봉은 자신의 이익을 앞세울 때 나타납니다.

마음의 병을 고치는 방법은 단 한 가지입니다. 우리의 관심사를 외부로 옮기는 것입니다. 마음 병이 생기지 않도록 예방하는 방법도 단 한 가지입니다. 우리의 관심사를 외부로 옮기는 것입니다.

나는 왜 열심히 하는가? 돈이 벌리니까…… 노동자의 관점입니다. 승진하기 위해서…… 전문가의 관점입니다. 학생들을 위해서…… 타고난 교육자의 관점입니다. 돈과 승진에 대한 집착은 관심사를 자신에게 쏟는 행위입니다. 학생에 대한 배려는 남에게 베푸는 행위입니다. 우리는 학생들에게 베풀 때 비로소 우리에게 고통을 주는 마음 병에서 해방될 수 있습니다.

물론 우리는 돈도 벌어야 하고 승진도 해야 합니다. 돈과 승진에 신경을 안 쓸 수 없습니다. 중요한 것은 무엇에다 우선을 두어야 하는가 입니다. 흑백논리의 유무가 아니고 어디에 균형을 찾는가 입니다. 자기가 얻고자 하기 이전에 주고자 하는 마음이 앞서야 합니다.

우리가 교육자로서 돈을 벌어봤자 얼마나 벌겠습니까. 우리가 아무리 승진해 봤자 거기가 거기입니다. 하지만 우리의 관심과 배려와 지도에 따라 학생의 인생이 확 달라질 수 있습니다. 저는 이왕 시간 투자를 할 바에 대박이 터지는 데에 하겠습니다.

그런데 교육이라는 것이 참으로 이상합니다. 우리가 학생들에게 매일 주고 또 줘도 우리에게는 그대로 남아 있습니다. 장사는 가진 물건을 손님에게 다 팔고나면 더 팔 것이 없어집니다. 팔 물건이 없는 장사는 장사가 아닙니다. 부자가 지닌 돈을 남에게 다 주고나면 더 이상 줄 것이 없어집니다. 돈이 없으면 부자가 아닙니다. 하지만 우리는 우리의 모든 것을 학생에게 다 줘도 그 모든 것이 그대로 남아 있습니다. 우리는 끝없이 베풀 수 있는 엄청난 재산을 보유하고 있습니다. 그래서 교육자를 영원한 스승이라고 하는 모양입니다.

한번 생각해 보십시오. 교육자의 길로 들어섰던 첫날, 선생님께서는 왜 교육자가 되겠노라고 하셨습니까. 학생들로부터 받기 위해서가 아니었을 것은 틀림없습니다. 반대로 선생님께서는 학생들에게 주고 싶은 것이 많았기 때문에 교육자의 길을 선택하셨을 것입니다.

왜 하고자 하는가? 베풂입니다. 베풂은 교육자의 진실된 모습이며, 백년대계를 위한 최선의 교수법입니다.

4장 새 시대 교육자 생존 전략 3

지금 당장 시작하라

1 :: 새 시대 교육자의 네 가지 선택

앞에서 '자신을 바치라'고 하였습니다. 아마 이 책을 읽으면서 많은 분들께서 고개를 절레절레 흔드셨을 것입니다. 지금 내가 얼마나 헌신적으로 일을 하고 있는데, 내 자신을 이미 얼마나 많이 바치고 있는데, 더 이상 줄 것이 없는데 무엇을 더 주란 말이야 하실 것입니다. 특히 여 선생님들이 더 그렇게 느끼실 것입니다. 여 선생님들은 일터에서 줄 것을 다 주고 집에 왔는데 다리를 편히 뻗기도 전에 장보랴, 저녁 준비하랴, 설거지하랴, 빨래하랴, 애들 뒷바라지하랴 등 하루 종일 쉴 틈이 없습니다. 육체적 에너지와 정신적 에너지 모두가 고갈되어 있어서 '무조건 준다'라는 요구는 현실을 전혀 알지 못하는 말로 들리기 쉬울 것입니다.

건강 관리를 해야 할 텐데, 시간이 없어서……

자기 계발을 하고 싶은데 시간이 없어서……
가족과 좀더 가까이 지내고 싶은데 시간이 없어서……
믿음직스럽고 따스한 인간 관계를 위해 노력해야 할 텐데……
마음의 여유를 찾아야 할 텐데 도무지 시간이 없어서……
유능한 교육자가 되고 싶은데, 학생들에게 할애할 시간이 없어서……

바쁘게 사는 사람들은 바쁠수록 사실 이런 소중한 것과 점점 멀어집니다. 그래서 허전함을 메우려고 더 바쁜 쳇바퀴를 계속 굴리면서 살고 있는지도 모릅니다. 언제까지 그래야 할까요?

이번에 맡은 위원장 일이 끝나면 여유가 생기겠지.
우리 애가 고3만 무사히 넘겨주면 괜찮아지겠지.
남편이 승진만 하면 좋아지겠지.
시동생이 결혼하고 나면 나아지겠지.
마누라 허리 통증이 쾌유될 때까지만 참으면 되겠지.
이번 총장 임기가 끝나면 그때 가서 시작하지.

이렇듯 우리는 마냥 미루거나 기다립니다. 시간이 지나봤자 별 볼 일 없을 것이라는 것을 뻔히 알면서도 말입니다. 그때가 와봤자 달라질 것이 없을 거라고 확신하면서도 말입니다. 새해부터 담배 끊겠다, 월요일부터 주량을 반으로 줄이겠다는 약속, 믿어집니까? 오늘부터 당장 시작할 수 있는 일을 내일로 미루는 사람의 말을 아직도 믿으시나요?

물론 모든 일에는 적시(適時)가 있습니다. 하지만 지금 해야 되는 일을 미룰 때에는 적절한 환경과 상황과 여건이 구비되기를 노리는 것보다는 타성적 무기력과 책임 회피로 인한 소극적 행위일 가능성이 높습니다. 전략적으로 시기를 기다리는 것이 아니라 습관적으로 시도하기를 미루는 것입니다. 우리는 이 몹쓸 습관을 버려야 합니다. 그래서 새 시대가 요구하는 교육자가 되는 첫걸음을 오늘 지금부터 당장 시작해야 합니다.

첫걸음은 네 가지를 잘 선택하는 것부터 시작합니다. 첫째, 우리는 소중한 것을 선택해야 합니다. 급하다고 아우성치는 잡스러운 일을 제쳐두고 진정으로 소중한 일부터 하십시오. 둘째, 여유를 선택하십시오. 여유는 생기는 것이 아니고 선택하는 것입니다. 셋째, 양이냐 질이냐를 놓고 따질 때 질을 선택하십시오. 그리고 마지막으로 우리의 삶을 보람되게 해주는 교육관을 선택하시기 바랍니다.

급한 것과 소중한 것

어느 여대생이 부모님께 쓴 편지입니다. 미국 대학생들 사이에 돌아다니는 유머인데 우리 학부모와 교육자가 너무 성적에다 초점을 맞추고 있지는 않은가 반성을 하게 하는 글입니다. 재미로 읽어보십시오.

엄마, 아빠 보세요.

저는 지금 병원에서 이 편지를 쓰고 있답니다. 너무 놀라지 마세요. 왼쪽 다리에 깁스를 하고 있지만 큰 문제는 없답니다. 뼈를 약간 다쳤지만 한 석 달 후에는 크게 절지 않고 걸을 수 있을 거래요. 그렇지만 학교는 한 학기 정도 휴학해야 될 것 같아요. 사실 제 맘에 걸리는 것은 오른쪽 볼에 생긴 흉터예요. 외과의사 선생님 말씀으론 요즘 성형 수술 기이 좋아져서 수술을 서너 번 하면 감쪽같아지겠지만 돈이 상당히 많이 들 거래요. 오른손은 생각보다 많이 데여서 엉덩이 살을 조금 떼다가 붙였으니 그렇게 보기 흉하지는 않을 거구요.

아 참, 제가 머리에 타박상을 받고 나니 설명을 차분히 해드리지 못했군요. 사실 지난주에 제 자취방에 불이 났거든요. 방문 쪽으로 불이 나는 바람에 할 수 없이 창문을 열고 3층 밑으로 뛰어내리면서 다리가 부러지고 유리 조각에 볼이 찢긴 것이지요. 불은 저랑 함께 사는 친구가 침대 위에서 술 취한 상태에서 줄담배를 피우다가 사고를 냈지요. 헌데 왜 그가 아직까지 경찰서에 구금되어 있는지 모르겠어요. 전과가 없는 줄 알고 있는데……. 그는 자기 아버지와 대판 싸우고 집을 나와서 임시로 제 숙소에 묶고 있어요. 자기 아버지가 자기 옛 애인하고 재혼하는 바람에 같은 지붕 아래 살기가 거북하더래요. 저는 그런 정의로운 그이가 믿음직스러워요.

지금 막 산부인과 의사가 다녀갔는데 제 뱃속에 든 아이도 아무 이상이 없답니다! 이제 막 임신 3개월인데 아주 튼튼한 아이로 태어날 게 틀림없어요. 참말로 제가 정신이 없군요. 제가 임신한 줄 모르고 계셨죠. 걱정 마세요. 애 아빠는 분명히 경찰서에서 곧 나오게 될 거예요. 그리고 그이는 생활력이 강해서 우린 잘살 거예요. 비록 고등학교마저 졸업 못 했지만 얼마나 똑똑한지……. 아빠도 척 보시면 아실 거예요.

엄마, 아빠. 놀라지 마세요. 위에 쓰인 글은 픽션이에요. 설마 엄마, 아빠의 딸이 그런 엄청난 짓을 했을까 봐요. 저는 지금 무척 건강하고 건전하고 즐거운 대학 생활을 하고 있답니다. 근데 이실직고하자면 제가 지난 학기에 제 실력을 발휘하지 못하고 D학점 하나에 C학점 세 개를 받았어요. 그래도 제가 늘 좋아하던 인류학 개론만은 A를 맞아 학사 경고장은 모면했어요.

엄마, 아빠. 절 용서해 주시겠죠? 다음 학기에는 공부도 열심히 해서 훨씬 좋은 성적을 받도록 할게요. 아 참, 이번 달 용돈이 다 떨어졌는데 다음달 치를 미리 보내주시면 감사하겠습니다.

　　사랑하는 딸 드림

위 편지를 받아본 부모님은 딸에게 다음달 용돈을 두 배로 보냈다나요. 평소에는 성적에만 연연했던 부모라도 성적보다 훨씬 소중한 건강, 남녀관계, 인생 문제가 엉망진창이 된 줄 안다면 그까짓 성적쯤이야 뭐 대수랴 하는 생각이 들지 않겠습니까?

소중한 것과 급한 것을 분별해야 하겠습니다. 혹시 소중한 것 대신 급한 것에 더 많은 시간을 할애하고 계신지 살펴보십시오.

삶의 여유

어느 남자가 무척 큰 나무를 톱으로 썰고 있었습니다. 무려 다섯 시간이나 쉬지 않고 끙끙대며 톱질을 하고 있었습니다. 옆에서 보고 있던 사람이 딱한 나머지 물어봤습니다. "여보시오. 톱질을 잠깐 멈추고 톱날을 갈면 좋을 텐데…… 왜 톱날을 갈지 않소?" 남자가 숨을 헐떡거리며 대답을 했습니다. "허어, 그럴 시간이 어딨소? 톱질하기도 바쁜데……." 『성공하는 사람들의 7가지 습관』에 나오는 이야기입니다.

우리 교육자들도 한번 음미해 볼 만한 이야기입니다. 유능한 교육자의 핵심 특성 8가지 중 하나가 '학생들에게 시간을 할애한다'는 것입니다. 그러나, 우리의 현실을 보면 학생들을 위한 시간은커녕 자신을 위한 시간마저 없습니다. 그러니 유능한 교육자가 되긴 이미 틀린 것일까요?

여기에 갈등이 있습니다. 요즘 우리는 "시간이 없다" "바쁘다, 바빠"라는 말을 입에 달고 있습니다. 이것도 하고 싶고, 저것도 해야 하는데, 시간의 여유가 통 없기 때문입니다. 낮에는 강의, 연구, 잡무, 회의 등 정해진 스케줄에 따라 질질 끌려다니다가 저녁 시간마저 그다지 보람 없는 일에 잡혀 있다보면 스스로 컨트롤할 수 있는 시간은 거의 없어 보입니다.

혹시 우리가 무뎌진 톱날로 톱질하는 남자와 같지 않나 생각해 볼 필요가 있습니다. 아무리 열심히 해도 좀처럼 달라지는 기색이 보이지 않으면 문제를 풀어나가는 방법을 달리해야 하겠습니다. 톱날을 중간중간에 갈아야 발전이 있듯이 마찬가지로 강의 기술을 갈고 닦아야 만족할 만한 결과를 얻을 수 있을 것입니다.

최근 몇 년 동안 학생의 학습에 관련한 연구 결과가 새롭게 많이 나왔습니다. 이제는 무조건 더 열심히 한다는 생각보다는 첨단 교육이론과 정보를 섭취하여 좀더 현명하고 효과적으로 일을 해내야 합니다.

리온스, 매킨토시와 키실카는 교육자가 스스로 교육자의 도구를 갈고 닦는 방법 다섯 가지를 제안합니다.

1. 선배 교육자의 도움을 받는다.
2. 후배 교육자와 토의할 기회를 만든다.
3. 교육과 강의 기술에 관한 책을 매년 한 권씩 읽는다.
4. 교육과 강의 기술에 대한 워크숍에 최소한 매년 한 번만이라도 참석한다.
5. 교육과 강의 기술에 대한 온라인 정보센터를 수시로 방문한다.

너무나 당연하고 쉬운 제안입니다. 그러나 지금 제 귀에 들려옵니다. "여유가 생기면 당연히 해야지요. 하지만 그럴 시간적 여유가 어딨단 말이요!"

여유는 저절로 생기는 것이 아닙니다. 여유가 생길 때까지 기다린다면 평생 여유를 지니기 어려울 것입니다. 여유는 만들어지는 것입니다. 우리가 고의적으로 시간을 할당할 때, 우선권을 부여할 때 가능해집니다. 결국 여유는 선택 사항인 것입니다.

여유를 선택해야 하는 이유는 많습니다. 여유는 마음과 정신적 회복을 가져다줍니다. 여유는 창의력의 원천지입니다. 여유는 지연(知緣) 구축의 핵심 요소입니다. 여유는 새 시대 교수법의 필수 조건입니다. 여유는 교육자의 기본 도구입니다. 여유를 선택하십시오.

양보다 질

양이냐 질이냐······. 사실 우리 교육자는 양과 질에 대해서 그다지 심각하게 생각해 오지 않았습니다. 아무리 신문지상에서 교육의 품질이 외국에 비해 떨어진다느니, 너무 팽창 위주로 양을 불리는 데에만 집착해 왔다느니 하는 비판을 자주 들었어도 그저 머릿속에서만 맴도는 추상적인 개념이었습니다.

그러나 최근에 폭풍처럼 몰아치는 업적 평가제와 연봉제 덕분으로 이제 양과 질에 대한 논의는 피부로 느낄 정도로 구체적입니다. 이제 우리는 거의 매일 양과 질을 두고 저울질을 하게 되었습니다. 재래시장에서 잘못된 저울질이 한바탕의 싸움을 불러일으키듯 교육 또한 시장화되면서 저울의 놀림으로 우리 모두 신경을 곤두세우게 되었습니다. 아직 업적 평가제가 초중고에는 본격적으로 도입되어 있지 않기 때문에 대학의 경우를 예를 들어봅니다.

교수 업적 평가를 연봉제와 직결할 경우 교수님들은 평가 도구(평가 항목, 기준, 가중치)의 신뢰도와 타당성에 예민해지게 됩니다. 그리고 업적 평가를 둘러싼 크고 작은 시비가 발생하게 되는데, 시비를 줄이기 위해 업적 평가 도구에 세 가지 변화가 일어나게 됩니다.

첫째, 평가 항목이 점차 구체적으로 발전하게 됩니다. 평가 항목은 대학의 경우 크게 교육, 연구, 봉사로 나누어지겠지만 매 항목 밑에 세부 항목들이 우후죽순처럼 불어날 것입니다. 예를 들어 연구 항목에는 논문이 전문가가 심사하는(peer-reviewed) 논문지에 실렸는지 아니면 심사하지 않는 학술지 또는 학회지에 실렸는가를 구분하게 되고, 강의는 학점, 학급, 학부·대학원, 학생 수 등으로 세분화됩니다. (세분화는 다양화와 다른 개념입니다.) 평가 항목이 30~40여 개로 쉽게 늘어날 것입니다.

둘째, 평가 기준이 정량화됩니다. 예를 들어 논문 수를 따지고 논문의 저자 수를 따지는 것은 기본이며, 위원회 활동을 0.25점부터 0.5점, 1점, 2점짜리로 구분하기도 하고, 심지어 학·석·박사 과정에 따라 학생 지도 항목에 해당되는 점수가 다르게 계산되기도 합니다. 뿐만 아니라 품질마저 점수로 환산됩니다. 예를 들어 연구의 품질은 SCI 수와 연결하고, 위탁 연구의 품질은 연구비 돈 액수로 판단합니다. 강의의 품질은 강의 평가 점수 하나로 압축되고 대체됩니다. (진정한 강의 품질인 '교육 효과'는 재기 어렵거나 아예 잴 수 없다는 이유로 외면하게 됩니다.)

셋째, 연구 실적이 상대적으로 큰 비중을 차지하게 됩니다. 강의는 모든 교수님들께 비슷하게 분담된 일인 만큼 교육 실적 항목에서는 모두가 거의 비슷한 (평균) 점수를 받게 됩니다. 따라서 교수님들의 업적 평가 점수 분포는 거의 연구 실적 차이에 따르게 됩니다. 그뿐 아니라, 강의는 교수님의 강의 실력과 무관하고 내부적으로 배당되는 반면, 논문과 위탁 연구 등은 객관적 외부 평가와 경쟁을 통해 품질을 인정받았다고 인식합니다. 그 결과, 교수를 평가할 때에는, 특히 승진 심사를 할 때에는 연구 실적에 전적으로 의존하게 됩니다. 결국 업적 평가로 인한 연봉제는 연구 실적으로 교수님들의 우열과 서열을 정하게 합니다.

이런 변화는 몇 가지 부작용을 초래합니다.

첫째, 교수 업적 평가로 인해 업적 쌓기가 사실상 점수 따기로 전락되기 쉽습니다. 한마디로 거시적인 안목이나 시각이 필요한 업적의 추구보다는 임의로 결정된 평가 기준치를 채우기 위한 점수 올리기에 급급하게 된다는 뜻입니다. 자신이 진정으로 원하는 일을 하는 것이 아니라 남이 정해준 일을 하게 된다는 뜻이기도 합니다.

둘째, 대다수의 교수님들은 평가 항목에 없거나 아주 낮은 점수로 책정된 일들은 하지 않게 됩니다. 상당수의 교수가 실적과 무관한 업무를 기피하거나 건성으로 일하게 됩니다. 구성원들이 서로를 경쟁 대상으로 여기며 각자 자기 이익만을 추구할 때 동료의식을 상실하게 되며 개인주의가 팽배해지게 됩니다. 그리고 교수들은 혁신적인 일과 협동을 요구하는 일을 피하게 됩니다. 그리고 평가를 하는 입장인 본부에서는 혁신적인 일을 하는 교수를 골치 아픈 존재로 인식합니다. 왜냐하면 평가 항목에 없는 활동에 대한 평가는 평가자의 주관적 판단에 따르게 되는데, 평가자는 주관적 판단을 기피하려는 경향을 갖습니다. 결국 교수의 활동 영역이 축소되고 획일화(몰개성화)됩니다.

셋째, 혁신적인 활동에 대한 모험(risk-taking)이 허락되지 않는 환경에서는 리더(leader)보다는 매니저(manager)로서 적합한 교수들이 보직 교수로 발탁될 확률이 높습니다. 대학에 확실한 목적이 성립되어 있는 상황에서는 매니저 스타일의 행정이 바람직하겠습니다. 그러나 혁신이 필요한 경우 리더십 부재는 대학에 혼란을 가져옵니다.

넷째, 교수는 강의와 연구라는 특무를 지닌 특공대 같아지고, 특공대를 지원하는 후방 부대가 있어야 하듯이 강의와 연구 이외의 모든 다른 일을 책임질 보직 교수와 행정 직원이 대거 필요하게 됩니다. (미국 대학에서 연봉제를 강도 높게 실시하기 시작하던 1980년대에 교수 수는 7퍼센트 불어났지만 행정직은 47퍼센트나 증가했다는 사실을 달리 설명할 수 없습니다.) 보직 교수와 행정 직원이 일반 교수님들을 후원하는 철학을 지니고 있다면 이 발전은 상당히 고무적인 것이라 할 수 있습니다. 하지만 그 반대로 행정이 지배 계급으로 발전한다면? 글쎄요.

바로 여기서 노조가 등장하게 됩니다. 교수는 각자가 자신의 '가치'를 '증명'해야 하는데 똑똑하고 자기 앞가림 잘하는 교수가 유리하게 되어 있습니다. 하지만 대다수의 교수들은 성격상, 체면상 또는 신조상 자신의 가치를 돈으로 환산하기를 꺼려 합니다. 결국 그들은 연봉을 흥정할 줄 아는 유능한 교수와 비교하면 상대적으로 손해보는 입장에 놓이게 됩니다. 그래서 교수 개개인을 대신하여 단체로 연봉과 권리를 흥정하는 교수 노조가 매력적으로 보이게 됩니다. 그리고 지배계급으로 변한 행정에 맞설 수 있는 세력으로 환영받게 됩니다.

아쉽게도 노조의 개입으로 인하여 업적 평가가 더 심하게 양에 편중하게 됩니다. 학과 운영 헌장에 담긴 연봉제에 대한 문서가 단 한 장에 불과하던 것이 노조의 개입으로 백 장이 넘는 경우가 허다합니다.

업적 평가, 연봉제, 노조……. 점점 더 복잡하고 심각한 이슈로 이어집니다. 평가는 대학만의 이슈가 아니고 초중고로 확산될 것입니다. 질은 뒷전으로 처지고 양이 활개를 치는 부작용이 따를 것입니다.

우리는 질보다 양이 우선되는 현상을 적극적으로 나서서 막아내야 합니다. 평가를 거부할 수는 없습니다. 시대 흐름이 요구하기 때문입니다. 전쟁을 치를 때 진을 잘 쳐야 하듯이 우리 역시 싸움터를 잘 잡아야 합니다. 평가제는 이길 수 있는 터(이슈)가 아닙니다. 하지만 평가가 '정량'적이지 않고 '정성'적이 되도록 최선을 다해야 합니다. 손자병법 36계를 다 동원해서라도 질이 우선되도록 유도해 내어야 합니다.

위에서 아래로 흐르는 물을 막아낼 도리는 없습니다. 하지만 우리가 물줄기를 어떻게 잡느냐에 따라 물이 재앙을 가져올 수도 있고 반대로 유용한 자원이 될 수도 있지 않습니까. 그렇듯이 평가가 '정성'적으로 발전하도록 우리가 적극 나서야 합니다. 질을 선택하십시오.

삶의 가치에 따른 교육관

"교육자에게 소중한 것이 무엇이냐?"라는 질문에 대한 답은 우리가 교직을 어떻게 인식하고 있는가에 따라 달라질 것입니다.

세 종류의 교육자가 있습니다. 첫째, 교직을 노동으로 보는 사람이 있습니다. 이들은 일은 고된 것이므로 최소한으로 하고, 즐거움을 주는 놀이는 일을 한 후에 (일을 한 대가로) 누리는 것으로 여깁니다. 일(고됨)과 놀이(즐거움)를 완전히 분리하고 있습니다. 이들에게 소중한 것은 즐거움을 얻게 해주는 돈입니다. 일은 그저 돈을 벌기 위한 수단일 뿐입니다. 학생은 돈으로 환산되는 매개체입니다.

둘째, 교직을 전문업으로 인식하는 사람은 책임감이 강하고 시간을 투자의 개념으로 이해합니다. 이들은 남들로부터 인정받고 성공

(승진)하고자 열심히 일합니다. 이들은 일을 할 적에 인센티브(투자의 가치, 외적 동기)를 먼저 따집니다. 이들에게 소중한 것은 자신의 성취입니다. 학생은 그저 자신이 맡은 책임일 뿐입니다.

셋째, 교직이 타고 난 팔자라고 받아들이는 교육자들은 일이 언제 시작하고 끝나는지 알지 못합니다. 구태여 구분하려 하지 않습니다. 자신이 일을 얼마나 열심히 하는지 알아주는 사람이 없어도 그리 섭섭해 하지 않습니다. 이들은 일 자체에서 즐거움을 느끼기 때문입니다. 즉, 내적 동기가 강하게 작용하는 경우입니다. 이들에게 소중한 것은 학생입니다. 왜냐하면 학생들이 있기에 자기가 좋아하는 일을 할 수 있기 때문입니다.

과연 어떤 교직관을 가진 교육자가 오래 행복하게 살까요? 이미 다 눈치를 채셨겠지만, 자신이 하는 일을 팔자소관으로 보는 사람들이 가장 행복하다는 연구 결과가 최근에 많이 발표되고 있습니다 (Seligman, 2002).

결론을 요약해 드리겠습니다.

1. 유능한 교육자는 학생들에게 많은 시간을 할애한다.
2. 행복한 사람은 급한 것보다 소중한 것에 더 많은 시간을 할애한다.
3. 유능하고 행복한 교육자가 되는 길은 학생들을 소중하게 여기는 것이다.

어떤 교육학자는 교직관이 긴 역사적 차원에서 따져볼 때 성직에서 전문직을 거쳐 노동직으로 변해가고 있다고 합니다. 교사 노조와 교수 노조가 등장하는 현실을 보면 충분히 이해가 갑니다. 이런 마당에 교직을 팔자소관으로, 성직처럼 여기라고 하니 현실을 무시한 메시지로 들릴 수가 있겠군요. 아닙니다.

　여기서 논하는 교직관은 어느 단체에 소속되었는가를 따지는 것이 아니고 마음의 상태를 뜻합니다. 대궐에 사는 사람이라고 다 행복하지 않고 나치 포로 수용소에 구속되어 있는 포로라고 해서 다 불행하지 않습니다. 어디에 살든지 각자 어디에 가치를 두느냐에 따라 삶의 보람이 달라지듯이, 유능하고 행복한 교육자가 될 것인가 안 될 것인가는 지극히 개인적 선택입니다.

2 :: 어떻게 선택을 할 것인가

스트레스란 캐나다 생리의학자 셀예(Selye) 박사가 물리학의 개념을 신체 반응에 도입한 말로 유명해졌습니다. 간단히 말해 우리 몸에 가해지는 외부적인 압력이나 자극은 다 스트레스입니다. 그러나 어떤 것은 유쾌하고 어떤 것은 불쾌한 자극입니다. 원래 자연 상태에서 받는 스트레스는 단기적 반응 태세를 유발합니다. 예를 들어 맹수를 만났을 때 싸울까 도망갈까를 결정하고 행동을 취하는 식의 것은 빨리 해결됩니다. 그런데 현대인이 겪는 공해, 교통, 직업, 경제적 스트레스는 행동을 재빨리 하거나 도망갈 수 있는 것이 아니라 몇 달씩, 몇 년씩 지속되기 때문에 몸에 심한 부담과 무리를 주어 병이 생기는 것이지요.

셀예 박사에게 20여 년에 걸친 방대한 연구를 좀 쉽게 요약해 달라고 했더니 그는 500쪽이 넘는 두툼한 책을 썼습니다. 출판사에서 너무 길고 어려우니 더 줄여달라 했답니다. 셀예 박사는 줄이고 줄여 30쪽으로 연구 결과를 요약해 주었습니다. 그래도 일반인이 읽기에는 너무 어려워 더 줄여달라고 했더니 다음과 같이 말하더랍니다.

"개를 적으로 보느냐 친구로 보느냐에 따라 머리끝에서 발끝까지 우리 몸의 생화학적 성분이 달라진다." (아마 셀예 박사가 한국인이었다면 이렇게 말하였을 것입니다. "개를 호신용으로 보느냐 보신용으로 보느냐에 따라 입 안에 침이 도는 정도가……".)

요컨대 스트레스는 마음에 달렸다는 것입니다. "주어진 상황을 어쩔 수 없다" "비극이다" "내 힘으론 바꿀 수 없다"라고 체념할 때 스트레스도 훨씬 더 받고 위궤양, 암 따위의 병에 잘 걸립니다. 반대로 "한번 해보자" "이것도 인생 공부다" "앞으론 좋아질 것이다" "잘될 것이다" "끝까지 도전해 보겠다"는 적극적이고 긍정적인 마음을 가지면 스트레스를 훨씬 덜 받게 됩니다.

중요한 것은 우리에게는 선택의 여지가 많고 그 모든 것은 마음먹기에 달렸다는 사실입니다. 환경을 바꾸든, 목표를 낮추든, 좀더 분발하고 노력하든, 서로 용기를 북돋워주고 격려해 주든, 아니면 하루에 5분씩 명상을 하든 우리에게 선택권이 있다는 사실을 믿는 것만으로도 스트레스를 훨씬 줄일 수 있습니다.

미국에서도 불과 1980년대까지만 해도 '시간이 금이다'는 산업자본주의 사고 방식에 거의 모두가 중독이 되다시피 했습니다. 회사에서도 더 많이, 더 잘해야 성공이라고 밀어붙이고, 가정에서도 더 많이 돈 벌고, 더 큰 집에서, 더 좋은 차를 타는 것이 행복인 줄 착각한 것입니다. 이렇게 한두 세대를 살아본 결과 남는 것은 정신력의 고갈, 누적된 스트레스, 각종 만성병, 인간 관계의 파괴, 허무감과 피로와 고독이라는 것을 깨닫고 새 사고 방식(패러다임), 새로운 생활 철학을 찾게 된 것입니다. 이제 우리는 선택을 잘하는 방법을 알아야 합니다. 이 장에서는 교육자로서 선택하는 방법 몇 가지를 소개합니다.

'마지막 강의'를 준비해 본다

얼마 전에 저희 대학교의 어느 대학생 단체로부터 학생들을 위한 간단한 연설을 부탁받았습니다. 한국 방문 준비로 소소한 부탁을 다 들어주기 어려운 상황이었지만 부탁받은 연설의 주제가 너무 특이해서 수락하였습니다. 어차피 한국까지 가자면 비행기 안과 공항에서 꼬박 24시간을 보내야 하는데 그때 준비하면 되겠지 하고 생각했던 것입니다.

그러나 저는 인천 국제 공항에 도착할 때까지 원고를 다 쓰지 못했습니다. 왜냐하면 제게 주어진 주제가 상상 밖으로 무척 어려웠기 때문입니다. 한국에 나온 지 나흘이 지나서야 겨우 초안을 끝낼 수 있었습니다. 시간차에 적응하지 못하고 새벽 4시만 되면 눈이 떠지는 덕분에 글을 쓸 여유를 갖게 된 것이지요.

부탁받은 연설의 주제는 〈마지막 강의〉입니다. '만일 교수님께서 학생들에게 마지막으로 강의를 한다면 무슨 말을 들려주시겠습니까?' 주제는 마음대로 정하고 내용 역시 제한이 없으나, 단 일반 강의같이 한 시간 정도 길이로 해달라는 부탁이었습니다. 제가 강의를 벌써 수천 번이나 했으니 강의록 하나 더 준비하는 데 별로 어려울 것이라 생각하지 않았습니다. 그러나 막상 마지막 강의를 준비하려고 하니 뭘 써야 할지 막막하더군요.

열역학을 잘 가르친다고 소문났지만 과연 제 인생의 마지막 강의에서도 학생들에게 열역학 법칙을 설명할 것 같지는 않습니다. 그렇다고 해서 철학자나 목회자도 아닌데 인생 사는 법을 설파할 수도 없는 노릇입니다. 아직 인생을 파악할 만큼 오래 살지도 않았고, 오래 산다고 성자나 현인 근처에 도달할 것 같지 않으니까요.

며칠을 두고 생각하다가 주제를 하나 정하고 초안을 썼습니다. 저의 마지막 강의의 내용이 무엇인가는 하나도 중요하지 않습니다. 중요한 것은 마지막 강의를 준비하면서 교육자로서 조금 더 성장한 느낌을 얻게 되었다는 점입니다. 선생님들께 적극 권하고 싶습니다.

삶의 우선순위에 따라 시간을 관리한다

꼭 해야 할 중요한 일이 있다면 가장 바쁜 (시간이 없는) 사람에게 맡기라는 역설적인 조언이 있습니다. 사실 그렇습니다. 능력이 있는 사람은 일을 많이 맡게 되어 온종일 바쁘게 뛰어다닙니다. 물론 주변에는 바쁜 척하는 사람도 많고 하는 일 없이 바쁜 사람도 있습니다. 어쨌든 우리는 바쁘다라는 말을 입에 달고 살고 있습니다. 이런 와중에 여유를 만들라고 하는 말은 배 나온 사람에게 건강을 위해 살 좀 빼라는 요구같이 들릴 수 있겠습니다. 그리해야 한다는 것은 알겠지만 엄두가 나지 않기 때문입니다.

여유를 만들라는 말은 꼭 다른 할 일을 제쳐두고 시간을 비워두라는 말이 아닙니다. 방법이 하나 더 있습니다. 시간을 더 효율적으로 쓰는 방법이 있습니다. 우리는 시간 관리를 해야 합니다. 시간 관리의 첫 단계를 소개하겠습니다. 그냥 쭉 읽어내려 가면 아무 소용이 없습니다. 지금부터 하나 하나 따라하셔야 효과가 있습니다.

선생님께서 아래 각 항목에 몇 시간을 쓰는지 지금 적어보십시오. 시간은 일주일 단위입니다. 수면을 예로 들어보겠습니다. 평일에 하루 평균 7시간 자고, 주말에는 9시간 잔다면 수면 항목 옆에 51시간을 기입하십시오. (예:6일×7시간 + 1일×9시간 = 주 51시간)

항목	시간
수면	
식사	
자신 관리 (화장실에서 보내는 시간)	
일 (직장에서 보내는 시간)	
통근 (길에서 보내는 시간)	
잡일	
건강 관리	
휴식 (혼자 보내는 시간)	
사교 (다른 사람과 함께 보내는 시간)	
종교 (신앙 활동에 보내는 시간)	
기타	
총합	

총합이 168시간과 얼마나 차이가 납니까? (일주일에 168시간이 있습니다!) 한 10시간 정도 차이는 크거나 적거나 문제가 전혀 되지 않습니다. 시간을 정확히 따져보지 않았기 때문이지요. 하지만 시간 차이가 크면 클수록 선생님의 시간 관리가 허술하다는 증거가 됩니다.

만약 합이 168시간보다 10시간 이상 크다면 선생님께서는 생활의 우선 순위를 다시 고려하셔야 합니다.

만약 합이 168시간보다 10시간 이상 적다면 선생님께서는 기타 또는 개인 시간을 제대로 계산하셨는지 체크해 보십시오. 우리는 일반적으로 개인 시간을 적게 책정합니다.

두 경우 다 시간을 잘못 쓰시는 것입니다. 합이 168시간이 되도록 각 항목에 할애된 시간을 조정해 보시길 바랍니다.

만약 합이 168시간보다 20시간 이상 차이가 난다면 문제가 심각합니다. 만약 각 항목별로 시간을 계산하는 데 어려움이 많다면 선생님의 생활에 리듬이 없는 경우일 확률이 높습니다. 이 역시 좋은 경우가 아닙니다.

여유는 생기는 것이 아닙니다. 여유는 만들어지는 것입니다. 지금 이 책을 여기까지 읽으신 분들은 시간이 펑펑 남아도는 분들이 아닐 것입니다. 어렵게 여유를 만드신 분들입니다.

그리고 여유는 여럿이 함께 만들어나가는 것입니다. 여유는 가치관이며 문화이기 때문입니다. 다른 동료들에게도 여유를 만들라고 권유하시기 바랍니다.

시간을 허비하지 않는다

선생님께서 강의실에 2~3분 늦게 들어오셨습니다. 칠판을 지우고, OHP 기구를 준비시키고, 책가방에서 강의 노트와 프린트물을 꺼내서 정돈하는 데 다시 2~3분 걸렸습니다. 출석을 부르고 드디어 "오늘 강의는 무엇 무엇에 대해서입니다"라고 말씀하시면서 강의를 시작할 때는 시간이 이미 10분이나 허비되었습니다. 학생들은 선생님께서 으레 10분 정도 늦게 강의를 시작하는 점을 고려했는지 다음 시간부터 강의실을 아예 10분이나 늦게 들어오는 지각생들도 제법 되었습니다. 지각생들이 빈자리를 찾아 비좁은 강의실을 이리저리 헤집고 들어올 때마다 삐걱삐걱 책상 걸상 움직이는 소리가 나고 학생들의 신경을 거슬리게 합니다. 선생님께서는 잡음을 아랑곳하지 않고 강의를 계속하려고 애쓰지만 지각생이 들어올 때마다 선생님의 목소리가 순간적으로 머뭇거려집니다. 강의실이 차분해지고 강의가 정상 궤도에 올라갈 때까지는 적어도 15분이 경과됩니다.

제가 여러 신임 교수들의 강의를 비디오 촬영해서 분석해 본 결과 위에 묘사된 사례가 결코 적지 않았습니다. 학생들은 한 시간 강의 중 첫 20분에 나온 내용을 가장 오래 기억한다는 연구 결과를 볼 때 첫 15분을 무의미하게 쓰거나 낭비하는 것처럼 강의 효과를 낮추는 것도 없겠지요.

그러나 저는 낭비된 시간이 15분이라고 생각하지 않습니다. 만약에 강의실에 100명의 학생들이 있다면, 낭비된 시간은 1,500분입니다. 강의가 이런 식으로 한 학기 내내 진행되었다면 낭비된 시간은 67,500분…… 무려 8년이라는 어마어마한 시간으로 계산됩니다.

한 시간 수업을 준비할 때, 한 시간 수업이라고 생각하지 마십시오. 우리한테 주어진 시간은, 우리가 책임져야 할 시간은 단지 한 시간이 아니고 교실 학생 수에 따라 20시간, 50시간, 100시간인 것입니다. 이렇게 많은 시간을 책임져야 한다고 생각할 때 강의 준비를 소홀히 할 수 없다는 생각이 저절로 들 것입니다.

우리의 시간을 15분 허비하고 낭비하는 것은 대수로운 일이 아닐지 몰라도 이렇듯 많은 사람들의 시간을 헛되이 쓰도록 만드는 것은 용납되어서는 안 될 것입니다.

여유에서 창의적인 해답을 찾는다

창의력 교육의 원칙 중에 하나는 여유를 가지라는 것입니다. 몇 년 전에 저는 미니애폴리스에 본사가 있는 3M 회사를 4박 5일 동안 견학한 적이 있습니다. 스카치 테이프로 유명한 3M 회사는 소위 '경영 혁신'을 성공적으로 해서 1980년대의 미국 전반을 휩쓴 경제 위기를 잘 모면했을 뿐만 아니라 오히려 더 알찬 기업으로 성장했습니다. 3M은 또 세계에서 제일 많은 신제품을 개발한 회사로 유명합니다. 그래서 미시간 공대에서는 '대학 행정 개혁'의 모델로서 고려할 만한 부분을 배우자는 취지에서 교수 몇 명을 선발한 뒤 3M 회사로 보냈는데 저도 거기에 끼게 되었습니다.

3M의 운영 방법을 보니 직원들에게 업무 시간의 10퍼센트는 완전 자유 시간을 줍니다. 아무거나 하고 싶은 것을 하라고 합니다. 무한 경쟁 시대라 하여 종업원을 쥐어짜는 식으로 회사를 운영하는 것이 아니었습니다. 새 시대의 모범적 기업은 이렇듯 회사원에게 여유를 주는 회사입니다. 어허, 참. 종업원을 쥐어짜는 회사에 입사하기 싫어 못하는 공부 죽어라고 해서 대학 교수가 되었더니, 그사이 세상이 변해 오히려 대학에서 교수를 쥐어짜고 거꾸로 회사가 예전의 대학같이 여유를 부리고 있지 않은가. 길을 잘못 택해도 영 잘못 택한 것 같은 생각이 듭니다.

새 시대의 교육은 학생들에게 생각할 여유를 주어야 합니다.

창의력 위주 교육이란 학생들을 더 열심히 몰아치는 교육이 아닙니다. 창의력을 위한 교육은 학생들이 많은 생각을 해볼 수 있도록 사고의 숨통을 틔어주는 교육입니다.

물질 위주의 산업화시대에는 사물로 공간을 채우는 것이 주목적이었습니다. 허기진 배를 음식으로 채우고, 빈 공간은 책상, 의자, 텔레비전, 자동차 등등으로 꽉 채웁니다. 산업시대에는 교육도 채우는 개념으로 이루어졌습니다. 백지에다 그림을 그리듯 교육이란 텅 빈 두뇌에다 지식을 채워 넣는 것으로 비유되었습니다. 공책에 빽빽이 받아쓰고 깨알 같은 문제가 가득한 시험지를 푸는 것을 공부라 했습니다.

그러나 지금은 어떤가요. 물건들은 지천으로 널려 있습니다. 정보도 무한정으로 깔려 있습니다. 대량 생산으로 인해 물건 값이 떨어졌듯이, 정보화시대에는 지식(데이터) 그 자체의 값은 폭락했습니다. 그러나 지식을 정보로 처리하는 능력은 더 한층 중요해졌습니다. 공대 지식의 반감기는 5년이라고 합니다. 5년이면 이제까지의 정보량의 두 배가 새로 만들어진다는 것입니다. 머리에 아무리 넣어도 다 담을 수 없는 무한한 정보의 시대에 외우기 위주 교육은 곧 쓰레기를 수집하는 교육입니다.

목이 타서 물 마시고 싶어하는 사람에게 수돗물을 틀어주는 것에 지식을 비유한다면 지금은 쫄쫄 나오는 수돗물이 아니고 펑펑 쏟아져 나오는 소방전의 물입니다. 정보의 홍수, 정보의 바다입니다.

이런 바다 속에서 익사하지 않고 유유히 헤엄치고 배를 띄워 다니려면 생각할 여유가 있어야 합니다. 창의력을 위한 교육이란 생각할 여유를 주는 것입니다. 문제를 백만 번 풀어야 한다는 것은 비슷한 문제가 나왔을 때 재빨리 푸는 능력을 갖추는 것을 의미합니다. 한국이 외국 물품을 비슷하게 베껴야 할 때나 필요한 능력입니다. 이제 우리만의 고유 상품을 개발하려면 문제 하나를 놓고 이리저리 며칠씩 곰곰이 생각해 보는 여유와 여백의 교육이 필요합니다.

시너지 효과를 고려한다

어느 대학의 커리큘럼 짜는 일을 자문해 준 적이 있습니다. 그 대학 공대 학장은 몇 가지 혁신적인 시도를 추진하며 그 시도 중 한 가지로 새로운 과목을 개설하기로 하였습니다. 그런데 문제가 있었습니다. 새 과목을 넣는 대신 무슨 과목을 빼야 하는가요? 신설 과목은 새 시대 학생들에게 꼭 필요한 것이라 모두 수긍하겠지만 대신 빼야 되는 과목을 가르치던 교수는 당연히 반발할 테니 걱정이라고 했습니다. 과연 걱정할 필요가 있는 것인가요?

그래서 저는 물 한 컵을 달라고 했습니다. 그리고 아무 말 없이 컵에 물 높이를 표시하고는 설탕 한 숟가락을 큼직하게 떠넣고 저었습니다. 그러고는 빙글빙글 돌던 물이 정지할 때까지 가만히 앉아 있었습니다. 학장과 교과 과정 연구회 교수들은 저를 말똥말똥 쳐다보았습니다. 물 높이가 변하지 않는 것하고 교과 과정 짜는 것하고 무슨 상관이 있다고! '코도 크고 못생긴 괴짜라고 하더니 역시……'

설탕을 넣었다 해서 물높이를 유지하기 위해 설탕의 양만큼 물을 쏟아버려야 했는가요. 설탕 한 숟가락을 넣어봤자 물의 부피는 변하지 않습니다. 그러나 첨가한 약간의 설탕 때문에 물 전체의 질은 확연히 달라집니다. 신설 과목 개설을 물에다 설탕 넣기 식으로 본다면 문제될 것이 무언가요.

제 포인트는 두 가지였습니다. 첫째로 학장의 걱정은 대학의 학과목을 지식 덩어리(고체)로 여기는 의식 구조 속에서 비롯된 문제라는 점입니다. 걱정 자체가 문제인 것입니다. 둘째로, 교육 개혁을 너무 어마어마하게 생각할 필요가 없다는 얘기입니다. 설탕 한 숟가락으로 물 한 컵 전체의 맛이 크게 달라졌듯이, 마찬가지로 교육도 약간의 교육 기술 첨가로 질을 변화시킬 수 있습니다. 즉 1+2 =3 같은 기계적 사고 방식에서 1+2 =12가 될 수도 있다는 유기체적 사고 방식으로 변해야 합니다.

"남자 한 명과 여자 한 명이 함께 있습니다. 몇 명이 있습니까?"라는 질문에 "정답! 두 명" 하면 기계적인 사고 방식입니다. 세 명이 정답일 수도 있지 않나요. 요즘같이 인공 수정으로 일곱 쌍둥이도 낳는 세상이니 유기체적 사고 방식의 정답은 아홉까지도 가능합니다.

알렉산더 대왕 이야기가 있지 않은가요? 꽁꽁 엉켜 있던 밧줄을 칼로 쳐서 풀었다는 이야기. 엉켜 있는 밧줄을 손으로 일일이 풀어내야만 한다는 법은 사람 머릿속에만 있는 일반 상식이었을 뿐입니다. 알렉산더는 자기 머리를 꽁꽁 묶어두는 사고 방식의 밧줄을 먼저 잘라내 버린 것입니다.

콜럼버스의 달걀 이야기도 같은 맥락입니다. 아무도 세우지 못하는 달걀의 밑을 깨서 평평하게 만들어 세우지 않았던가요. 주위 사람들은 분개합니다. "콜럼버스는 (역시) 사기꾼이다, 시시하다, 그런 것쯤이야 나도 할 수 있다." 그렇습니다. 콜럼버스 이후에 너도나도 아메리카 대륙을 오가듯이, 너도나도 삶은 달걀을 깨서 세울 수야 있겠지요. 콜럼버스 이야기의 핵심은 잘못된 문제(둥글둥글한 달걀은 서지 않는 것인데 세워보라는 문제)의 근본을 파악하고 문제 자체를 수정한 데에 있습니다. 콜럼버스는 주어진 문제의 정답을 추구하지 않고 자기 스스로 풀 수 있는 문제로 개정하였던 것입니다.

이 세상에 손발을 묶어놓고 뜀박질하라는 요구가 어디 한두 가지인가요? 당연히 묶여진 손발을 풀어달라는 요구부터 먼저 해야 하지 않나요. 그런데 저는 안타깝게도 손발이 묶인 채 뛰려고 하는 사람을 숱하게 많이 봤습니다.

피아제의 이론에 따르면 새 지식을 받아들이는 데에는 두 가지 방법이 있다 합니다. 사람이란 자신이 지니고 있던 생각 체계와 어긋나는 새로운 개념을 만나게 되면 기존의 체계 때문에 매우 불편해 한다는 것입니다. 그 불편함을 두 가지 방법으로 해소하게 되는데 첫째는 상대를 내 쪽으로 변화시키는 것이고 두 번째는 자기 인식을 바꾸는 것입니다.

제가 제시한 앞에서 4가지 선택은 양자택일이 아닙니다. 하나를 선택하면 나머지를 모두 다 버리는 이원론적인 경직된 행위가 아닙니다. 소중한 것과 여유와 질과 교육관을 두루 고려하여 서로 조화를 이루어 효과를 극대화할 수 있는 결과를 추구하는 것이 바람직합니다.

합의를 통해 협력한다

시대가 달라지면 협력을 이끌어내는 방법이나 과정이 달라져야 합니다. 협력을 얻어내는 방법은 세 가지가 있는데, 그중 두 방법인 상과 벌(매수와 협박)은 구닥다리 방법입니다. 예를 들어, 개혁을 하지 않는 학교는 온갖 규제로 불이익을 주겠다는 것은 벌의 개념이요, 개혁 잘 하는 학교에 자금 지원을 더 해주겠다고 약속하는 것은 상의 개념입니다. 규제와 자금을 동원하여 우격다짐으로 밀고 나가봤자 잡음만 요란할 것입니다. BK 21 사업만 보더라도 알 수 있습니다. 정부가 돈을 주겠다는데도 교수들은 싫다고 하면서 데모까지 하지 않던가요.

새 시대의 협력은 상과 벌이 아니고 합의로써 이끌어내야 합니다. 합의? 모든 구성원들의 완전일치를 얻어내란 말인가? 사사건건 투표를 해서 다수결로 정하란 말인가? 아닙니다. 합의란 그리 불가능한 것이 아닙니다. 합의란 모든 구성원이 동의한 그 '결과'를 나타내는 명사가 아닙니다. 합의는 과정인 것입니다. 목적과 비전이 뚜렷하게 제시되었는가. 구성원들이 같은 정보를 공유하였는가. 구성원이 의견을 발표할 기회가 있었는가. 서로의 입장을 충분히 이해하였는가. 구성원들이 흡족할 만큼 참여하게 했는가. 결국 합의를 얻기 위해 필요한 것은 열린 정보와 지식, 서로를 존중해 주는 쌍방형 커뮤니케이션 기술, 그리고 이 모든 과정을 총체적으로 운영할 수 있게 하는 마케팅(세일즈가 아님!) 기술입니다.

합의를 가능하게 해주는 체제가 바로 자율 체제입니다. 자율화는 모두가 같은 목적과 비전을 공유하고 최선의 효과를 얻기 위한 방법으로 일을 분리 분담한 후 서로 믿고 의존하고 정보와 지식을 교류하는 그 자체입니다.

자율적 협력을 도모하는 방법은 많습니다. 예를 들어, 어느 대학에서 신설한 학과가 인기 좋다 하여 다른 대학에서 제멋대로 따라하면 특성화란 존재할 수 없습니다. 만약 지역별 대학 협의체가 있어서 학과를 신설하기 이전에 자체 내에서 토론과 심사와 협상을 하고 합의된 사항만 교육부에 최종 검토와 승인을 거치도록 하면 이런 어처구니없는 결과를 예방할 수 있으며 명절 때 선물보따리 들고 다닐 필요가 없어질 것입니다. 교육부는 자질구레한 업무에서 해방되고 정말 자신들의 임무인 미래를 내다보는 정책을 세우는 데 전력을 쏟을 수 있을 것입니다.

자율과 협력에 대한 논의는 대학 내부에서도 적용됩니다. 대학 행정은 교수들의 업적을 높이기 위해 교수 업적 평가제와 연봉제를 실시한다지만 이미 '자유'로운 교수를 상과 벌을 이용하여 통제하려고 합니다. 타율에서 자율로 가지 않듯이, 자유에서 자율로 가지 않습니다. 결국 자유에서 타율로 가고 말 것인데, 세상 흐름을 역행하는 길은 절대 평탄하지 않을 것입니다. 교수 업적 평가와 연봉제를 하되 평가 기준에 '참여·협동'이라는 항목을 반드시 포함시키고 그 항목에 가장 높은 가중치를 두어야 할 것입니다. 참여와 협력은 자율을 지키는 최선책입니다.

저는 지난 10년 간 매년 평균 네 번씩 한국을 다녀갔고, 80여 개 대학을 방문하였고, 교육부와 다른 정부 기관에서 초청 강연을 여러 번 했습니다. 교수와 관리들의 모습이 급속도로 달라지는 것이 보였습니다. 이제는 모두들 잘 해보자고 무척 열심히 하는 것을 목격합니다. 하지만 너무 각자 외롭게 끙끙대고 있는 것처럼 보입니다. 이제는 힘을 합칠 때가 되었습니다. 이제는 서로 믿어줄 때가 되었습니다. 한국은 자율 체제로 반드시 들어가야 하며 그 결과를 이루어내는 기본 전략은 합의를 통한 협력 체제입니다.

5장 새 시대 교육자 생존 전략 4

긍정적으로 사고하라

1 :: 나의 학생들을 새롭게 인식한다

요즘 학생들을 두고 'M'세대 학생이라고들 합니다. 'Millenium', 즉 새 천년 시대의 학생이라는 뜻에서 비롯하였지만 'M'자는 이 시대 학생들의 특성을 잘 대표해 주고 있습니다.

Mobile(이동 통신 세대 학생) 이동 통신 기구로 무장한 학생들이기에 적합한 표현이기도 하지만 학생들 자체가 상당히 이동적이라고 생각될 것입니다. 입시철이 되면 2차, 3차 선발에 따라 등록한 학생들이 다른 대학으로 줄줄이 이동해 가지 않습니까. 그리고 교실에 장시간 차분히 앉아 공부하는 학생들이 점점 줄어들고 있습니다. 이래저래 유동적인 학생들을 잡아두느라 얼마나 힘이 드나요.

Money(돈이 많은 학생) 요즘 학생들의 돈 씀씀이가 보통이 아닙니다. 한국이 지금 2만 달러 시대를 이루기 위해 애쓰고 있다지만 자녀들의 주머니 사정을 보면 이들은 이미 2만 달러 시대에 살고 있는 듯 보입니다. 소비력의 수준뿐만 아니라 그들이 누리는 공간과 혜택을 보아도 그렇습니다. 돈이 많다는 것은 그들의 욕구·동기의 원동력에 근본적인 변화를 가져다주기 때문에 교육자들은 학생들의 동기를 유발하자면 여태껏 해오던 방법과 완전히 다른 방법을 동원해야 한다는 부담을 느끼게 됩니다.

Market(소비에 익숙한 학생) 상당한 소비력과 구매력으로 인하여 학생들은 세련된 소비자의 시각을 지니게 되었습니다. 교육마저 돈이 중심된 시장으로 이해하게 되었습니다. 우리 교육자의 가슴이 철렁합니다. 우리를 난처하게 만들고 있습니다.

Measuring(평가에 익숙한 학생) 이제 대학에서는 강의 평가가 보편화되었습니다. 아직 이러쿵 저러쿵 잡음이 많지만 학생에 의한 강의 평가가 서서히 자리를 잡아가고 있습니다. 선생님께서 학생을 일방적으로 측정하고 평가하는 것이 아니라 이젠 쌍방형이 되었습니다. 선생님을 마냥 우러러보지 않고 차가운 평가자의 눈으로 보는 학생들이 되었습니다.

Mistrusting(불신하는 학생) 학생들은 교육자를 불신하고 있습니다. 매년 바뀌는 수능 제도가 그들을 그렇게 만들고 있습니다. 신문에 대서특필되는 교육의 문제점들이 그들을 그렇게 만들고 있습니다. 서로 옳다고 거리에까지 뛰어나와 주장하는 어른들이 그들을 그렇게 만들고 있습니다. 부모가 자녀 앞에서 큰소리로 서로 헐뜯고 싸울 때 자녀가 어느 누구도 의지할 수 없다는 심한 불안감과 불신감을 느끼듯이 말입니다.

이 모두 썩 바람직하지 않은 특성들입니다. 교육자 입장에서 본다면 말입니다. 우리의 마음을 편치 않게 하는 특성들이기 때문입니다. 그러나 우리가 외면하거나 한탄하거나 증오한다고 없어질 특성들이 아닙니다. 이런 학생들이 그저 세월만 조금 지나면 저절로 사라질 것 같지도 않습니다. 걱정스러운 것은 오히려 시간이 지날수록 더 심해질 것 같다는 예감입니다. 어떻게 해야 하나요. 저는 학생들을 새로운 눈으로 인식해야 한다고 말씀드리고 싶습니다.

있는 그대로 인정하기

공부할 준비와 자세가 전혀 되어 있지 않은 학생들을 대하게 되면 자연히 학생들이 미워지고 이런 꼬락서니가 되어버린 교육 현실을 탓하게 됩니다. 고개가 저절로 흔들리고 교육부를 한탄하게 되며 막막한 절망감에 한숨이 나오지요. 스트레스가 올라가는 것이 느껴집니다. 그러나 어쩌겠습니까. 우리 잘못은 아니지만 문제는 이제 우리에게 떨어졌습니다.

스트레스를 줄이는 방법은 벌어진 상황을 있는 그대로 인정하는 것입니다. 학생들이 왜 그런지 이유를 묻지 마시라는 뜻은 아닙니다. 거꾸로 학생들의 이러한 태도를 정확하게 진단하셔야 합니다. 학생들이 왜 그런지 이유를 분명히 아셔야 그들을 이해하고 지도해 나갈 수 있을 것입니다. 교실 붕괴의 원인은 복잡하겠지요. 그러나 한 가지 확실한 것은 학생들의 탓이 아니라는 것입니다. 그리고 더더욱 선생님의 탓도 아닌 것입니다.

강의는 이렇게 탓할 수 없는 두 사람, 즉 학생과 선생님의 만남입니다. 건설적인 관계를 만들어나갈 수 있는 좋은 조건은 존재하는 셈입니다. 오히려 학생과 선생님을 잘못된 교육 문화의 두 피해자라고 본다면 '홀아비 설움 과부가 안다'는 속담이 있듯이 서로 동지가 될 수도 있습니다.

교사와 학생이 '동지'가 된다? 이런 뚱딴지 같은 소리가 어디 있나! 그러나 그렇지 않습니다. 정보화시대에는 교사를 'co-student'라고 칭합니다. 비행기에 파일럿(pilot)과 보조 비행사(co-pilot)가 있듯이 강의실에는 학생(student)과 학생들의 배움을 보조하는 교사(co-student)가 있어야 한다는 뜻이지요. 교사가 교육을 조정하는 파일럿이고 학생은 가만히 앉아 있는 승객이 이젠 아닌 것이지요. 평생 교육이 중요한 시대에는 학생이 교육을 스스로 책임지는 것이고, 교사는 학생들이 훨훨 날 수 있도록 도와주는 그런 유동적(mobile) 모습이 머릿속에 그려집니다. 희망의 미래로 솟아오르는 모습이 참다운 M세대 학생의 모습이 아닐까 생각해 봅니다.

실력 없는 학생?

시나리오 1. 어느 교수님과 학생이 각자 같은 디지털 카메라를 구입하였습니다. 둘이 동시에 포장을 풀고 카메라를 꺼냈습니다. 교수님은 먼저 매뉴얼을 꺼내 첫 장부터 읽기 시작합니다. 학생은 카메라에 붙어 있는 여러 버튼을 눌러대기 시작합니다. 교수님은 매뉴얼의 설명서와 그림을 오가며 작동법을 차근차근 이해하려고 하지만 도대체 무슨 말인지 잘 이해가 되지 않아 쩔쩔맵니다. 학생은 이미 사진 샘플을 찍었고 고난도 작동법을 알기 위해 매뉴얼의 필요한 부분을 대충 훑어보는 것 같아 보이지만 단박에 이해합니다. 교수님은 끝내 손을 들고 학생에게 도움을 청합니다만 학생의 설명마저 이해되지 않자, 그냥 최소한으로 사진 찍는 방법만 알려 달라고 부탁합니다.

시나리오 2. 새 학기가 시작되었습니다. 신입생들의 모습이 예전과 다를 것은 분명합니다. 그리고 교수님들께서 근심하는 소리가 여기저기서 들릴 것입니다. "학생들의 능력이 다양하기 이루 말할 수 없으니 강의 수준을 누구에게 맞추어야 할지 난감해요." 이런 말을 들으면 저절로 맞장구쳐집니다. "글쎄 말입니다. 실력이 형편없이 낮은 학생들이 한둘이 아니니 좋은 강의를 하긴 다 글렀지요." 이렇게 하소연을 하고 나면 순간적으로 속이 시원해질진 몰라도 뒤돌아서기 무섭게 다시 마음이 무거워지는 것을 느끼게 됩니다. 무언가 잘못되어도 한참 잘못되었다는 것을 느끼면서도 확실하게 잡히는 것이 없기 때문입니다.

여기에 엉뚱한 문제가 하나 있습니다. 교수님의 카메라 작동법을 가르쳐준 시나리오 1의 학생이 바로 시나리오 2에 나오는 '실력 없는' 학생이기 때문입니다. 우리는 새로운 제품을 마치 깨질 것 같은 도자기를 만지듯이 조심스럽게 대할 때 학생들은 척척 사용합니다. 우리가 매뉴얼의 그림과 설명문을 오가며 고개를 갸우뚱거릴 때 학생들의 손가락은 이미 눈에 보이지 않을 정도의 빠른 속도로 제품의 버튼들을 눌러댑니다. 과연 새로운 기술기반사회에 적응하여 살 수 있는 실력은 누가 더 많은가요?

우리 부모님 시대에는 사서삼경을 달달 외운 사람들이 실력자였습니다. 우리 세대는 서양에서 들어온 생소한 과학 이론과 철학을 공부함으로써 실력자가 되었습니다. 지금 사서삼경을 외우기는커녕 본문을 읽을 줄도 모른다고 누가 우릴 실력 없다고 여깁니까. 우리가 지금 가르치는 학생들 중에는 어려운 수학이나 과학 이론을 이해하기 힘들어하는 학생들이 많습니다. 그렇다고 그들을 실력 없는 학생이라고 몰아붙이는 것 역시 잘못이지 않을까요?

학생들이 우리가 가르치는 내용을 이해하지 못한다는 것이 문제가 아닌 것입니다. 문제는 학생들이 필요로 하지 않는 내용을 우리가 배운 방법 그대로 가르친다는 것입니다. 이 점은 영어 수업에 비교해 보면 쉽게 이해됩니다.

우리 시대에는 외국인과 주로 편지와 문서로 접촉하였습니다. 영어 단어와 정확한 문법만으로 충분히 의사 소통할 수 있었습니다. 하지만 지금은 서로 마주보고 대화를 나누는 시대가 되었기에 글솜씨보다는 말솜씨가 더 중요하게 되었습니다. 이에 따라 영어를 가르치는 내용과 방법도 판이하게 달라질 필요가 있습니다. 요즘에도 일반 학생들에게 문법만 가르치는 영어 선생님이 있다면 모두 한숨을 내쉴 것입니다. 이와 같이 다양한 학생들이 한 강의실에 들어오는 새 시대에는 강의 내용과 방법이 획일적인 예전과 달라져야 합니다.

학생들에게 학문적 지식을 전달하고 설명하는 것이 강의의 가장 중요한 점이라는 생각을 버리셔야 합니다. 이것은 마치 영어 시간에 외국인과 말 한마디 제대로 나눌 수 없어도 단어와 문법을 가르쳐야 한다고 고집하는 것과 같습니다. 정보 홍수 시대에는 학생들에게 사고력을 가르쳐주어야 합니다. 공대생에게는 엔지니어가 지녀야 할 사고력을 가르쳐주고, 심리학 전공 학생에게는 그 학문에서 필요한 사고력을 가르쳐주어야 합니다. 전문 지식과 정보는 사고(즉 응용, 종합, 판단)를 할 때 필요한 입력 요소로 볼 수 있겠습니다. 그러므로 한시적인 입력 요소들을 미리 머릿속에 넣어둘 필요는 별로 없습니다. 특히 정보 홍수 시대에는 그렇게 할 수 있지도 않습니다. 입력 요소는 그저 필요할 때마다 필요한 만큼 찾아 사용하면 되기 때문입니다.

이제부터는 학생들이 실력 없다는 말에 맞장구치지 마십시오. 다음 학기에는 가르치는 내용을 대폭 수정해 보십시오. 학생들에게 전문 지식을 전달하기보다는 사고력 증진에 주력해 보시기 바랍니다. 아마 학생들의 능력에 감탄하게 될 수도 있을 것입니다. 그러면 오히려 짜증스럽던 강의 시간이 기다려지게 될 것입니다.

최상의 수업 장면 상상하기

'M세대 학생들의 효과적인 학습을 위해서 무엇을 더 할 수 있을까?' 아무리 곰곰이 생각해 보아도 좋은 아이디어가 잘 떠오르지 않을 것입니다. 경험이 풍부하지 않은 초임 교사들만 암담한 것이 아닐 것입니다. 선생님들 대다수가 M세대 학생들을 처음으로 대하실 테니까요.

어떤 교육학 개론 교과서를 뒤적여도 M세대 학생에 대한 언급은 별로 없습니다. 가끔 주의력 결핍 장애 즉 ADS(attention deficit syndrome)나 자폐증(autism)이 있는 학생 다루기에 대한 내용은 있습니다. 그러나 이런 병리적 케이스처럼 M세대 학생들도 몽땅 약물로 다스려야 한다고 생각하는 사람은 없겠지요!

제가 아이디어를 내려고 할 때 즐겨 쓰는 방법을 소개합니다. 우선 눈을 감으십시오. 그리고 교실을 떠올려보십시오. 산만하고 난잡스런 현재의 교실이 아니라 선생님께서 원하시는 최상의 교실 모습을 연상하십시오.

잘 보이지 않는다구요? 그럼 문제가 심각합니다. 현재의 교실 모습이 싫으면서도 확실히 무엇을 원하고 추구해야 하는지, 그런 바람직한 교실 모습이 구체적으로 떠오르지 않는다면 선생님께서는 그저 막연한 기대만 지니고 계시는 것입니다. 막연한 목표에서 확실한 결과가 나오지는 않겠지요.

다시 눈을 감으십시오. 바람직한 교실의 모습이 떠오르십니까? 지금 학생들은 무엇을 어떻게 하고 있습니까? 학생들이 수업에 열중하고 있나요? 학생들의 얼굴에 생기가 있나요? 학생들이 선생님을 주시하고 있나요?

이제 상상의 눈을 강단에 서 계신 선생님 자신으로 향하십시오. 이때 선생님께서는 무엇을 어떻게 하고 계십니까? 적어도 빽빽하게 판서하기 위해 학생들에게 등을 돌리는 대신 학생들에게 시선을 주고 계실 겁니다. 아마도 선생님의 얼굴에는 잔뜩 찌푸린 이마 주름 대신 입가에 잔잔한 미소가 피어 있을 겁니다. 분명한 것은 선생님의 목소리에 짜증이 배어 있지 않고, 설교하지 않고, 야단치지 않고, 깔보거나 경멸하는 모습이 조금도 섞여 있지 않을 것입니다. 그대신 선생님의 목소리는 평화롭고, 사실을 말하고, 격려하고, 학생들을 존중해주고 있을 것입니다. 마치 선생님께서 학생들의 창창한 미래를 부러워하고 계신다는 느낌을 학생들이 받을 정도일 것입니다.

무엇이 싫다 나쁘다 수백 번 말해 봤자 달라지지 않습니다. 그대신 무엇을 원하는가, 그 달성하고 싶은 최상의 상태를 상상해야 합니다. 그러면 그 결과를 이루기 위한 방법은 저절로 나오게 되어 있습니다. "뜻이 있는 곳에 길이 있다"라는 속담…… 무척 적절합니다.

일곱 요소를 존중하기

한국인이 성공하기 위해 필요한 7가지 요소

1. 끼가 있다.
2. 깡이 있다.
3. 꾀가 있다.
4. xx꾼이다.
5. 꿈이 있다.

6. xx꼴이다.
7. 끈이 있다.

위 리스트는 그저 우스갯소리가 아닌 것 같습니다. 저는 이 리스트를 접하고 한참 생각하게 되었습니다. 리스트에 나열된 요소가 모두 '쌍ㄱ'자로 시작되는 재치에 반하기도 했지만, 일곱 요소가 크게 두 종류로 나뉘어진다는 것을 발견하였기 때문입니다.

한 종류는 '있다, 없다'로 구분되는 요소로 '끼, 깡, 꾀, 꿈, 끈' 등입니다. '끼'란 재주와 재능을 뜻하는 기(技)와 기운 기(氣)가 겹친 속어로 본다면 '주체할 수 없을 정도로 넘쳐흐르는 재주'로 풀이되겠습니다. '깡'이란 '배짱'을 뜻하는 영어의 'gut'으로 번역될 수 있겠지만 결단력, 추진력, 투기심 등도 포함되겠지요. '꾀'는 창의적 문제 풀기(creative problem solving) 능력이라고 생각됩니다. '꿈'은 희망을 가지는 정신을 뜻하고, '끈'이란 삼연(혈연, 지연, 학연)을 지칭하는 말입니다. 이런 요소들은 대체로 선천적인 요소로, 배우기보다는 타고나는 능력이라 할 수 있습니다.

다른 종류는 '이다, 아니다'로 구분되는 요소로 '꾼'과 '꼴'입니다. '꾼'이란 'professional'이라는 명사에 가장 적합한 한국어가 아닐까 싶습니다. '꼴'이란 사물의 생김새나 됨됨이란 뜻이므로 사람에게 적용될 경우 인품과 인격을 나타냅니다. 이 요소들은 후천적인 요소로 정규 교육으로 얻어질 수 있는 능력이라고 생각됩니다. '꾼'은 직업 교육이나 전공 교육에서 얻어지는 것이며, '꼴'은 인성 교육이나 교양 교육에서 얻어질 수 있겠지요.

이렇게 선천적인 것과 후천적인 요소로 나눠놓고 볼 때 한국인의 성공 조건 7가지 중 단 둘만 교육을 통해 얻어질 수 있다는 점이 흥미롭습니다. 그리고 교육은 오히려 학생들의 '끼'와 '깡'과 '꿈'을 억누르고 있지는 않은가 생각해 봅니다. 예전에 학생이었을 때에 우리는 끼를 누르고 꿈을 버리고 맘에 없는 공부를 꾀부리지 않고 깡으로 버텨내야 했지요. 혹시 우리가 지금 학생에게도 그 옛날과 같은 것을 강요하고 있지는 않는지요.

새 시대에 걸맞는 교육은 학생들의 '끼, 깡, 꿈'을 마음껏 발휘하도록 해주는 것이 아닌가 싶습니다. 그리고 학생들의 '꾀'를 건설적인 방향으로 이끌어주고, '꾼'으로 자아 성취를 하도록 돕고, 올바른 '꼴'로 인도해 주고, '지연(知緣), 정보화·지식 네트워크'이라는 새 시대적 '끈'을 형성해 주는 것이라고 생각됩니다.

우리는 깡이 있는 학생을 두려워하지 말고 그들의 결단력, 추진력, 투기심을 높게 평가해 주어야 합니다.

우리는 끼가 있는 학생을 경멸하지 말고 그들의 재주와 에너지를 격려해 주어야 합니다.

우리는 꾀가 있는 학생을 야단치지 말고 그들의 창의성이 생산적으로 발전할 수 있도록 지도해 주어야 합니다.

우리는 끈을 혈연, 학연, 지연(地緣)에서 끝나지 않고 지연(知緣)을 구축하도록 도와주어야 합니다.

우리는 꿈이 있는 학생을 그 어떤 꿈이라도 폄하하지 않고 그들의 희망이 더 커질 수 있도록 후원해 주어야 합니다.

2 :: 학생들에게서 희망을 찾는다

하얀 종이에 동전 만한 검은 점을 하나 그려 넣은 후 사람들에게 보여주면서 무엇이 보이냐고 물어보십시오. 대학생은 열이면 열 명 다 검은 점이 보인다고 할 것입니다. 고등학생이면 대다수가 검은 점이 보인다고 할 테지만 그중에 몇 명은 바둑알이 보인다, 당구알이 보인다, 달이 보인다고 할 것입니다. 초등학생 정도면 구멍이다, 동굴이다, 우주선이다, 심지어는 코딱지다라고 말하는 경우도 나올 것입니다.

여기에서 두 가지 현상을 관찰할 수 있습니다. 첫째는 정답이 없는 질문임에도 불구하고 교육을 많이 받은 사람일수록 답의 종류와 폭이 줄어든다는 점입니다. 모두 생각을 점점 확대해 나가는 발산적 교육 대신 하나의 정답으로 향해 가능성을 차근 차근 줄여나가는 수렴적 교육을 받은 결과라고 볼 수 있겠습니다. 한시적이고 이차적인 분모는 다 거둬버리고 가장 기본이거나 공통적인 분모만 찾아내는 두뇌 훈련을 얼마나 많이 받아왔던가요. 검은 점을 볼 때 "검은 점"이라고 말해야 안전합니다. 절대로 틀릴 수가 없으니까요. 그래봤자 남는 것은 그저 삭막함인데도 불구하고……

둘째, 어느 누구도 하얀 바탕이 보인다고 말하는 사람이 없다는 점입니다. 모두가 하얀 바탕을 두 눈으로 똑바로 보고 있으면서도 말입니다. 하얀 바탕이 검은 점보다 몇십 배로 더 많은 지면을 차지하고 있는데도 말입니다.

"하얀 바탕이 보이지 않습니까?" 하고 물으면 거의 다 코웃음칩니다. 뭐 할 일 없어 그런 싱거운 말이나 하느냐고 나무라는 태도입니다. 그러나 이 점은 이렇게 쉽게 물리칠 수 있는 이슈가 아닙니다. 당연히 하얀 바탕이 보인다고 말을 했어야 하지만 까만 점을 우선적으로 지적하는 이유는 편견입니다. 하얀 바탕은 평범하고 검은 점은 유별나다는 관점을 지니고 있는 것입니다. 만약 우리가 눈에 보이는 대로, 있는 그대로 관찰한다면 분명 하얀 바탕이 먼저 눈에 띄었어야 합니다. 그러나 하얀 바탕이 눈에 보였는데도 무시하고 다른 무엇을 찾아내는 것입니다.

우리가 학생들을 대할 때도 이와 같이 않은가 싶습니다. 대부분의 학생들이 그저 하얀 바탕같이 평범하게 보입니다. 학생 한 명 한 명은 사실 다들 특성이 있고 나름대로 유일한 존재들입니다. 그러나 특출나다고 생각되는 학생들만이 우리 눈에 들어옵니다.

학생을 볼 때 그 학생의 장점과 잠재력은 다 무시하고 몇 가지 부족한 면을 확대하고 문제삼지는 않는지요. 잠재력은 당연하게 생각하고 조기 개발된 능력만 대단한 것같이 생각하지는 않는지요. 어릴 때 키가 큰 학생이 어른이 되서도 계속 남보다 더 클 것이라는 보장은 없습니다. 어릴 때 구구단을 남보다 더 빨리 외웠다고 대학에서 남보다 미적분을 더 잘 풀 것이라는 보장도 없습니다. 어릴 때 남달리 뛰어난 영재가 커서도 계속해서 영재성을 발휘하면서 평균보다 더 우수한 일을 하거나 보람된 삶을 살 확률은 매우 적습니다 (제 개인적 의견이 아니고 연구 결과입니다). 그럼에도 불구하고 우리는 평범한 학생들의 장점을 보지 못하고 단점만 찾으려고 하는 것은 편견이며 습관입니다. 이제 장점을 찾아보는 습관을 지니시길 바랍니다.

학생별 유형을 파악하라

지난 20년 간 학생들을 가르쳐오면서, 또 그동안 학교 안팎의 여러 교육 관계자들과 일을 하면서 나름대로 한국의 엄청난 교육열을 어떻게 긍정적인 쪽으로 쓸 수 있을까를 생각해 왔습니다. 글로벌 경제와 정보지식사회에서 한국이 경쟁력을 키우려면 더 이상 산업시대 방식으로는 안 된다는 데에는 이미 교육부, 교사, 학부모 사이에 합의점이 이루어진 것 같습니다. 많은 학부모와 교사들이 새로운 방법이 필요하다는 것을 느끼지만 구체적으로 무엇을 어떻게 해야 하는지 막연해 하는 것 같았습니다. 그 와중에 공교육이 부실하다고 느낀 부모들은 학원과 사교육, 또는 해외 유학으로 돌파구를 찾으려는 것 같아 엄청난 시간과 에너지와 자원이 엉뚱한 곳으로 낭비되는 것이 안타까웠습니다. 무엇보다 인력이 최고의 자원이라는 시대에 우리의 소중한 자녀들을 '공부'라는 잣대 하나로 다른 무한한 잠재력과 가능성을 소홀히 하는 게 아닌가 걱정이 되었습니다.

그래서 뜨거운 교육열을 살리되 21세기에 맞는 방향으로 활성화하기 위해 일단 '공부를 잘한다는 게 도대체 뭐냐?'라는 간단한 질문부터 출발을 했습니다. 그랬더니 그동안 수많은 학생을 가르치면서 관찰했던 공부 잘하는 학생과 그렇지 않은 학생들의 특성이 '학습 능력'과 '노력'이라는 두 요소로 압축이 되더군요. 학습 능력의 축(y)과 노력의 축(x)을 xy 도표로 그려보면 학생들의 학습 유형이 크게 4가지로 나누어지게 됩니다.

학습 능력도 있고 자세도 좋은 학생은 성취형(High achiever)입니다. 부모님의 자랑이요, 선생님께서 가장 선호하는 모범생입니다. 그 다음에는 학습 능력은 있는데 하라는 공부는 안 하고 딴짓만 하는 체제거부형(Outsider)입니다. 부모님을 가장 애태우는 학생들입니다. 조금만 공부하면 반에서 상위권에 충분히 들 것 같은데 도무지 말을 듣지 않기 때문입니다. 그 다음은 측은한 학생들입니다. 공부는 열심히 하는데 성적이 좀처럼 오르지 않습니다. 학습 자세는 좋은데 학습 능력이 부족한 착실형(Pleaser)입니다. 이 학생들은 사실 공부 그 자체보다는 그저 부모님이 걱정하실까 봐, 선생님께 잘 보이려고……, 등 남의 의지를 만족시키는 것이 목적입니다. 희생 정신이 대단하다고 해야 할까요? 마지막으로 학습 능력도 별로 없고 학습 자세도 좋지 않은 내맘대로형(Easy-goer)이 있습니다.

우리는 모든 학생이 성취형이길 바랍니다. 내 반이 모두 성취형 학생들로 꽉 차 있길 바랍니다. 반대로 혹시 내 반에 내맘대로형 학생이 몇 명이나 될까 두렵습니다. 체제거부형과 내맘대로형을 멀리하고 싶습니다. 이들은 싹이 노랗기 때문에 괜히 공들이고 싶은 마음이 없습니다. 성취형이 희망적입니다.

그러나 사실 성취형 학생들은 선생님이 그다지 필요하지 않습니다. 성취형 학생들은 선생님이 안 계셔도 자신들이 가야 할 길을 스스로 잘 알아서 갑니다. 정말로 선생님이 필요한 학생들은 체제거부형, 착실형, 내맘대로형 학생들입니다. 우리가 존재하는 이유는 우리가 기피하고 싶은 학생들 때문인 것입니다.

더 중요한 사실은 새 시대에는 체제거부형, 착실형, 내맘대로형에게도 큰 희망이 있다는 사실입니다. 뒷장에서 좀더 자세히 다루겠지만 창의력이 중요한 시대에는 기존 체제의 틀을 거부하는 체제거부형에게 기대를 걸어야 하겠습니다. 창의력이란 기존 체제를 깨부수고 나오는 능력이기도 합니다. 서비스 산업시대에는 착실형이 안성맞춤일 수도 있습니다. 서비스와 마케팅은 남을 배려하는 마음과 상대의 입장에서 사물을 볼 수 있는 능력이 필수입니다.

성취형, 체제거부형, 착실형, 내맘대로형이라는 명칭들의 영문자 첫 글자를 모으면 H·O·P·E가 됩니다. H·O·P·E분류법이란 저와 최성애 교수가 21세기 인재 키우기 전략의 하나로 만든 개념입니다. 그렇습니다. 이제는 누구에게나 희망이 있습니다. 또 희망을 보아야 발전할 기회를 찾게 됩니다.

교사 자신과 학생을 비교하지 않는다

유능한 교육자의 핵심 특성 중에 가장 중요한 요소가 '학생들에 대한 배려'라고 특강에서 소개하니까 어느 참석자가 코멘트를 하셨습니다. "그렇기 때문에, 저는 강의를 준비할 때나 학생들을 대할 때에는 항상 제가 학생이었을 때를 생각하고 염두에 둡니다."

개구리가 올챙이 시절을 기억하고 그들의 심정을 이해해 준다는 뜻이니 상당히 바람직한 자세라고 생각될 수 있겠습니다. 하지만 저는 그분께 그렇게 하시지 말라고 당부하였습니다. 두 가지 이유가 있습니다.

첫째, 우리가 학생이었을 때는 구시대였습니다. 지금 학생들은 우리가 살았던 시대와 너무 다른 새 시대에 살고 있습니다. 우리는 어릴 때에 동네 친구들과 함께 골목길을 싸돌아다녔습니다. 지금 학생들은 방 안에 앉아서 홀로 상상의 세계를 휘돌아다니고 있습니다. 우리는 길바닥에 나와 종이를 접어 딱지치기 놀이를 했고 땅에 구멍을 파서 구슬 놀이를 했습니다. 이들은 컴퓨터 앞에 앉아 전자 게임을 하고 인터넷을 통해 누군지도 모르는 사람들과 채팅을 하고 있습니다. 우리는 물질적으로 빈곤했지만 요즘 학생들은 정신적으로 빈곤합니다. 이들은 우리가 학생이었을 때의 모습과 전혀 다릅니다. 경험만 다른 것이 아니라 그로 인해 사고 방식과 가치관이 다릅니다.

둘째, 시대적 차이만의 문제가 아닙니다. H·O·P·E유형으로 본다면 우리가 가르치는 학생들의 평균은 성취(H)형보다는 체제거부형, 착실형, 내맘대로형(O·P·E)에 더 가까울 것입니다. 하지만 우리 교육자는 대체로 성취형이었습니다. 학생이었을 때 우리는 체제거부형, 착실형, 내맘대로형과 상종하지 않았습니다. 초등학교 때까지는 그런대로 함께 어울렸다 하더라도 중고등학교로 올라가면서 이들과 멀어졌습니다. 그리고 이들의 세계와 우리의 세계는 서로 완전히 분리되고 말았습니다. 우리는 이들의 의식구조를 이해하지 못합니다.

아마 그래서 우리가 학생이었을 때를 언급하는 것을 학생들이 가장 싫어하는지도 모르겠습니다. "예전에 우리는 이러지 않았는데……." "그땐 우리는 이런 것까지도 잘했었는데……." 학생들은 이런 말로 시작하는 우리의 넋두리를 그저 구닥다리 옛날 이야기로만 듣지 않습니다. 체제거부형, 착실형, 내맘대로형 학생의 눈에는 성취형 학생이 자신들과 무관한 존재이거나 왕따 대상으로 비춰지듯이 우리 역시 그들의 눈에는 머나먼 사람으로 보여질 것입니다.

우리의 옛 모습과 비교하여 우리가 현재 가르치는 학생들을 평가하고 이해하려고 하지 마십시오. 학생들을 있는 그대로 보는 능력과 습관을 키우고 지니시길 바랍니다.

똑똑이와 똘똘이

똑똑이와 똘똘이가 산을 넘어가고 있었습니다. 똑똑이는 학교에서 이름난 우등생이고 똘똘이는 동네에서 소문난 개구쟁이입니다. 그러나 불행스럽게 두 친구는 산 속에서 호랑이를 만났습니다.

똑똑이가 척 보니까 호랑이는 250미터 떨어져 있는데 달려오는 속도는 시속 50킬로미터 정도라고 파악되었습니다. 똑똑이는 정확히 계산을 해보니 "야, 우린 이제 17.88초 후면 죽었다!"라고 똑소리 나게 재빨리 결론지으면서 친구 똘똘이를 쳐다보았습니다.

그러나 똘똘이는 태연스럽게 자기 운동화 끈을 동여매고 있지 않은가요. 그 모습을 본 우등생 똑똑이는 열등생 똘똘이를 비꼬았습니다. "멍청하긴, 네가 뛰어봤자지, 호랑이보다 빨리 뛸 것 같아?" 그러자 똘똘이는 씩 웃으면서 말하기를 "아니야, 나는 너보다만 빨리 뛰면 돼."

이것은 예일 대학 심리학과의 석좌 교수 스타인버그(Steinberg)가 쓴 『성공적 두뇌(*Successful Intelligence*)』에 나오는 이야기입니다. 스타인버그 교수는 오랫동안 인간 두뇌와 능력을 연구한 결과 인간의 지능은 최소한 분석력, 창의력, 적용력 세 종류로 구분해서 살펴봐야 한다고 주장합니다. 그러고는 불행히도 대부분의 교육이 지능의 일부인 분석적 능력만 측정하고 계발하는 현실을 한탄하고 있습니다. 나머지 둘, 즉 현실 감각과 창의력은 예술과 같은 특수 분야를 제외하고는 사회나 학교에서 완전히 소외되어 왔다는 것입니다.

소위 두뇌 능력을 잰다는 IQ 테스트와 대학 입시 수능 시험(SAT)은 전적으로 분석적 지능을 측정하는 것이라는 연구 결론입니다(그래서 미국 대학의 입학 전형은 우리나라 수능 검사와 비슷한 SAT 성적 외에 지도력, 특별 업적, 사회 봉사, 표현력, 사회성, 교사 추천서, 자기 소개서 등을 다양하게 검토합니다).

위의 얘기처럼 우등생 똑똑이는 분석적 지능이 뛰어났습니다. 학교에서 공부한 식으로 문제를 훌륭하게 풀었습니다. 그러나 계산으로 푼 답은 실제 위기 상황에서 전혀 가치가 없습니다. 현실성을 고려해 성공적으로 문제를 풀어내려면 분석적 두뇌, 현실적 두뇌, 창의적 두뇌를 골고루 활용해야 합니다.

미국에는 이런 말이 있습니다. A학점 졸업자는 B학점 받던 사람에게 봉사하기 위해 존재한다고. 공부만 잘한 우등생보다 공부 잘하는 사람을 적절히 활용할 줄 아는 준우등생들이 사회적으로 더 성공한다는 말입니다. 창의력이 필수인 정보화시대, 순발력이 필수인 무한 경쟁시대에는 똑똑이가 아닌 똘똘이의 시대입니다.

저는 한국에 강연하러 갈 때 되도록 여러 대학을 골고루 다녀봅니다. 그런데 한국의 소위 '이류 대학'이라는 데를 가면 교수들이 공통적으로 하는 말이 있습니다. "저희 대학 학생들의 수능 점수가 좀 낮아서……." "우리 대학 학생들이 착하기는 한데……." "학생들이 열심히 하기는 하는데……."

이 말들을 뒤집어보면 교수들은 열심히 하려고 하는데, 학생들의 실력이 미달이니 아무리 열심히 가르쳐봤자 별 성과가 없다라는 뜻이 다분합니다. 한마디로 H형 학생들이 없다는 것이 문제라는 것입니다.

제 생각은 이렇습니다. 만일 수능 점수가 낮은 학생들만 모여 있다면 수능 점수 높은 대학과 분석적 두뇌 경쟁을 하지 말아야 한다고.

그러나 여기서 한 가지 분명하게 염두에 두어야 할 것이 있습니다. 창의력은 수능 점수 어디에도 반영되지 않았다는 점입니다. 그리고 어느 대학에서도 창의력 계발에 나서지 않고 있습니다. 어느 대학이건 먼저 나서면 그 방면으로 일등할 수 있을 것입니다. 창의력은 체제거부형에서 찾을 수 있습니다. 내맘대로형도 어느 정도 잠재력을 지녔습니다. 이들의 장점은 외면하고 이들이 지니고 있지 않은 것을 원하니까 한숨이 나오는 것입니다.

지금의 한국 교육은 분석적 두뇌만 잔뜩 가열해서 태워버리고, 창의력 쪽은 열을 하나도 못 받아 꽁꽁 얼어 있습니다. 소모적 교육열은 이제 창의력 두뇌 쪽으로도 확산되어야 합니다.

물론 한국에는 똑똑이가 많이 필요합니다. 똑똑이를 뽑아온 대학에서는 그들의 분석적 두뇌를 계속 계발시켜 우수 과학자가 되게끔 지원해 줘야 합니다. 그러나 그렇지 않은 대학에서는 창의력과 응용능력을 계발하는 데 주력하면 학생들의 풍부한 잠재력을 키워낼 수 있을 것입니다.

멀티미디어 시대, 다양성의 교육

요즘은 멀티미디어 시대라고 합니다. 우리가 대하는 정보나 오락이 동시다발적으로 이루어질 수 있다는 말입니다. 예를 들어 찰리 채플린이 활약하던 시대에 무성 영화는 보기만 하는 미디어였습니다. 그러다가 유성 영화가 나옴으로써 보고 듣는 것을 동시에 할 수 있게 되었습니다. 더 나아가 텔레비전이 나오면서부터 사람들은 이 채널 저

채널 마음대로 바꿔가며 볼 수 있고, 비디오가 나오고 나서는 보고 싶은 것만 비디오에 녹화해 두었다가 두고 두고 꺼내 볼 수 있게 되었습니다. 이제는 일방적으로 보는 것에 불만을 느낀 시청자가 적극적으로 참여할 수 있게 한 쌍방향 프로그램도 있습니다.

그러나 이제까지의 멀티미디어는 약과입니다. 컴퓨터 인터넷 토론방에 들어가면 언제, 어디서나, 누구와도 대화할 수 있습니다. 모르는 사람들과 토론하기 위해 화장하고 머리 빗고 옷 갈아입고 차 타고 가지 않아도 됩니다. 또 남의 말을 끝까지 다 들을 필요없이 듣기 싫으면 컴퓨터 화면을 꺼버리면 그만입니다. 다만 이때 말도 안 되는 글을 지껄이다가는 도처에서 비난이 쏟아져 들어올 것을 각오해야 합니다.

멀티미디어의 이점과 단점은 너무 많아 다 셀 수가 없지만 그중에서 가장 큰 특징이라면 다양화가 되겠습니다. 미국의 경우 대부분 도시에 약 60개 정도의 텔레비전 채널이 방영됩니다. 100개가 넘는 곳도 있습니다. 이것도 부족해서 지금 정부는 채널 500개를 보내는 정보 고속도로를 만들고 있습니다.

채널이 많은 것은 그만큼 보는 사람들(시청자)의 취향 역시 다양하다는 말입니다. 동시에 만드는 사람들(제작자)의 관점으로 본다면 그만큼 다양한 분야의 다양한 인력이 필요하다는 말이 됩니다. 이 사실 하나만으로도 대학이 다양한 학생들을 뽑아서 다양한 방면으로 키워야 하는 이유를 수긍할 수 있습니다.

한 프로그램을 개발하기 위해선 분석력이 뛰어난 인재도 필요하고, '감'을 잘 잡는 인재도 필요하고, 기발한 생각을 곧잘 해내는 인재도 필요합니다. 대인 관계와 섭외를 잘하는 사람도 물론 꼭 필요합니다. 이들이 서로 수평적으로 유기체적으로 협력할 때 우수한 작품이 나옵니다. 만일 분석력만 뛰어난 사람이 우두머리가 되어서 다른 사람들을 '부리려' 한다면 500개의 채널은 필요 없어질 것입니다. 아무도 똑같은 프로그램을 보려고 하지는 않을 테니까요.

하버드의 심리학과 교수인 하워드 가드너(Haward Gardner) 박사에 의하면 인간의 두뇌 능력에는 7가지가 있다고 합니다. 이는 프랑스 교육 심리학자 비네(Binnet)가 개발한 IQ테스트법에서, 스타인버그의 세 가지 지능 주장에서, 페리의 네 가지 두뇌 분류법에서 한 걸음 더 나간 것입니다. 가드너의 지능 분류법에 따르면 수학-논리 능력, 언어 능력 외에도 체육 감각 능력, 음악 감각 능력, 대인 관계, 자아 감각 능력, 공간 감각 등도 지능의 일부인데 이 7가지 능력들은 서로 무관하게 발달할 수 있다고 합니다. 예를 들어 음치도 야구왕이 될 수 있다는 말입니다.

앞으로 또 얼마나 많은 두뇌 능력들이 측정되고 계발될지는 아무도 모릅니다. 과학이 아직 발견 못했다고 해서, 혹은 어떤 현상을 아직 이론적으로 설명하지 못한다고 해서 인간 능력을 축소하거나 제한해서는 안 될 것입니다.

멀티미디어 시대에는 다양한 소질을 지닌 학생들이 다양한 능력을 맘껏 발휘할 수 있는 교육을 준비해야 합니다. 그래야 다양한 직업과 프로그램을 만들 인력과 인재들이 부족하지 않게 됩니다.

3D에서 3A로

가끔 신세대 학생들은 더럽고(dirty), 힘들고(difficult), 위험한(dangerous) 일을 기피한다고 언짢아하는 교수님이 계십니다. 한국 국민 소득이 200달러에서 1만 달러로 비약하는 동안 지금 기성세대는 3D 일들을 마다하지 않았습니다. 그러기에 그 피땀의 열매를 먹고 자란 신세대가 비록 백수로 놀지언정 3D 일은 안 하겠다고 하는 태도가 괘씸하고 배부른 수작으로 보일 것입니다.

이런 현상이 한국에서만 일어난다면 한국의 젊은이들이 배은망덕하고 나약해진 탓을 과보호에 돌려야 하겠지요. 그러나 이런 현상은 엄격한 가정 교육으로 유명한 독일도 그렇고 우리보다 앞서 산업화를 이룬 일본도 마찬가지이고, 자유분방한 미국의 젊은이도 같습니다.

3D는 기피해야 마땅합니다. 일이 힘들고 더럽고 위험해서가 아니라 3D 일은 대개 단순 반복적인 노동이기 때문입니다. 21세기에 인간의 몸을 기계처럼 혹사해서는 큰 손해를 보게 됩니다. 창의력은 기계적인 반복 작업에서 나오기 어렵습니다. 신세대는 인간 패러다임을 직감적으로 느낍니다. 그래서 3D보다 신나고 도전적이고 몸으로 표현하는 일을 하고 싶어하는 것입니다. (물론 정신 노동을 많이 하는 사람이 심신의 균형을 위해 육체 노동을 하는 것은 아주 바람직하고 신선한 휴식이 될 수도 있습니다. 그러나 생계를 위해 다른 가능성을 접어 놓고 3D일만 하는 것은 금 주고 돌 사는 격입니다.)

21세기에는 3D 대신 3A식으로 살아야 생존력이 높습니다. 3A란 언제, 어디서나, 누구와도 (Anytime, Anywhere, Anyone) 만나고 일할 수 있는 능력입니다. 요즘 학생들이 죽어라 영어를 배우는 이유도 인터넷 세상에서는 80퍼센트의 정보가 영어로 공유되기 때문입니다. 첨단 벤처인들은 거리를 다닐 때에도 한 손에는 노트북, 다른 손에는 핸드폰을 들고 다니며 3A로 일할 태세가 되어 있습니다.

인터넷의 속성은 언제, 어디서나, 누구와도 연결된다는 것입니다. 한국이 밤 12시일 때 미국의 워싱턴은 오전 10시입니다. 키보드 몇 개만 누르면 바로 지구 반대편의 사람과 메시지를 주고받을 수 있기 때문에 오전 8시부터 오후 5시 근무라는 틀에 묶이다가는 오히려 일을 그르칠 수가 있습니다.

또 인터넷은 접속 시간이 7초를 넘기면 고객을 잃는다는 말처럼 시간을 다투는 경쟁이기도 해서 접속이 편리한 때를 골라 일하는 것이 능률적입니다. 그러나 이런 이유만이 아니라도 신세대 학생들은 자기가 좋아서 일을 하기 때문에 밥 먹는 시간에도 일을 하고, 일하다가 머리를 식히고 싶으면 스타크래프트 같은 게임을 하기도 하고, 또 다시 반짝하는 아이디어가 떠오르면 컴퓨터 앞에 앉는 생활에 익숙합니다.

산업시대에는 성공하는 사람이 사장과 상사가 시키는 일을 불평불만 없이 성실히 해내는 사람이었다면 지식기반시대의 성공하는 사람은 자신이 미치도록 하고 싶은 일에 몰두하는 사람입니다. 이런 사람에게는 머릿속에 돌아가는 아이디어에 생활 리듬을 맞추는 게 편하지 시계 바늘이 가리키는 물리적 시간에 맞추는 것은 비효율적입니다.

3D를 기피하는 학생들은 우리가 학생일 때 촌에 남아 농사짓기를 기피하는 젊은이들과 마찬가지입니다. 사회가 그들을 야단치는 대신 그들이 필요한 일거리를 창출해 주어야 합니다. 그들의 욕구에서 단점을 발견하기보다 장점을 발견해야 경제가 안정될 것입니다.

새 시대 인재의 특성

새 시대가 요구하는 인재와 구시대의 인재는 확연하게 다릅니다. 산업화 시대의 인재는 일단 IQ가 높아야 했습니다. 그러나 지금은 창의력이 더 중요합니다. 체제거부형에 그 가능성이 높습니다.

산업화시대에는 아는 것이 무조건 많아야 했습니다. 정말로 쓸모 있는지, 얼마나 구닥다리 정보인지 상관없이 수능 시험에 나오는 내용이면 무조건 달달 외어야 명문대에 입학할 수 있었기 때문입니다. 그리고 입학은 저절로 졸업으로 이어졌고 명문대 졸업은 모두가 선호하는 대기업 취직으로 이어졌습니다. 취직과 더불어 은퇴까지 보장받았으니 학생 시절에 '알고 있음'은 대단히 가치 있었던 투자였습니다. 그러나 지금은 '알고 있음'은 증권에 투자하는 것보다 더 위험하기 짝이 없습니다. 우리가 지금 아무리 많이 알고 있어봤자 1~2년만 지나면 다 쓸모없는 쓰레기로 변할 것이기 때문입니다. 이제는 정보와 지식은 필요할 때 필요한 만큼 알기 위해 스스로 배울 수 있는 노력이 중요합니다.

산업화시대에는 눈치가 중요했습니다. 대학까지 다니면서 아무리 많이 배웠어도 일터 현장에서 써먹을 만한 것이 없었기 때문에 우리는 선배가 하는 일을 눈치로 배워가면서 일을 했습니다. 그러나 지금은 상황이 다릅니다. 큰 부서에 비슷한 일을 하는 사람들이 대거 모여 일을 하는 것이 아니라 각자 다양한 업무를 책임져야 하기 때문에 눈치로 때려맞출 기회가 현저히 줄어들었습니다. 이제는 일에 대한 안목이 필요하게 되었습니다. 둘 다 상황에 대처하는 판단력을 뜻하고 있지만 눈치는 상황을 보고 재빨리 습득하는 기술이라면, 안목은 상황이 벌어지기 전에 그 상황에 대비할 수 있는 밑그림을 미리 그려볼 수 있는 예측 능력입니다.

산업화시대에는 손재주가 중요했습니다. 사실 우리나라의 눈부신 산업화는 고졸의 손재주에서 비롯하였습니다. 하지만 이제는 외국의 아이디어와 상품을 눈치로 재고 베끼는 손기술로는 턱도 없습니다. 이제는 수법(手法)이 변해야 합니다.

예전에는 말 잘 듣는 사람이 필요했습니다. 수직적 구조에서는 윗 사람의 말을 고분고분 듣고 시키는 대로 일사불란하게 움직여주는 일꾼이 최고였습니다. 하지만 1~2초를 다투는 바쁜 세상에서는 정보가 아래에서 위로 올라간 후 지시 사항이 다시 차근차근 내려오다가는 망하게 됩니다. 변화무쌍한 세상에는 일터의 구조가 점점 수평적으로 변해가게끔 되어 있습니다. 정확하고 신속한 정보 교류가 그 어느 때보다 더 중요하게 되었습니다. 이젠 말 잘 듣는 사람보다 말을 잘하는 사람이 더 가치 있습니다. 여기서 말을 잘한다는 것은 커뮤니케이션을 잘한다는 뜻입니다.

마지막으로 예전에는 팀플레이를 중요시했습니다. 그러나 지금은 팀워크입니다. 예전에는 일을 끝내고 회식을 하면 모두 자장면 시키면 자신도 따라 자장면을 시켜야 했습니다. 혼자 비빔밥을 시키면 따가운 눈총을 받았습니다. 그러나 요즘 세상의 팀워크는 다양함을 존중해 줍니다.

'도깨비 방망이'를 든 우리의 학생들

어릴 때 들었던 옛날 이야기 중에는 도깨비 이야기가 많습니다. 대개 도깨비들은 가난하지만 착하고 정직하게 사는 사람들에게 복을 가져다주는 신비로운 존재로 등장합니다. 그리고 그들의 필수품인 도깨비 방망이는 두들기면서 무엇이라도 나오라고 하면 다 나오는 신비의 힘을 갖추고 있습니다. '도깨비 방망이' 이야기를 읽을 때마다 도깨비 문화와 정보시대는 참 잘 어울린다는 생각이 듭니다.

첫째로 도깨비들은 대개 반쯤 벗고 다닙니다. 그냥 방망이 하나 들고 다니다가 필요한 때에 떡 나와라, 집 나와라, 신발 나와라 하면 즉각 얻을 수 있기 때문입니다. 물건을 쌓아놓고 없어질까 봐 높은 담을 두르는 산업시대보다는 아이디어라는 무형 자산을 중시하는 현대인의 생리와 잘 맞습니다.

둘째, 도깨비들은 방망이 하나로 이것저것 소원을 다 들어주고도 요술 방망이를 지니고 있는 한 가난하지 않습니다. 그래서 여유가 있습니다. 자원이나 물품은 남한테 팔거나 주고 나면 자신에겐 남는 게 없습니다. 집을 팔고 나면 다른 집을 구할 때까지 집 없는 신세가 됩니다. 그러나 무형 자산인 아이디어는 남한테 주고도 여전히 자신이 소유할 수 있습니다. 내 아이디어를 열 사람, 백 사람에게 나누어준다 해도 머릿속 아이디어는 도망가지 않습니다. 지식도 마찬가지입니다. 그래서 교수가 학생에게 지식을 전달하고도 여전히 교수인 것입니다.

셋째, 도깨비 방망이는 용도가 다양합니다. 요리사도 되고, 하인도 되고 꾀도 내줍니다. 산업시대의 자원이나 물품은 대개 쓰임새가 정해져 있습니다. 칼이면 칼, 도마면 도마의 용도로 사고 팝니다. 그런데 정보시대의 아이디어는 무궁무진하게 써먹을 수 있습니다. 백과사전에서 얻은 지식으로 책을 쓸지, 사업을 할지, 정치를 할지, 설교를 할지 '엿장수 맘대로' 개성적으로 활용할 수 있다는 말입니다. 그래서 백 명이 똑같은 백과사전을 보아도 제각각 다른 것을 얻고, 다르게 활용할 수 있는 것입니다.

넷째로 도깨비들은 좋은 일도 할 수 있고 마음먹으면 나쁜 일도 할 수 있습니다. 도깨비 방망이 그 자체에는 선악이 없습니다. 그저 활용하기 나름입니다. 마찬가지로 현대의 정보, 지식, 기술도 쓰기 나름으로 인간에게 재앙을 일으킬 수도, 복을 불러올 수도 있습니다.

창의적 두뇌는 동화 속에 나오는 "돈 나와라 뚝딱, 금 나와라 뚝딱" 하는 도깨비 방망이와 같은 것입니다. 그 방망이에 누구보다도 익숙한 우리 아이들이니, 이제는 교육을 통해 한시 바삐 금도 쏟아지고 은도 쏟아지도록 만사를 다 우리 맘대로 만들 일만 남았습니다.

3 :: 장점 찾기 습관을 갖는다

우리는 학생들을 늘 평가하고 있습니다. 교육자에게는 학생의 어디가 틀렸는가, 무엇이 부족한가를 발견하는 일이 상당히 중요한 일입니다. 숙제를 채점하고 시험지를 채점할 뿐더러 학생들의 학습 태도와 생활 태도까지 평가합니다. 학생들이 써온 리포트나 작문을 채점할 때 글의 구성이나 전반적인 흐름과 같은 큰 그림만을 따지지 않고 세세한 철자법 오류까지 잡아내어 학생들에게 지적해 줍니다. 수학 문제 풀어온 것을 한 줄 한 줄 검토해서 소수점 하나 실수한 것마저 찾아내 줍니다. 그래야지 학생들이 발전할 수 있으니까요. 대충대충 넘기지 않고 자상하게, 섬세하게 신경을 써주시는 선생님들이 존경받았습니다. 그래서 우리 교육자는 학생들을 볼 때 그들의 단점부터 눈에 보이는 모양입니다.

재경이는 공부와 거리가 먼 아이야.

수영이는 조금 게으른 면이 있지.

효성이는 수학에서 너무 헤매.

성진이는 인사성이 부족해.

상당히 훌륭해 보이는 학생을 대할 때마저 그들의 우수성을 인정하면서도 마음 한구석에 뭔가 흡족하지 않는 느낌이 듭니다. 그들의 장점이 대견스럽고 신통하다는 느낌은 잠깐이고 그들의 단점이 우리의 매서운 눈에 걸려듭니다.

영준이는 수학 실력이 정말 뛰어났어. 근데 미적분에 가서 약간 흔들리는 것 같아.

신지는 음악에 대단한 소질이 있지만 리듬 감각이…….

민호는 엄청 노력파야. 영어 발음만 고치면…….

혜정이는 팔방미인이지. 흠이라면 키가 조금 작다는 것이…….

이렇듯 우리는 뭔가 문제점을 찾아내어야 마음이 놓입니다. 그래야 우리의 의무를 다한 것 같아서 안심을 할 수 있나 봅니다. 어쨌든 학생의 단점을 찾아 잘못된 부분을 바로잡아주고 부족한 점을 메워주는 작업이 교육의 주요 임무 중에 하나라고 생각하게 되었습니다. 그러나 이 역시 구시대의 산물인 것입니다. 대량생산 체제하에서는 생산품이 완벽품(모델)에서 오차가 적을수록 고품질이라고 말합니다. 그래서 공장 종업원들은 생산품의 오차를 발견하고 잘못된 점을 고치고 부족한 면을 보강하려는 노력을 끊임없이 하게 됩니다.

이와 반대로 소량 다품종 생산 시대에는 하나의 모델만 있지 않으며 한두 기능이 다소 떨어진다 하더라도 소비자의 요구에 따라 특성 있는 생산품을 다양하게 만들어내어야 합니다. 세상에 이미 나와 있는 좋은 모든 면을 두루 다 만족시키려 하지 않고 다른 물건에는 없는 기능이나 디자인으로 승산을 걸어야 합니다. 단점을 보완하는 것도 중요하지만 우선적으로 특성(장점)에 초점을 맞추고 부각시켜야 합니다.

교육에서도 마찬가지입니다. 이제 학생들의 장점을 찾으려고 노력할 때가 되었습니다. 물론 계속해서 학생들이 자신들의 단점과 부족함을 극복할 수 있도록 도와야 하겠지요. 하지만 그들의 장점을 찾아주는 일을 외면할 수는 없습니다. 이제부터는 적극적으로 나서서 학생들의 장점을 발견하여 학생들이 희망을 느끼고 발전하고 성취하고 싶은 욕구가 나오게끔 해주십시오.

장점을 찾으라 해서 눈에 띄는 단점을 못 본 척하라는 뜻은 아닙니다. 계속해서 학생을 살펴보고 무엇을 도와줘야 하는가 눈여겨봐야 하겠습니다. 그러나 장단점을 지적할 때도 바람직한 순서가 있고 적당한 비율이 있습니다.

영준이는 미적분에서 약간 흔들리지만 전반적인 수학 실력은 정말 뛰어났어.

신지는 리듬 감각은 약하지만 음악에 대한 소질이 있지.

민호는 영어 발음을 고쳐야 하겠지만 엄청 노력파야.

혜정이는 키가 조금 작지만 그래도 팔방미인이지.

앞에서 지적된 장단점이 다 들어 있습니다만 순서에 따라 전에는 단점이 부각되어 부정적이었다면 이번에는 장점이 부각되어 매우 긍정적입니다. 앞의 예문은 학생을 한층 치켜주다가 끝에 가서 끄집어 내립니다. 뒤의 예문은 학생의 부족함을 전달해 주지만 희망을 잃지 않도록 격려해 줍니다.

마음을 연다

왜 우리는 눈에 보이는 것을 인지하지 못할까요? 전문 용어로는 '인지적 왜곡'이라고 하는데, 그 이유가 무려 9가지나 된다고 합니다. 지나친 일반화를 하거나, 단정적으로 이름을 붙이거나, 선택적으로 여과하거나, 사고 방식이 양극단적이거나, 지나친 자기 비난과 자책감을 가지거나, 매사를 자신과 연관짓거나, 지레짐작을 하거나, 통제 오류를 하거나, 감상을 지성으로 혼동할 때 문제가 생긴다고 합니다 (최성애, 『인간 커뮤니케이션』, 1997). 이중에서 서너 가지만 조심해도 크게 발전할 수 있으리라고 생각합니다.

"우리 반 학생들은 모두 형편없어요." "요즘 애들이 다 그렇지요." "쟤는 항상 저 모양이야." 지나친 일반화의 예입니다. '모두', '다', '항상'이라는 말은 지극히 과장되었고 객관적인 자료로 인하여 검증된 사실이 아님에도 불구하고 이런 말을 습관적으로 자주 할 경우 우리도 모르는 사이에 그렇게 믿어버리고 맙니다. 항상 '저 모양 저 꼴'인 학생에게는 새로움을 기대하지 않을 것이고, 따라서 학생이 새로워져도 그냥 지나치게 될 것입니다.

선택적 여과는 정보가 두뇌에 입력될 때 벌어지는 문제입니다. 학생들이 미운 짓만 골라서 하는 것 같아 보이는 경우입니다. 학생들이 악마가 아니라면 아무리 나쁜 학생이라도 하루 종일 나쁜 짓만 하지 않고 가끔 바람직한 행동도 할 것입니다. 하지만 나쁜 짓만 눈에 띄고, 나쁜 짓 한 기억만 되살아납니다. 예쁜 애가 하는 짓은 예뻐 보이되 미운 애가 하면 똑같은 짓을 해도 미워 보입니다. 그래서인지 학생들이 점점 나쁜 애와 좋은 애 또는 우등생과 문제아로 양극단화되기도 합니다.

이래저래 우리는 점점 장님이 되어가고 있나 봅니다. 인지적 왜곡

증세가 심해질 경우 눈 뜬 장님이 됩니다. 일반적으로 눈에 보이지 않는 허깨비가 보인다고 하는 사람을 정신병자라고 합니다. 그럼 이와 반대로 눈에 보이는 것을 못 보는 사람은 뭐라고 해야 하나요. 이건 보통 문제가 아닌 것입니다. 인지적 왜곡이 심해지기 전에 우리의 습관을 빨리 고치고 본래 능력을 되찾아야 합니다.

문제는 일반화와 양극단화는 우리가 가르치는 가장 흔하고 존중하는 사고력이라는 점입니다. 과학 이론이란 다양한 현상을 일반화시킨 결과이며 사물을 종류로 나누는 분류법은 양극단화의 예입니다. 그러고는 과학 이론이 완벽한 것같이 배웠습니다. 그리 흔한 토마토가 과일이냐 채소냐 확실히 구분되지 않음에도 모든 식물을 몇 가지 종류로 구분하도록 강요받았습니다. 지레짐작도 교육으로 인하여 향상된 능력입니다. 연구란 지레짐작부터 시작하여 옳고 그름을 확인하는 작업이기도 합니다. 따라서 일반화, 양극단화, 지레짐작 등 인지적 왜곡의 원인을 제거한다기보다는 다스려야 합니다.

일단 마음을 열어야 합니다. 열린 마음이란 편견과 선입견을 다스리고 판단을 보류한 상태를 뜻합니다. 판단 보류는 새로운 지식과 정보를 온전히 받아들일 수 있는 기본 조건입니다.

학생은 빠른 속도로 변합니다. 어제 봤던 학생이 오늘 달라져 있고, 내일 또다시 달라질 것입니다. 오늘은 새로운 날입니다. 새로운 날의 학생 또한 새로운 사람입니다. 어제 모습에 실망했다고 오늘 역시 실망할 것이라 지레짐작하지 마십시오.

교육자는 학생들을 변하게 하는 것이 주목적이지 않습니까. 학생들이 달라지지 않으리라고 믿는 것은 교육자의 존재성을 스스로 비하시키는 일입니다. 이는 우리가 교육자임을 스스로 포기하는 것과 같습니다.

열린 마음으로 배움의 자세로 순수함과 진지함으로 학생의 장점을 찾아보십시오. 교육자의 일이 세상에 가장 좋은 직업이라고 느껴질 것입니다.

나의 장점

인지적 왜곡의 원인 중 하나가 자책감과 자기 비난이라고 합니다. 콩 심은 데 콩 나고 팥 심은 데 팥 난다라는 말이 있듯이 자책감을 느끼고 자기 비난을 하는 사람은 남을 학대하고 비난하게 됩니다. 어릴 때 칭찬을 들어보지 못한 사람은 커서도 남을 칭찬하지 못합니다. 어릴 때 야단만 받고 자란 사람은 커서도 남을 야단칩니다. 자신의 장점을 모르는 사람은 남의 장점을 무시합니다. 자신의 장점을 살리지 못한 사람은 남의 장점에서 희망을 찾지 못합니다.

우리가 자신의 장점을 잊고 사는 이유가 있습니다. 우리는 한국이 지지리 못살 때 자랐기 때문입니다. 도시락을 못 싸온 친구들이 옥수수 빵을 배급받기도 했던 시절이었습니다. 자신의 특기가 뭐고 자신의 희망이 뭔가를 따질 겨를이 없었습니다. 목에 풀칠이라도 하자면 잔소리 말고 하라는 공부나 열심히 해야 했습니다.

그때는 한국 사회의 격동기였습니다. 사회의 구체제가 붕괴되고 위 아래가 뒤섞이는 혼란스럽지만 계층이 상승할 수 있는 절호의 기회였습니다. 자신의 특성이 뭐고 소망이 뭔가를 따져서는 안 되었습니다. 잠자코 계층 상승에 확실한 직업을 추구하였습니다. 그래서 자신의 장점을 내세운다는 것은 미숙함의 극치고 불효라고 생각하게 되었습니다.

자신의 장점을 인정해 달라고 하는 것은 모두를 피곤하게 만드는 일이었습니다. 자신의 장점을 토대로 하여 미래의 밑그림을 그리는 것은 대단히 위험한 투기라고 생각하였습니다. 모두가 말렸고 모두가 인정하지 않았습니다. 그래서 자신의 특기와 특성을 믿고 선택한 진로는 외롭고 험난하였습니다. 심지어는 부자간의 정을 끊는 일도 벌어졌습니다.

결국 대부분 사람들은 자신의 장점과 무관한 일을 하게 되었습니다. "난 이게 정말로 하고 싶었는데……" "내가 그때 이것을 했었으면……" 생각하면 생각할수록 맘이 괴롭습니다. 그래서 자신의 장점을 망각하고 사는 것이 마음 편히 사는 길이 되었나 봅니다.

일반인들은 자신의 장점을 잊고 살아도 되지만 우리 교육자는 안 됩니다. 교육자 자신의 장점을 잊고 살 때 학생들의 장점을 제대로 발견하지 못하고, 그 실망감과 절망감이 고스란히 학생들에게 전달됩니다. 학생들에게 망각을 대물림하지 말아야 하겠습니다. 우리 학생들은 우리와 달리 자신의 특성과 특기를 발휘할 수 있는 시대에 살고 있습니다. 무엇보다도 우리 학생들이 그렇게 해야만 한국이 현재의 어려움을 극복하고 발전할 수 있을 것입니다.

한국에는 전문가(professional)는 많아도 전문성(professionalism)을 지닌 전문가는 별로 없다는 말을 자주 듣습니다. 이공계 출신은 많아도 세계적인 과학자나 엔지니어가 별로 없는 것도 그들 중에 이공계를 죽어라 좋아하는 사람이 얼마 되지 않기 때문일 것입니다. 우리는 각자 자신의 특성과 장점을 고려하기보다는 직업이 주는 사회 가치관을 추구했습니다. 직업에 몸을 바쳐 자신의 직업이 더욱 빛나도록 만들기보다는 직업의 후광을 입고 덕을 보려고 했는지도 모르겠습니다.

지금 당장 자신의 장점을 10가지 적어보십시오. 그러고는 매일 아침에 눈뜨면 한 가지씩 더 추가하십시오. 석 달 동안 계속하십시오. 장점 100가지라…… 어림도 없다고 생각하시겠지요. 그러나 약속합니다. 자신의 장점 찾기가 어려워도 꾸준하게 한 달만 써보면 100개가 아니라 200개라도 나올 것입니다. 장점의 크고 작음을 상관치 마십시오. 아무리 하찮아 보이는 사소한 장점이라도 일일이 적으십시오. 100가지 장점 찾기는 남에게 보여주기 위한 것이 아니니 염려말고 하십시오.

직장의 장점

하버드가 명문 아이비리그 대학이라는 사실을 모르는 한국인이 없을 것입니다. 이와 반대로 같은 명문 아이비리그 대학인 브라운대(Brown University)를 아는 사람이 교수 이외에는 별로 없는 것 같습니다. 하지만 최근 《US News》 잡지사가 발표한 미국 대학 평가에서는 브라운대가 한국에 널리 알려진 버클리, 존 홉킨스대보다 더 높은 순위로 나왔습니다. 브라운대는 확실히 세계 최정상급에 드는 대학입니다. 이 대학에서 얼마 전에 일어난 일이 있는데 한국에서 한번 생각해 볼 만한 사건입니다.

브라운대는 1998년 그레고리안 총장이 은퇴를 하고 새 총장으로 오하이오 주립대 총장이었던 골든 기(Gordon Gee) 박사를 모셨습니다. 새 총장은 취임하자마자 다른 명문 대학과 비교하기 시작했습니다. 특히 같은 아이비리그 대학이며 규모도 비슷한 명문 프린스턴대를 선정하여 비교하였습니다. 비교 자료가 준비되자 총장은 전체 교수회를 열고 대학의 방향을 제시하였습니다.

"프린스턴대는 다섯 분야에서 세계 최고입니다. 하지만 우리 브라운대는 겨우 세 분야에서 세계 최고 수준의 연구력을 발휘하고 있습니다. 브라운대는 앞으로 유망한 두 분야를 선정하여 집중적으로 연구 성과를 올려서 우리도 프린스턴대 못지 않게 다섯 분야에서 세계적 선두자가 되어야 하겠습니다."

이 발표가 있은 지 1년 만에 총장은 사퇴하고 말았습니다. 자신의 스타일과 브라운대의 환경이 서로 맞지 않다는 이유를 댔지만 브라운대 교수들의 뒷말을 들어보면 총장이 망신을 당하고 교수들의 비웃음을 견디지 못해서 떠났다고 합니다.

"총장이 얼마나 비전이 없으면 그래 비교 수치를 목표로 삼았을까? 쯧쯧."

"브라운대의 교육 이념을 제대로 이해했으면 그런 망언은 하지 않았을걸."

"프린스턴대가 그렇게 좋으면 프린스턴대로 가시지 그래."

그렇습니다. 브라운대 교수들의 지적에는 일리가 있습니다. 비슷한 대학을 비교하는 벤치마킹은 훌륭한 매니지먼트 도구입니다. 하지만 비교 수치(數値)를 참고 자료로 보지 않고, 그 자체를 대학이 달성해야 할 목표로 삼는 것은 정말 수치스러운 일입니다. 왜냐하면 비교해서 앞서가는 대학을 무조건 모방하는 것은 자기 대학의 정체성을 상실하는 것이기 때문입니다. 발전은 해야 하겠는데 어떻게 해야 할지 모를 때, 꿈과 비전과 창의력이 없을 때, 그때 지도자는 벤치마킹을 들이대게 됩니다. 그리고 자기 대학의 특성과 환경을 생각하지 않고 남의 특성과 가치관을 생각없이 받아들이게 됩니다. 이렇게 해서는 명문대가 절대로 될 수 없습니다.

한국이 현재 미국 명문대를 많이 벤치마킹하고 있는 것으로 알고 있습니다. 세계 100등 안에 드는 대학을 만들어내기 위해 세계 최고 대학들이 무엇을 어떻게 하고 있는가를 아는 것은 중요한 일입니다. 하지만 문제는 한국의 웬만한 대학에서는 모두 하버드, 버클리, 미시간 등 한 종류의 대학, 즉 연구 중심대를 모방하려 한다는 사실입니다. 다양화가 새 시대 패러다임인 줄 다들 뻔히 알면서도 한국의 모든 대학에 획일적으로 연구 중심 대학의 연구 실적을 숭배하는 풍토가 확산되고 있기 때문입니다. 위험합니다. 학부 교육이 붕괴될 것이 뻔하게 보이기 때문입니다.

세계 일류 대학을 벤치마킹하되 다양한 모델을 고려해야 합니다. 한국에서 브라운대를 벤치마킹하는 대학이 있다는 말을 저는 아직 들어보지 못했습니다. 미국의 최우수 교육 중심 대학인 엠허스트, 스와츠모어, 윌리엄스, 포모나, 칼튼 대학들도 훌륭한 벤치마킹 대상이 되어야 하겠습니다.

앞에 언급한 대학은 하버드, 브라운, 프린스턴 대학들같이 4년 등록금이 10만 달러가 넘는다는 면에서는 또한 획일적입니다. 최고 품질의 교육은 아니더라도 등록금에 비해서 높은 품질의 교육을 제공한다는, 소위 가장 실속 있는(best buy) 대학으로 버지니아, 노스캐롤라이나, 미네소타-모리스 대학들도 한국 대학의 다양한 벤치마킹 대상이 되어야 하겠습니다.

그러나 벤치마킹을 할 때에 무엇보다 중요한 것은 우리 대학이 벤치마킹 대상 대학에 비교해서 무엇을 잘못하고 있는가를 분석하는 동시 무엇을 잘하고 있는가에 초점을 맞추어야 합니다. 더 나아가서 우리는 잘하고 있되 그 대학들이 아예 생각조차 못하고 있는 것은 무엇인가를 찾아내어야 합니다.

우리의 장점을 우리 스스로 발견하고 발전시켜야 합니다. 우리의 미래는 우리의 장점에서 비롯하기 때문입니다. 벤치마킹으로 우리의 단점을 알아내고 보완하는 일도 필요하지만 우리의 장점을 찾아내어 보강시키는 일은 더 중요합니다. 장점을 찾는 작업과 더불어 자신이 소속되어 있는 학과, 부서, 직장의 장점들도 찾아보시기 바랍니다.

한국의 장점

장점 찾기는 시작인 동시에 습관입니다. 따라서 장점 찾는 습관은 자신의 장점 찾기로부터 시작하되 식구, 동료, 직장, 동네로 확대되고 사회 전반까지 나아가야 합니다.

나는 무엇을 잘하는가?

우리 가족은 어디가 우수한가?

내 친구의 좋은 점은?

내 직장이 최고인 이유는?

우리 동네가 살기 좋은 이유는?

한국 사람의 장점은?

우리나라의 장점은?

끊임없이 생각해야 하며, 질문하고 답을 찾아내보십시오. 특히 우리 사회의 장점을 발견하고 발전시켜 나가는 것이 중요합니다. 한국이 지난 30년 간 눈부신 산업화를 이루어 평균 국민소득 1만 달러 시대를 열 수 있었던 이유는 산업화에 필요한 요소가 한국인의 장점과 너무 잘 맞아떨어졌기 때문이었습니다. 1997년 공보처 조사에 한국인의 장점 톱 다섯 가지가 근면 성실 21.6퍼센트, 끈기 인내력 17.4퍼센트, 인정 온정 17.0퍼센트, 예절 미풍양속 11.6퍼센트, 단결력 7.1퍼센트라고 하였습니다. 이런 장점들이 있었고 이런 장점들을 사회적으로 미화하고 높은 가치관을 부여했기 때문에 한국인들이 신나게 '한강의

기적'을 일궈낸 것입니다.

그러나 2만 달러 시대에는 다른 요소들이 요구됩니다. 지난 몇 년 간 계속해서 1만 달러의 장벽을 넘지 못하고 제자리 걸음을 하는 이유는 새 시대가 요구하는 요소가 우리 한국에는 없거나 부족하기 때문이 아닙니다. 한국이 어려워하는 이유는 새 시대가 요구하는 요소와 한국의 장점을 연결짓지 못해서입니다. 우리의 장점을 발견하고 우대하고 계발하지 않아서입니다.

희한하게도 우리나라는 새 시대가 요구하는 요소들을 무척 많이 지니고 있습니다. 이건 빈 말이 아닙니다. 그저 듣기 좋으라고 하는 말이 아닙니다. 한국이 IMF 시대를 맞이하던 첫 봄에 저와 최성애 교수는 『한국인이 반드시 일어설 수밖에 없는 7가지 이유』를 썼습니다. 아무도 한국이 IMF 빚을 그토록 빨리 갚고 경제 회복을 할 것이라고 예상치 못했던 1998년 봄에 저희는 한국의 빠른 회복을 자신만만하게 예측하였습니다. 한국의 장점을 알고 믿었기 때문입니다.

저희는 한국 문화에 장점들이 이루 다 말할 수 없도록 많다고 믿습니다. 그래서 저희는 아이들을 두 차례나 한국으로 조기 유학을 보냈었습니다. 한국에서는 초중고 자녀들을 해외로 보내는 조기 유학 붐이 한창이던 무렵에 저희는 아이들을 한국으로 역유학 보냈습니다. 새 시대 인재가 되려면 동양의 문화적 전통에서 배워야 할 것이 무척 많기 때문입니다.

자신감, 톡톡 튀는 개성, 알쏭달쏭함을 소화해 내는 퍼지 사고력, 강인한 정신력, 다차원적 네트워크, 혁신의 습관화, 변화에 대한 적응력, 용감무쌍한 추진력, 건강식 음식문화, 불타는 교육열, 세계인을 깜짝 놀라게 하는 순발력. 특히 한국인의 창의력과 예술적 감각을 열거하자면 또 한 권의 책을 써야할 것입니다.

모든 것은 생각하기 나름이다

"새 천년에는 바다로 향하자!" 아시아 대륙에 맹장(盲腸)처럼 붙어 있는 한반도. 그마저 일본 열도에 포위당해 답답해 보이기 그지없습니다. 그러나 지도책을 거꾸로 놓고 보면 태평양을 향해 쭉 뻗은 한반도가 보입니다. 그래서 새 천년의 한국은 바다로 진출해야 한다고 합니다. 멋진 가능성입니다.

저는 또 하나의 다른 가능성을 제시하고 싶습니다. "새 천년에는 산으로 향하자!" 그렇습니다. 가난과 절망에 찌든 화전민들의 산, 흉악한 산적들이나 숨어살았다던 산, 땔감 정도나 주울 수 있던 산. 이토록 '하찮던' 산에 한국의 희망이 있다고 생각합니다.

우리는 툭하면 한국이 조그만 땅덩어리라고 합니다. 비좁은 땅에서 옥신각신 산다고 합니다. 평지가 국토의 30퍼센트밖에 안 된다고 하기도 하고 인구밀도가 세계 몇 번째 간다는 통계를 별 생각 없이 되풀이합니다.

과연 그런가? "평지가 국토의 30퍼센트밖에 안 된다"라고 단점으로 말하는 소리는 평지만이 쓸모있다는 전제를 달고 있습니다. 물론 논밭 갈아먹고 살던 농경시대 사고 방식의 산물입니다. 지식기반사회를 향하고 있는 현재 이렇게 평지만을 선호하는 발언은 어리석습니다. 땅 면적을 달리 생각할 시대가 왔습니다. 이제 우리는 거꾸로 "산이 국토의 70퍼센트나 된다"고 장점으로 말할 수 있어야 합니다.

구겨진 종이 한 장은 보잘것없이 작습니다. 주먹 하나보다도 작기 때문입니다. 그러나 그 구겨진 종이를 펴보십시오. 펴진 면적은 두 손을 활짝 벌린 것보다 더 넓습니다. 이렇듯 한국의 땅 면적은 하늘에서 내려다볼 때(지도책에 그려진 평면도)는 작아 보여도, 그 구겨진 땅(산)을 다 폈다고 가정하고 사람이 발을 디딜 수 있는 땅의 면적을 계산해 보면 한국은 사실 엄청 넓은 나라입니다.

한국이 비좁게 느껴지는 이유는 모두가 평지에만 몰려 살기 때문입니다. 평지에서 농사짓다가 평지에 세워진 공장에서 일해야 했기 때문입니다. 산은 그저 물품과 사람의 유통을 가로막는 장애물이었기에 깎아버리거나 구멍을 팠습니다. 산을 일부러 찾는 일은 성묘, 등산, 절 구경, 단풍 구경 때 등입니다. 이제 우리는 산을 배고픔을 달래는 소원 빌기나 눈요기용 정도로 생각하지 말고 배와 마음과 머리를 채워주는 소중한 자원으로 적극 개발해야 할 것입니다.

록 클라이밍, 핸드글라이딩, 산악자전거 등 새로운 레크리에이션이나 스포츠가 등장하기도 합니다. 그러나 이것은 시작에 불과합니다. 앞으로는 관광과 스포츠 이외에 산 자체의 특성을 이용하는 획기적인 아이디어들이 많이 나올 것입니다. 여기에 한국의 희망이 있습니다. 왜냐하면 한국만큼 쓰임새 많은 산을 보유한 나라가 드물기 때문입니다.

한국보다 더 높은 산을 가진 나라는 많습니다. 미국과 캐나다에는 로키, 이탈리아와 프랑스와 독일에는 알프스, 인도와 티베트에는 히말라야, 페루와 아르헨티나와 칠레에는 안데스 등이 있습니다. 우리가 듣지도 보지도 못한 산도 많습니다. 그러나 외국의 산과 한국의 산은 질적으로 큰 차이가 있습니다. 외국의 장엄한 산은 멋있어 구경 가기에는 좋지만 그 산들은 하나같이 인간이 살 수 있는 곳이 아닙니다. 그 반대로 한국의 산은 어디를 가도 물이 있고 풀이 있어 사람이 살 수 있습니다. 한국의 산은 생명을 가능케 하고 삶을 충족시키는 '금수강산'인 것입니다.

외국의 산은 광산업이나 관광산업 이외의 가능성이 별로 없지만 한국의 산에는 엄청난 가능성이 숨어 있습니다. 이제껏 산을 허물어간척지를 메우는 등 2차원 평지로 많이 개척해 왔지만 아직 산을 3차원 그 자체로 쓰는 방법은 세계 누구도 별로 생각하지 않고 있습니다. 우리가 먼저 산을 쓰는 방법을 개발하면 세계 최고의 나라가 될 수 있을 것입니다.

이 가능성은 제가 한국과 세계 여러 나라를 두루 다니면서 내린 결론입니다. 황당한 면이 있기는 하지만 그저 허황된 공상만은 아닐 것입니다. 우리 모두 산 쓰는 방법을 생각해 봅시다. 엉뚱하고 기발한 생각을 할 줄 아는 어린이들에게도 물어봅시다.

무엇이 지옥이고 무엇이 천국인가

유럽 사람들은 각각 나라마다 장단점이 있습니다. 미각과 후각이 뛰어난 프랑스인들은 요리를 예술의 경지로 발전시켰습니다. 하지만 그들은 상당히 기분파이기에 정밀을 요하는 일을 싫어합니다. 치밀한 독일 엔지니어가 만든 제품은 세계 최고가 많습니다. 그러나 지독한 나치군으로 쉽게 변신됩니다. 신사적인 영국인은 법을 잘 지킵니다. 그러나 영국 음식은 유럽에서 가장 형편없습니다. 그래서 다음과 같은 웃기는 이야기가 있습니다.

어떤 사람이 죽어서 천국에 갔다고 합니다. 그곳에는 프랑스 요리사가 훌륭한 요리를 하고 있고, 독일 엔지니어가 모든 기계를 다루고, 영국 경찰이 법을 지키고 있었습니다. 다음에 지옥에 가보니 그곳에서도 마찬가지로 영국인, 독일인, 프랑스인이 있었습니다. 하지만 지옥에는 음식 못하는 영국인이 요리사고, 기분파인 프랑스인이 엔지니어이며, 지독한 독일인이 경찰이었습니다. 그렇습니다. 지옥이 따로 있지 않고 각자의 장점을 살리지 못하고 하고 싶지 않거나 잘하지 못하는 일을 해야 하는 곳이 바로 지옥인 것입니다.

우리는 한국의 교육 현상을 '입시 지옥'이라고 표현하지만 그것은 매우 잘못된 표현입니다. 입시는 지옥으로 들어가는 대문 정도 밖에 되지 않습니다. 왜냐하면 지옥은 대학에 들어가고 난 후부터 정식으로 시작되니까요. 한국인들은 대학 입학을 위해 줄을 서서 아귀다툼을 벌이지만 그건 지옥 입구에서 서로 먼저 들어가 좋은 자리 잡겠다고 아우성치는 것과 다를 바 없습니다. 자신의 장점에 따라 학과를 선택하지도 않았고, 졸업 후에는 적성과 특성에 맞지 않는 직장 생활을 해야 하니 그때부터가 본격적인 지옥살이의 시작이기 때문입니다.

생각해 보십시오. 지금 의대, 치대가 인기 있다고 공부 잘하는 학생들이 대거 몰리지 않습니까. 아니, 치과 의사가 되면 한평생 아침부터 저녁 때까지 썩은 냄새 나는 남의 입 안을 들여다보고 살아야 하지 않습니까. 의사가 되면 매일 얼굴 찡그리는 병자를 대해야 하는데 그다지 즐거운 일이 아닐 테지요. 자신이 정말로 의술에 매료되어서 의사가 되었다면 몰라도 돈 벌기 위해 할 수 있는 일이 아닐 것입니다. 그래서 미국에서는 의사들의 자살율이 일반인들보다 훨씬 높습니다. 지옥은 그만큼 견디기 어려운 곳입니다.

이와 반대로 자신의 장점을 최대한으로 살리고, 자신의 특기와 특성을 마음껏 발휘하는 곳은 천국입니다. 우리는 학교와 강의실을 천국으로 만들어주어야 합니다. 지상 천국이 따로 있지 않습니다. 배고픔이 없고, 안전함을 느끼고, 소속감을 느끼고, 인정받고, 자아 성취할 수 있는 곳이 천국인 것입니다. 품에 꼭 안겨서 젖 냄새 맡으며 무럭무럭 자라는 갓난아기의 천국은 엄마의 품속이듯이, 학생들의 천국은 자신의 장점을 발견해 주고 인정해 주고 격려해 주는 선생님의 품속입니다.

6장 새 시대 교육자 생존 전략 5

새 시대 교수법을 익혀라

1 :: 학습자를 교육의 중심에 둔다

새 시대의 화두는 다양화입니다. 이 패러다임처럼 교육자를 답답하게 만드는 것이 또 없습니다. 제가 한국을 방문할 때마다 받는 질문은 "다양한 능력과 기초 실력을 지닌 학생들을 어떻게 함께 가르치는가?"입니다. 이런 질문에는 두 가지 문제가 있습니다.

첫번째 문제는 이 질문을 하는 교육자들의 목소리가 거의 한결같이 짜증스러움이나 냉소에 찌들어 있다는 점입니다. 정말로 해결책을 서로 의논하여 뭔가 다르게 시도해 보겠다는 긍정적인 자세보다는 자신들의 어려움을 토로하는 하소연이나 해결책이 없음을 확인해 달라는 투정으로 보입니다. 그러나 우리 주변에는 획일화에서 다양화로 탈바꿈한 성공 사례가 많습니다. 예를 들어 새 시대를 맞이하여 제조업체는 획일적 대량 생산에서 다양한 제품을 소량으로 생산하는 체제로 바꾸지 않았습니까. 쉽지는 않았지만 불가능한 것이 아니지요. 바꾸지 못하겠다, 바꾸기 싫다, 바꿀 수 없다며 변하지 못한 회사는 망했습니다. 일단 바꾸겠다는 의지가 중요합니다.

　강의 내용 전달만큼 강의실 관리가 중요한 시점에 왔습니다. 우리가 강의 내용 전달에 100퍼센트 치중해도 다 전하지 못할 정보와 지식이 무궁무진하게 많은 시대에 도달했는데 오히려 상당한 강의 시간과 정신력을 강의실 관리에 빼앗기게 되어버렸습니다(강의실 관리에는 학습을 위한 환경과 분위기 조성, 학생들의 학습 참여 유도 등이 포함되어 있습니다). 그러기에 더더욱 M세대 학생들을 맞이하는 교수법을 지니셔야 합니다.

　두 번째 문제는 질문 자체가 구시대 교육 패러다임의 틀에서 벗어나지 못하고 있다는 점입니다. 획일화 시대의 교육은 한 명의 교사가 다수의 학생들을 이끌어나가는 것입니다. 교사가 교육의 모든 면을 진두지휘하였습니다. 즉, 교육자 중심 교육을 하였습니다. 그러나 다양화가 교육의 목표이며, 교육 환경의 특성이면 교육자 중심으로는 불가능합니다. 생각을 바꾸어야 합니다. 다양한 학생들을 대할 때 가르침(교육자 행동) 대신 배움(학습자 행동)에 초점을 맞추어야 합니다. 따라서 앞에 제시된 질문을 바꾸는 순간 해결책이 가능합니다. "다양한 능력과 기초 실력을 지닌 학생들이 어떻게 학습하도록 도울 수 있습니까?" 이같이 "어떻게 가르치는가"에서 "어떻게 배우도록 도울 것인가"로 생각의 방향을 180도 바꾸어야 합니다.

　아니, 우리가 가르치면 학생들은 배우게 되고, 배우도록 도우는 것이 바로 가르치는 것이 아닌가, 이건 그저 말장난이 아닌가, 이렇게 생각하기 쉽습니다. 그러나 원로 선생님들께서는 이미 그렇지 않음을 잘 알고 계십니다. 가르치는 행위와 배우는 행위는 동전의 양면이 아니고 서로 완전히 독립적으로 존재할 수 있다는 사실을 말입니다.

우리가 무언가를 다르게 하지 않으면 가르침과 배움이 점점 더 무관해질 것입니다. 무관은 무용으로 이어지고 사회로부터 무시를 받게 됩니다. 이 장에는 학습자 중심 교육을 설명하고 기본 방법을 예를 몇 가지 들면서 소개하겠습니다.

교육자 중심의 교육, 무엇이 문제인가

매주 목요일 점심 때 모이는 저희 동네 로타리클럽에서는 짤막한 우스갯소리를 하나 듣고 모임을 끝냅니다. 최근 모임에서 들은 우스갯소리는 여태껏 들은 것 중에 가장 큰 폭소를 자아냈기에 여러분들께 소개해 드리고자 합니다.

한 선생님께서 초등학생들에게 고래에 대해서 열심히 설명하고 계셨습니다. "고래가 무척 크지만 사람을 삼켜 먹을 수 있을 만큼 입을 크게 벌리지는 않는다." 그러자 어느 학생이 손을 들고 반문했습니다. "선생님, 요나가 고래 뱃속에서 3일을 보냈잖아요. 그러니까 고래는 사람을 삼킬 만큼 입을 크게 벌릴 수 있는 것 아닌가요?" 선생님께서 자상하게 설명을 덧붙였습니다. "그건 구약성서에 나오는 전설이에요. 전설은 사실이 아니지요." 그러나 학생은 자신의 생각을 조금도 달리하는 기색이 없습니다. "나중에 천당에 가면 요나한테 물어볼 거예요. 정말 고래 뱃속에 들어갔었는지……." 선생님은 속으로 '요 맹랑한 놈이……'라고 생각하면서 학생에게 물어봤습니다. "그렇게 하렴. 그런데 만일 요나가 지옥에 가 있다면 어떻게 하지?" 학생이 서슴없이 답했습니다. "그럼 선생님께서 물어보세요."

마지막 대목에서 클럽 회원들이 크게 웃었습니다. 참으로 엽기적인(?) 끝맺음입니다. 선생이란 당연히 지옥으로 갈 존재라……. 학생들 생각에는요. 이런 함축된 결론에 서로들 쳐다보며 고개를 끄떡였습니다. 모두들 자신들이 학교에 다니던 시절이 머릿속에 떠올랐을 것입니다. (유머는 청중들이 유머의 주인공과 유대감을 느끼거나 그 상황이 쉽게 연상이 될수록 많은 반응을 자아냅니다. 그렇다고 해서 모든 학생들이 모든 선생님들을 지옥에 떨어질 악인으로 생각하고 있다는 말은 절대로 아닙니다. 그 대신 학생 시절에 누구나 다 한 번쯤은 그렇게 생각했던 적이 있을 것입니다. 만일 선생님을 정말로 악인으로 생각했다면 이 유머에 웃음이 나올 리 만무하지요.)

저 역시 크게 웃었지만 갑자기 느껴지는 것이 있었습니다. 한국에서는 천당같이 여겨지고 있는 미국 학교의 선생님들도 별 다를 바 없지 않은가! 이들 역시 학생들에게 밉게 보이는 면이 있구나. 왜 그럴까? 모임을 다녀온 후 한참 생각해 보았습니다. 저는 그 이유를 교육자 중심 교육에서 발견하였습니다.

지금까지 모든 교육은 거의 완벽하게 교육자 중심으로 구성되고 진행되었습니다. 교과 과정은 선생님이 짜고, 수업은 선생님이 준비될 때 시작되고, 수업 끝은 종강을 알리는 종소리와 무관하게 선생님께서 분필을 놓으실 때입니다. 숙제의 종류나 내용은 선생님 마음대로입니다. 시험 또한 선생님께서 일방적으로 작성하고 제출하십니다. 이 어느 하나 학생의 참견이나 참여가 없습니다. 학교를 나라라고 친다면 이러한 교육자 중심 교육 과정은 완벽한 독재 정치라고 볼 수 있겠습니다. 학생들의 눈에는 선생님이 독재자로 비추어질 것임이 틀림없습니다.

독재자가 마땅히 지옥에 떨어질 존재라는 데에 별 이의를 제기하는 사람이 없을 것입니다. 이런 교육자 중심 교육에서 탈피하자고 하는 것이 바로 학습자 중심 교육입니다.

학생 중심 교육의 진정한 의미

기술과 정보가 정신없이 변하는 지식기반사회의 특징으로 대졸자가 은퇴할 때까지 직장을 11번 옮기고 직업을 4번 바꾼다는 통계가 있습니다(《뉴욕타임스》, 2004년 9월 5일자). 교육자의 입장에서는 대단히 반가운 소식입니다. 왜냐하면 직업을 바꿀 때마다 새롭게 요구되는 능력과 기술을 지니기 위해 재교육을 받아야 하니까요.

말단 직원부터 최고경영자까지 모두가 주기적으로 변신해야만 생존할 수 있는 새 시대는 학습 사회를 이루게 됩니다. 고등학교 때까지만 죽어라고 공부하는 세상이 아니라 이젠 죽을 때까지 공부해야 하는 평생 교육 시대가 온 것이기도 합니다. 교육 기관들은 더없는 호황기를 맞이한 셈입니다.

그러나 현실은 암담하기 짝이 없습니다. 모두가 교육을 받으러 대학으로 몰려와야 하는 세상이 왔는데도 불구하고 대학은 매년 되풀이되는 정원 미달로 울상입니다. 사회의 변화를 대학이 따라주지 못해 교육 소비자들의 만족도가 땅에 떨어졌다는 혹평이 자주 등장합니다. 학생들이 대학의 고객이라는 말도 심심치 않게 들립니다. 한편 기업인들은 대졸 신입사원을 불량품이라고 규정하고 대학에 애프터서비스를 요구하기도 합니다. 다시 말해 기업은 학생들이 그저 생산품에 불과하고 자신들이 진정한 대학의 고객이라고 합니다.

아이고, 정신없네요. '품질은 소비자 만족'이라는 소비자 중심 시장 원리가 교육에까지 파고들기 시작하더니만 너도나도 대학의 고객이라고 아우성입니다. 혼란스럽기 짝이 없습니다. 높고 높은 스승이라는 이미지가 점점 사라지고 고객이라는 단어는 교수를 소비자에게 물건을 파는 장사치로 전락시키고 있습니다. 그래서 소비자 중심 개념의 일환으로 들리는 '학생 중심 교육'이라는 구호를 들으면 심기가 불편해집니다.

그러나 우리는 '소비자 중심'이라는 시장 개념과 '학생 중심'이라는 교육 개념의 차이를 정확히 알아야 합니다. 개와 고양이 둘 다 똑같이 꼬리가 달렸고, 털이 있고, 다리가 네 개씩 있고, 심지어 유전적으로 비슷하더라도 서로 전혀 다른 성격과 체질과 습관을 소유하고 있듯이, 교육 기관과 기업이 똑같이 시장 체제에서 경쟁력을 갖추어야 하더라도 두 기관의 목표와 자금 조달과 환경은 전혀 다릅니다 (Birnbaum, 2000).

'소비자 중심'은 대학을 경영하는 보직 교수와 행정 직원들이 지녀야 할 시장경제 사고관입니다. 예를 들어 정원 미달이라는 문제는 소비자 중심 사고관이 결여된 행정으로부터 비롯된 문제입니다. 사회의 수요 대신 강의실 책상 수에 따라 정원을 채우려는 발상부터가 문제인 것입니다. 예를 들어 재료금속공학의 경우 한국이 배출하는 졸업생은 미국, 독일, 일본의 졸업생을 합친 것보다도 더 많으니 재학생 수가 비록 책정된 정원보다 적어도 사실상 정원 초과인 셈입니다. 대학 본부는 학생을 한 명이라도 더 모집하려는 노력에 앞서 사회가 요구하는 학습의 장을 제공하려는 노력을 먼저 해야 할 것입니다.

그러나 소비자 중심 사고관은 강의실 안에서는 유효하지 않습니다. 교수와 학생의 관계는 서비스업 종업원과 고객의 관계가 아니기 때문입니다. 교수는 소비자 중심 사고관을 외면해도 무관하되 학생 중심 교육 사고관은 반드시 지녀야 합니다.

학생 중심이란 개념은 웨이터가 고객의 기분을 맞추듯이 교수님께서 학생들의 요구 사항을 다 들어주는 것이 아니라 교육을 학생들의 입장에서 생각하고 보는 것입니다. 예를 들어 강의를 준비할 때 '내가 수업 시간에 무엇을 할까(교수가 중심인 행위)'를 생각하기보다는 '학생들로 하여금 무엇을 하게끔 할까(학생을 중심에 둔 행위)'를 먼저 고려하는 것입니다.

학생 중심 교육은 교수님께서 학생들에게 지식을 조금씩 떼어주는 지식 중개 도매상 역할에서 벗어나야 가능합니다. 그대신 교수님께서 평생 학습자로서 모범을 보이고 학생들에게 자신을 아낌없이 주는 학습 사회의 리더가 되는 것입니다. 즉, 학생 중심 교육은 교수들이 진정한 스승이 되는 지름길이 아닐까 생각합니다.

감독이 아닌 가이드로

새로운 시대를 맞이하여 학습 중심 교육 방법론이 부각되면서 교육자의 역할에 근본적인 변화가 요구되고 있습니다. "From sage on the stage to guide on the side"란 구호가 변화를 가장 간단하게 요약해 주고 있습니다. 무대 중앙에 우뚝 서서 모든 일을 관리하는 도사님 대신 학생 옆에 서서 돕는 안내자가 되어야 한다는 뜻입니다(조벽, 2002b).

산업화시대의 교육이 같은 코스를 밟는 단체 여행이었다면 새 시대의 교육은 등짐 달랑 메고 정처없이 홀로 떠나는 배낭여행이 되어야 하는 셈입니다. 학생과 교수의 관계가 달라진 새 시대는 교수의 역할이 달라져서 학생들을 타율적으로 관리·제어하지 않고 다양한 학생들의 특성화를 위해 자율적으로 움직일 수 있도록 돕는 데 있습니다.

여기서 제시된 학습자 중심 교육의 기본은 정부의 역할에도 다분히 적용됩니다(조벽, 1999). 정부의 역할이 무대 중앙에서 옆으로 비켜서야 한다고 해서 정부의 역할이 축소되고 영향력이 감소되어야 한다는 뜻은 아닙니다. 어차피 한국의 경우 범지구화(globalization)와 지역화(localization)를 동시에 이루어야 하는 'glocalization' 시기에 놓여 있기 때문에 국민소득 2만 달러를 달성할 때까지 GNP 대 공무원 수가 계속 증가하게 되어 있습니다. 그러니 'guide on the side'는 정부의 역할을 줄이자는 발상이 아니고 예전과 '다르게' 하자는 것이며 새 시대의 패러다임과 일치하여 효과적인 결과를 얻자는 것입니다.

한 예가 영재 교육에 대한 정부의 입장입니다. 영재 교육 하느냐 마느냐, 하면 얼마나 해야 하는가가 문제가 아닙니다. 영재 교육을 어떻게 하는가에 성패가 달려 있습니다. 영재 교육을 체계적으로 실시하여 성공과 실패를 거듭한 케이스는 구소련입니다. 소련은 산업화시대였던 1950~60년대에 체계적인 영재 교육을 대대적으로 실시하여 과학기술 방면에 가장 앞서게 되었습니다. 하지만 우수한 인재를 배출하고도 국가는 쇠퇴하였고 결국 망하고 말았습니다. 구체제 소련에서 육성된 우수한 인재들은 경직되고 획일적이고 체제 순응(타율에 적응)을 요구하는 환경, 즉 목표와 경계선과 기준이 확실하여 논리가 통하는 직선적(linear system) 산업화시대에서는 실력 발휘가 가능합니다. 하지만 변화무쌍하고 예측 불허한 비직선적(non-linear system)인 신경제시대의 환경에서는 이러한 인재는 도태됩니다. 이제는 유연하고 다양하고 자율적인 인재가 필요하고, 이런 새로운 능력을 갖춘 인재는 유연하고 다양하고 자율적인 체제에서 배출됩니다.

콩나물 국밥의 교훈

전북대에서 〈교육의 매스-커스터마이제이션(mass-customization)〉에 대한 세미나를 했습니다. "세상이 대량 생산 체제에서 다품종 소량 생산 체제로 가듯, 교육도 학생들을 획일적으로 다루기보다는 학생들의 다양한 능력과 재능, 인지 발달도와 학습 선호도를 고려한 개별적 교육을 시도해야 할 것이다. 그러나 경제적 여건상 그렇게 학생들을 배려하기엔 아직 열악한 상황이므로, 한국은 대량 생산과 다품종 소량 생산 체제의 중간 지점을 한동안 고수해야 한다. 그런 매스-커스터마이제이션 교육 시스템의 핵심은 '학생 중심 교수법의 기술'을 지닌 교수다." 대강 이런 내용과 그 교수법에 관한 특강이었습니다.

사실 커스터마이제이션이라는 개념이 교육에서는 조금 이질적이기도 합니다. 그래서 설명을 듣고 이해했다 해도 뭔가 찜찜하고 개운하지 못합니다. 특히 스승과 제자 사이에 유별나고 진득진득한 전통을 지니고 있는 한국에서는 더 소화하기 힘든 내용일 수도 있습니다. 특강을 하면서도 항상 제 설명에 뭔가 부족함을 느끼고 아쉬워했는데 우연한 기회에 그 해답의 실마리를 찾게 되었습니다.

세미나 다음날 아침 일찍 전남대로 떠날 예정이었습니다. 해 뜨기 전인데도 전북대 교수님 세 분이 나와주셔서 그 유명하다는 전주 콩나물 국밥집에서 아침식사를 같이 하게 되었습니다. 전주 시장 한복판에 자리잡은 콩나물 국밥집이었습니다.

주방장 아주머니께서 중앙에 서면 일곱이나 여덟 명 정도가 어깨를 맞대며 둥글게 앉을 수 있도록 된 조그만 포장마차 같은 곳이었습니다. 콩나물 국밥 한 가지만 하기 때문에 달리 주문을 할 필요도 없습니다. 이 집의 콩나물 국밥이 남달리 맛있기로 유명한 이유는 아주머니께서 국밥 한 그릇 한 그릇을 만들 때마다 통마늘을 다지고 파를 썰어 넣기 때문이랍니다. 그만큼 싱싱한 재료를 쓰기 때문에, 또 그만큼 정성을 쏟기 때문이라고도 해석이 가능하겠습니다.

아주머니는 뚝딱뚝딱 하더니 국밥 한 그릇을 제 옆에 있던 교수님 앞으로 내밀었습니다. 그 교수님은 손님을 대접한다고 그 국을 제 앞으로 옮겨놓았습니다. 그런데 갑자기 아주머니가 호통을 치면서 하는 말이, 손님에 맞게 국을 준비해 드렸으니 다른 손님 앞으로 옮기지 말라는 것이었습니다. 아니, 콩나물 국밥을 손님에 따라 하나하나씩 다 다르게 만든단 말인가요?!

제 얼굴은 마르고 길쭉하니까 아마 좀더 살이 붙으라고 밥을 듬뿍 넣어주신 것일까요. 그 옆에 앉은 교수님은 키가 작아 보여서 콩나물을 조금 더 넣어줬을까요. 얼굴과 체격을 보고 식성과 분량을 맞춰주는 솜씨가 마치 보약을 짓는 한의사 같았습니다. 아하! 이것이 바로 매스-커스터마이제이션이 아니던가요. 국물은 한 솥에서 꺼내더라도 양념만은 조금씩 다르게 쳐주는 것. 이것이 바로 제가 말하고 싶었던 핵심이었습니다. 학생 한 명 한 명을 개별적으로 가르치자는 게 아닙니다. 그리고 학생이 원하는 대로 다 해주자는 것은 더더욱 아닙니다. 계속해서 (재정상) 많은 학생을 한 방에 넣고 가르치게 될 것입니다. 그러나 선생님들은 학생들을 척 보고 가끔 개별적 관심을 가져주는 것뿐입니다. 학생들을 배려하는 선생님. 그것이 시작의 기본입니다.

역시 등잔 밑이 어두웠습니다. 신한국의 희망이 한국의 전통 재래시장 한복판에 있었을 줄은 미처 몰랐습니다.

co-curriculum을 도입한다

아무리 교육 개혁과 혁신을 꾀한다 하더라도 그 혁신의 핵심이 교사 중심 교육의 테두리를 벗어나지 못한다면 별다른 결과를 기대할 수 없을 것입니다. 왜냐하면 교육 이론이 머리 안에만 존재하고 가슴 안에는 없다면 교육을 다음 단계로 주도하는 데는 한계가 있기 때문입니다. 그래서 학습자 중심 교육이 그저 듣기 좋은 구호로 그치지 말고 실천되어야 합니다.

문제는 모두가 학습 중심 교육을 알고 있다고 착각하고 있다는 점입니다. 그러나 제가 보기에는 적어도 제가 방문한 한국의 80여 개 대학에서는 아직까지 학습자 중심 교육을 시도하는 곳이 없어 보입니다. 그래서 어느 명문대 총장님께 말씀 드렸던 적이 있습니다. "한국에는 어느 대학에서도 학생 중심이라는 느낌을 주지 않습니다"라고 하였는데 그 당시 함께 계셨던 어느 처장님께서 "저희 대학에서 지금 대규모의 학생회관 설립을 추진하고 있다"고 설명하셨지요. 그분께서는 학생 중심 교육을 학생을 위한 시설 정도로 이해하셨으며 결국 하드웨어적, 구시대적 발상을 벗어나지 못하셨던 것입니다.

학생 중심, 또는 학습 중심 교육은 가르침 위주 교육의 한계를 극복하는 데 그 위력을 발휘합니다. 그래서 저는 현재 한국의 교수 학습 개발 센터에서 교수님 대상(즉 가르침에 관계된) 프로그램에 중점을 두는 대신 학생들 대상(즉 학습에 관계된) 프로그램을 시도해야 한다고 적극 권장하고 있습니다.

또 한 가지 권장 사항은 curriculum과 extra-curriculum의 차이를 점차 없애고, 그 대신 co-curriculum의 개념을 등장시키는 것입니다. 예를 들어, 공대의 경우, 학생들의 엔지니어링 동아리 활동을 정규 교과 과정으로 흡수시켜야 할 것입니다. 산학 협동 과제나 경험마저도 정규 교과 과정 학점으로 인정해야 할 것입니다. 이 모든 것이 학습 중심 교육의 예입니다. 이런 학습 중심 교육이 성공하기 위해서는 학습 중심 교육을 주도할 수 있는 인력이 필요합니다. 그 핵심 인력은 공학을 좋아하는 학생들입니다.

한국에는 학생들이 어느 학문이 죽도록 좋아서 그 학문에 해당되는 학과로 지원하는 현상이 나올라면 앞으로 세월이 조금 더 지나야 할 것입니다. 당분간 차선책에 머물러 있게 될 것입니다. 그중 하나가 학부제입니다. 학부제를 실시하는 이유가 여럿 있지만 그중 하나는 학생들이 멋도 모르고 학과를 선택했지만 그래도 대학 첫해에 자신이 원하는 학문을 어느 한도 내에서 선택할 수 있는 기회를 주자는 것입니다. 학부제를 실시하는 학교가 많아지면서 강의실에는 전공 분야가 전혀 다른 학생들이 모이는 경우가 많아졌습니다. 이런 모임을 이차집단(secondary group)이라고 하는데, 어떤 목적을 위해 잠시 모였다 흩어질 뿐 지속적이고 끈끈한 연대감이나, 우정, 동질감 등을 나누지 못하는 냉정하고 타산적인 집단이라는 뜻입니다.

이런 강의실에서는 교수님 대 전체 학생이라는 직선적 커뮤니케이션이 고정 패턴으로 자리잡기 십상입니다. 학생들끼리는 서로 옆에 앉아도 한 학기가 다 가도록 서로 이름도 모르고 학과도 모르고 그저 강의실에 홀로 왔다 홀로 가는 나그네들입니다. 교수님께서는 모래알같이 흩어진 학생 개개인에게 관심을 보이기도 벅찰 뿐 아니라 하나의 불특정 다수로 뭉뚱그려 대하기도 거북할 것입니다. 이럴 때 교수님께서는 강의실 분위기를 어떻게 좀더 부드럽고 인간미가 감도는 배움터로 바꿀 수 있을까 고민하게 됩니다.

교실 분위기가 사무적인 이차집단에서 공동체적인 일차집단(primary group) 쪽으로 바뀌어야 교수님이 일방적으로 주기만 하는 커뮤니케이션 채널을 학생들끼리도 서로 자극제가 되고 서로 토론도 하여 커뮤니케이션이 활성화되는 다채널로 열어주는 효과를 보실 수 있을 것입니다. 또 교수님의 질문에 틀리면 다른 학생들한테 창피할까 봐 꿀 먹은 벙어리같이 눈만 끔뻑거리며 앉아 있던 학생들도 다른 학생들의 대답에 관심을 기울이고 용기 내어 답을 말하게 됩니다. 서로의 실수에 모두가 너그러워지게 되고 배움의 경험이 교실 안에서 뿐아니라 교실 밖으로까지 연장되어야 학습자 중심 교육을 기대할 수 있습니다.

정보화사회의 특징 중 하나는 네트워크입니다. 수업 시간 동안 지적 네트워킹을 교수님과 학생 사이에만 형성하는 것에 만족하지 말고 학생들 사이에서도 이루어질 수 있도록 해야 합니다. 정보화시대가 요구하는 학습 사회(learning community)는 바로 이러한 일차집단을 형성하고 있는 강의실에서 시작하는 것이 아닐까 싶습니다. 하지만 이러한 집단의 문제점은 다양한 학생들의 집단이라는 점입니다. 학생들의 기초 지식이 다양하기 이루 말할 수 없을 것입니다. 그래서 학습자 중심 교육을 실시하고자 하면 학생들의 기초 지식에 대해 파악을 해야 하며, 그 다양함에 대한 대책을 마련해야 합니다.

어떻게 기초 실력을 점검해야 하나

교수님께서는 수강생들의 사전 기초 지식(학습 준비)의 수준을 어떻게 가늠하십니까? 예를 들어, 만약 열 전달이라는 과목을 가르치신다면 학생들이 열 전달을 이해하기 위해 필요한 열역학 법칙과 유체역학, 미적분 수학에 대한 지식이 충분히 있는지 없는지를 어떻게 파악하시는지요?

'학생들이 기초 지식을 필수 과목에서 다 이수했기 때문에 학생들이 준비되어 있다고 가정한다.'

'학생들이 미리 배웠어도 대부분 기억하지 못할 것이라고 가정해 버린다.'

'척 보면 학생들이 얼마나 알고 있는지 대충 짐작할 수 있다.'

세 번째 답은 주로 강의 경험이 풍부한 중견, 원로 교수님께서 하십니다. 그렇겠지요. 같은 과목을 여러 번 가르치다 보면 학생들의 준비 수준을 저절로 알게 되겠지요. 하지만 신참 교수님이라면 첫번째와 두 번째 답 중에 하나를 고르게 될 것입니다.

"학생들의 기초 실력이 너무 부족해요. 미적분을 바로 지난 학기에 배웠다는데……. 도대체 수학과 교수들이 어떻게 가르쳤기에 학생들이 이렇게 쉬운 미분 하나 제대로 못한단 말입니까! 열 전달 수업 시간에 다시 미적분을 가르칠 수도 없고…… 그래서는 진도를 반도 못 나가게 되니 말입니다. 그냥 밀고나가면 학생들이 알아서 복습하겠지요."

첫번째 답을 선택하는 교수님들께서 흔히 하는 불평입니다. 두 번째 답의 주인공은 뭔가 좀더 너그럽게 보입니다.

"학생들이 학기 내내 배운 내용을 기말고사가 끝난 직후 다 잊어먹는다고 생각하는 것이 훨씬 편해요. 저는 아예 학기 첫주에 제 강의에 필요한 기초 지식을 미리 복습하지요. 다소 시간을 잡아먹더라도 필요한 것은 확실하게 짚고 넘어가야 하지 않겠어요?"

두 교수님의 생각이 다 그럴 듯합니다. 하지만 교수님 두 분 다 학생들의 기초 지식에 대한 확실한 정보를 가지고 있지 않다는 면에서는 조금도 차이가 없습니다. 그래서 두 교수님들은 결국 학생들의 수준이나 준비된 정도와 관계없이 자신의 편견과 짐작에 의해서 강의를 진행하게 됩니다.

그러나 학생들이 새로운 내용을 어떻게 배우는가를 생각해 보아야 하겠습니다. 새로운 내용이 이미 머릿속에 들어 있는 지식과 연결되거나 의미가 확대될 때 학습 효과가 나타난다고 합니다. 따라서 일단 학생들이 얼마나 알고 있는가를 제대로 파악하는 것이 학습자 중심 교육을 하는 첫번째 단계가 되겠습니다.

그럼 학생들의 기초 실력을 어떻게 측정할 수 있을까요? 이 질문에 마치 정답이라도 되듯이 가장 흔히 제시되는 답이 있습니다. '기초 실력을 테스트하는 시험을 학기 초에 실시한다.' 가장 확실한 방법일 것입니다. 그러나 교수님은 별로 탐탁스럽지 않게 느끼실 것입니다.

'강의하기만도 벅차서 어떻게 하면 중간고사나 기말고사를 보지 않고 적당히 넘어갈 수 있을까 이리저리 궁리하는 마당에 시험을 하나 더 봐? 그것도 학생들이 마땅히 다 알고 있어야 할 내용을?'

교육자들이 시간에 쫓기며 산다는 현실을 무시한 이상적인 모범 답같이 생각되지만 다른 뾰족한 안이 잘 나오지 않을 것입니다. 하지만 더 난감한 일은 그 다음입니다.

'그래, 나한테 시간이 남아돈다고 치고 시험을 내준다 하자. 그러나 결과야 뻔하겠지. 학생들의 기초 지식 수준이 들쭉날쭉할 것 아닌가. 그 점을 확인하고 난 다음에는 뭘 어떻게 한단 말인가? 설마 개별지도하라는 것은 아닐 텐데?'

시간도 없고 대책도 없어 보입니다. 그러나 시간 문제와 대책 부재 문제는 교수님께서 스스로 만든 문제들입니다. 교수님께서 채점하고, 교수님께서 분석하고, 교수님께서 학생들에게 피드백을 주고, 교수님께서 학생들이 모르는 부분을 다시 가르쳐야 한다고 생각하기 때문에 시간이 없고 대책이 없어 보이는 것입니다. 교수님께서 기초 지식 점검 과정을 교육자 중심으로 생각하기 때문에 파생되는 문제들입니다.

약간 달리 생각해 볼 필요가 있습니다. 교수님 대신 학생들이 액션을 취하는 방법을 모색해야 합니다. 교수님은 능동적이고 학생들은 수동적이 되는 관계가 아니고 학생들이 주도하게끔 만드는 방법을 찾아야 합니다. 그러면 시간 문제와 대책 부재 문제는 저절로 사라질 것입니다. 예를 하나 들겠습니다.

학기 초에 샘플 기말고사 문제와 답을 몇 개 선택해서 학생들에게 보여주고 어떤 기초 지식이 요구되는가를 학생들 스스로 분석하게 하고 리스트를 작성하게 한다. 그 리스트에 비추어 학생들 각자 자신의 기초 지식 준비 수준을 점검하게 한다. 그러고는 언제까지 기초 지식 수준을 필요한 만큼 끌어올려야 할 것인가, 그 기한을 정해준다.

교수님이 샘플 문제를 제시한 다음 학생 스스로 분석하고, 피드백을 얻고, 복습하게 합니다. 학생들이 배움의 주인공 역할을 맡게 합니다. 즉 학습자 중심입니다. 이때 역할은 학생들이 스스로 배울 수 있는 기회를 마련해 주는 것입니다.

샘플 기말고사 문제와 답은 세 가지 효과를 동시에 냅니다.

학생들에게 교육 목표를 확실하게 전달해 준다. 학생들이 학기 말에 가서 풀거나 다룰 수 있어야 하는 문제를 명백하게 제시해 주기 때문입니다. 이는 학생들이 배움을 책임지도록 하면서 어떤 기초 지식이 필요한가를 구체적으로 보여줍니다. 쉽게 해볼 수 있는 학습자 중심 교육 방법이라고 생각됩니다. 학습자 중심 교육에 대한 논의가 학생들이 원하는 대로 해주는 것이라는 결론으로 이어지는 경우가 가끔 있습니다. 절대로 아닙니다. 학습자 중심 교육이란 학생들이 배움의 책임을 지는 것입니다. 교육자는 학생들이 그렇게 할 수 있도록 도와주는 것입니다. 학습자 중심 교육은 결과가 아니라 과정입니다. 그리고 '새 시대 교수법'은 교수님들로부터 더 '많은' 것을 요구하지 않습니다. 단 '다른' 것을 요구할 뿐입니다.

끊임없는 의사소통

기초 지식 점검하기는 학생 자신이 뭘 모르고 있다는 자체마저 모르고 있는 가장 무식한 상태에서 벗어나도록 해줍니다. 그러나 제가 누차 강조했듯이 교수님께서 학생들을 분석하고 학생들에게 피드백을 주는 것이 아니라 학생들 스스로 깨닫도록 도와주어야 학습자 중심 교육이라고 말할 수 있습니다. 기초 지식 점검하기 정도는 쉽게 학습자 중심으로 이행할 수 있습니다. 문제는 그 다음입니다.

자신들의 무지를 스스로 깨달은 후에도 계속해서 학생들이 스스로 학습에 임해야만 학습자 중심 교육이 됩니다. 그러나 학생들이 교수님께서 직접 수업을 주도해 주시길 기다리는 것이 문제입니다. 항상 그렇게 해왔기 때문이지요. 평생 달달 볶여서 억지로 억지로 한 공부를 어느 날 갑자기 스스로 하게 되지 않을 것입니다. 숙제를 내주어도 최소한으로 하고, 시험을 본다고 하면 그제서 벼락치기로 공부하던 학생들이 갑자기 스스로 복습하고 예습하겠습니까?

학생들의 이러한 수동적 자세만이 문제가 아닙니다. 정말 심각한 문제는 학생들의 노골적인 저항일 것입니다. 학습자 중심 교육은 학생들에게 더 많은 것을 요구합니다. 기초 지식 점검만 하더라도 교수님께서 분석하고 피드백을 주지 않고 학생들 스스로 하게 하지 않습니까! 그래서 학습자 중심 교육은 학생들에게 그다지 환영받지 못할 것입니다.

교수님의 의도에 아무 반응도 안 보이거나 조금도 꿈쩍이지 않는 학생들의 수동적 저항은 그런대로 견딜 만할 것입니다. 하지만 온갖 불평이 옆으로 삐져나오거나 불만이 툭툭 튀어나온다면 강의실 분위기는 엉망이 되겠지요. 그렇게 될 바에 학습자 중심 교육을 포기하고 예전대로 교수님께서 학생들에게 일방적으로 강의하는 것이 더 나을지도 모릅니다.

그러나 학습자 중심 교육은 선택하거나 포기할 수 있는 사항이 아닙니다. 시대가 학습자 중심 교육을 요구하기 때문입니다. 다양화, 특성화, 자율화가 교육 패러다임인 시대, 평생교육이 필수가 된 시대, 모두가 스스로 공부할 수 있어야 살아남는다는 학습 사회(Learning Society)에서는 학습자 중심 교육 이외에 다른 방도가 없습니다.

학습자 중심 교육을 성공적으로 이행하기 위해서 와이머(Weimer, 2002)는 학생들과의 끊임없는 커뮤니케이션을 권장합니다. 학생들에게 시대 변화를 설명하고 정보와 지식에 대한 인식 변화, 교육 목적의 변화, 기업 요구의 변화, 취업 트랜드의 변화에 대한 내용도 전달해야 한다고 합니다. 이때는 기회를 잡아서 한번에 체계적으로 설명하는 것이 아니라 자주, 짤막하게, 지나가는 말처럼, 하지만 일관성 있고 명백한 메시지를 담은 코멘트가 바람직합니다. 이런 코멘트의 총체적인 목적은 학생들이 왜 자신의 교육을 스스로 주도해 나가야만 하는가, 즉 왜 학습자 중심 교육에 적극적으로 참여해야 하는가를 설득시키는 것입니다. 이제껏 교수님은 강의 시간에 거의 전적으로 교과 내용을 다루었습니다. 그러나 학습자 중심 교육을 실행하시는 교수님께서는 교과 내용을 약간 덜 다루더라도 시간을 내어 학생들의 인식 변화와 인지 발달에 직접적으로 영향을 미쳐야 합니다.

학습자 중심 교육이 어렵지만은 않습니다. 그리고 좋은 소식도 있습니다. 학생들의 저항은 초기에만 나타나는 현상이라고 합니다. 교수님께서 학습자 중심 교육에 대한 확신을 지니고 지속적으로 시도하면 학생들이 끝에 가서는 긍정적 반응을 보이고 진정한 학습자로 변신한다는 희망적인 연구 결과가 있습니다.

학생 중심, 학습자 중심이란 구호를 누구나 다 내세우고 있지만 실제로 이행하는 곳은 거의 없습니다. 이제 학습자 중심과 학생 중심이란 단어가 구호로만 그쳐서는 안 됩니다. 우리 모두 참여해야 합니다.

co-student로서 학생들을 돕는다

한국에는 이제 강의 평가가 상당히 정착된 듯 싶습니다. 아직 강의 평가의 타당성과 신뢰성에 대하여 왈가왈부하는 대학이 몇 있긴 합니다만 토론의 핵심은 과연 강의 평가를 해야 하는가 마는가가 아니고 어떻게 하는 것이 가장 바람직할까, 입니다.

강의 평가 항목은 교육 기관마다 약간 차이가 있지만 대체로 비슷합니다. 아래에 가장 흔한 예 몇 가지를 적어보았습니다.

1. 교수님은 설명을 알기 쉽게, 명확하게 하셨다.
2. 교수님의 학점 평가 기준은 공정하였다.
3. 강의 진도는 적절하였다.
4. 교수님께서는 강의 준비를 항상 철저히 해오셨다.

이런 항목은 추가 설명이 필요하지 않습니다. 하지만 가끔 강의와 교육에 대해서 다시 생각해 보게 만드는 평가 항목을 발견하기도 합니다. 예를 들어 이런 강의 평가 항목도 있습니다. '교수님은 학생들이 한 질문에 대한 답을 스스로 찾을 수 있도록 도왔다.'

이 평가 항목을 얼핏 들으면 별 대수롭지 않은 말같이 들립니다. 하지만 잠시 생각해 보면 이 항목은 고난도 교수법 기술을 요구하고 있다는 사실을 금방 알 수 있습니다. 학생들 스스로 답을 찾을 수 있도록 도우려면 일단 학생들이 질문을 했어야 합니다. 그러나 어디 학생들이 강의 시간에 질문을 합니까? 강의 시간 내내 학생들에게 질문을 하라고 신신당부해도 하나둘 나올까말까 하는 게 현실이지 않습니까. 학생들로부터 질문을 받는 것처럼 목 빠지게 기다려야 하는 것도 없는데 어느 세월에 스스로 답까지 하도록 유도할 수 있겠습니까.

그러나 평생 학습이 중요하다는 지식·정보화시대에는 스스로 질문하고 스스로 답을 찾을 수 있는 능력이 필수입니다. 따라서 지식·정보화시대의 지성인 양성에 목표를 둔 대학은 이 항목을 강의 평가에 넣어야 하겠습니다. 그리고 우수한 교육자라는 평을 들으려면 적어도 이 항목에서만큼은 만점을 받아야 되겠지요.

하지만 이 항목에 만점은 고사하고 높은 점수를 받기도 쉽지 않습니다. 대학생들은 상당수가 질문하기를 꺼려하고 스스로 답을 추구하기를 귀찮아하기 때문입니다. 치밀한 작전과 매끈한 기술의 뒷받침없이 섣불리 질문을 유도하고 답을 유도하다보면 교수님 혼자 썰렁해질 가능성이 매우 높습니다.

대학생들이 질문과 대답에 시큰등한 이유가 있습니다. 초중고 시절 부모님으로부터 매일 "공부해!"란 잔소리에 떠밀려 공부하고, 알고 싶은 것을 공부하는 것이 아니라 '알아야 하는' 시험 예상 문제에 대한 정답만 달달 외우던 학생들입니다. 그래서 대학생들의 인지발달에 대한 연구 논문을 보면 대학교 신입생의 압도적 대다수가 '의존적 학습자'의 차원에 머물고 있다고 합니다. 아무리 초중고에서 열린 교육을 실시해도 학생들이 스스로 질문하고 답할 수 있는 '독립적 학습자'로 발전하기 어려울 것입니다. 18~19세 미만의 학생들은 독립적 학습자가 될 만큼 성숙한 인지발달 단계에 도달해 있지 않기 때문입니다(물론 초중고에서 독립적 학습에 대한 마음 자세와 습관을 심어 주는 중요한 역할은 할 수 있겠습니다).

그러나 대학 교육 과정은 달라야 합니다. 학생들이 대학을 졸업할 즈음에는 독립적 학습자로 발전되어 있어야 하겠습니다. 학생들이 질문을 하고 스스로 답을 추구하는 기회를 많이 주어야 합니다.

2 :: 어떻게 학습 동기를 부여할 것인가

학생들을 가르치기보다는 학생들이 배우도록 돕는 것이 학습자 중심 교육이라고 하였습니다. 그러나 여기에 어려움이 따릅니다. 우리의 도움을 청하는 학생들이 그리 많아 보이지 않기 때문입니다. 도움이 필요한 학생이 없다는 것이 아니라 도와달라고 애원하는 학생들이 없다는 것입니다. 도운다는 행위는 먼저 도움이 필요한 상황이 존재해야 합니다. 서울역에 가고 싶은 사람이 길을 물어볼 때 안내를 해줄 수 있듯이 공부를 하고 싶은 학생이 있을 때 그들의 학습을 도와줄 수 있지 않겠습니까. 그러나 우리 주변에는 스스로 공부를 하겠다는 학생들이 그다지 많아 보이지 않습니다.

일반적으로 사람들은 도움을 청하지도 않았는데 누가 도움을 주겠다고 나서면 귀찮아 합니다. 심지어는 괜히 참견받는 것 같아 짜증스럽기마저 합니다. 이와 마찬가지로 학습 동기가 없는 학생들의 학습을 도와줄 수 없습니다. 배움에 굶주린 학생들이 선생님의 도움을 청한다면 몰라도 공부라면 치가 떨리도록 지겨운 일로 생각하는 학생들이 아닙니까. 그래서 우리는 이제 학생들의 학습 동기를 부여하는 기술을 지녀야 합니다.

학생들의 학습 동기를 높이기 위해서는 우선 동기 부족의 원인을 알아야 합니다. 미국 학생들을 대상으로 한 연구 결과를 소개합니다.

학생들이 학습 동기를 느끼지 못하는 원인 9가지
- 어쩔 수 없이 가게 된 대학
- 마음에 없는 학문
- 잘못된 학습 습관
- 부족한 기초 실력
- 외톨이 성격
- 적성에 맞지 않은 공부
- 개인 사정
- 성공에 대한 불안감
- 결과주의적 졸업 목적
- 과정에만 치중

아마 한국 학생들을 대상으로 한 연구 결과가 있다면 이와 크게 다르지 않을 것이라 생각됩니다. 9가지 원인을 살펴보면 교수님께서 해결하거나 도울 수 있는 것은 별로 없어 보입니다. 아니, 좀더 정확하게 말하자면, 강의실 내에서 할 수 있는 것이 별로 없다는 것입니다. 하지만 교육자의 영역은 강의실로만 국한되어 있지 않습니다.

겁을 주는 대신 성공 그림을 그려준다

제가 미국 대학에 입학한 첫날 직접 경험한 이야기를 말씀 드리겠습니다. 신입생 오리엔테이션 때 학장님 인사 말씀이 있었습니다. 우리 학교에 오게 된 것을 진심으로 환영한다, 공대에 입학했으니 너희들 앞날이 창창할 것이라는 등 학생들을 한참 추켜올려 주시더니 끝으로 조언 한마디를 덧붙이셨습니다. "각자 자신의 오른쪽 옆에 있는 학생을 보시오. 그리고 왼쪽 옆 학생을 보시오. 학생 셋 중에 한 명은 졸업하지 못하고 사라져버릴 것입니다." 그러니 공부를 열심히 하라는 뜻이었습니다.

학생들은 이 말을 듣는 순간 두리번거리면서 킥킥 웃었습니다. 돌이켜보니 화창한 웃음소리가 아니고 신경질적인 웃음이었던 것 같습니다. 으레 이런 말을 들을 것이라고 기대를 했지만 막상 학장님으로부터 듣고보니 옆에 앉아 있는 학생들이 험난할 대학 생활에 서로 의지할 수 있는 동지가 아니고 경쟁 대상으로 보였던 것입니다. 순간적이었지만 마음이 불안해졌습니다. 셋 중에 꼭 내가 실패를 할 것 같은 두려움도 느껴졌습니다. 갑자기 자신이 없어지고 불쾌한 마음마저 들었습니다.

이런 식의 겁주기는 요즘도 강의실에 자주 등장합니다.

"학점 잘 받으려면 이번 시험만큼은 잘봐야 해요."

"최소한 이 정도 내용도 모르면 무조건 F야."

"이런 식으로 계속한다면 앞날이 걱정스럽다."

학생들을 격려해 주는 것 같지만 사실상 협박입니다. 겁주기는 역효과를 낸다는 연구 결과가 있습니다. 「*The Professor in the Classroom*(Vol. 8 No.6)」은 겁주기가 좋은 교수법이 아닌 이유 네 가지를 나열합니다.

1. 겁주기는 불안감을 조성합니다. 학생들은 안정된 환경에서 가장 효과적으로 공부한다고 합니다.
2. 겁주기는 실패를 당연한 결과로 받아들이게 합니다. 이런 경우 학생들은 약간의 어려움에 부딪치게 될 때 더 많이 노력하는 대신 쉽게 포기하게 됩니다.
3. 겁주기는 자신감을 상실하게 합니다. 자신감을 잃은 학생은 결단을 내리지 못하고 마비된 상태로 우물쭈물하다가 시기를 놓치기 일쑤라고 합니다.
4. 겁주기는 변화에 대한 거부 반응을 일으킵니다. 사실 겁주기는 잘 되라고(좋은 쪽으로 변하라고) 하는 말이지만 학생들은 오히려 변하기를 거부하게 된다는 것입니다.

겁주기는 학습뿐 아니라 운동 선수들 훈련 때에도 똑같이 역효과를 낸다고 합니다. 요즘 스포츠 중계를 보면 카메라와 마이크가 끼어들지 않는 곳이 없습니다. 심지어 작전 타임 중에 코치와 선수들이 나누는 대화까지 안방으로 중계됩니다. 코치가 말하는 내용을 자세히 들어보면 내용이 대략 두 종류로 나눠집니다.

"이봐, 아무개. 그렇게 하면 되나! 상대방 포워드가 우측으로 빠질 때 조금 전에 하듯이 하면 안 된단 말이야. 발을 움직이지 않고 그냥 서 있으면 어떻게 해! 그럼 구멍이 뚫리잖아. 다음에 또 그렇게 하면 안 돼! 알겠어?"

이렇듯 선수가 무엇을 잘못했는가 지적해 주는 코치가 있습니다. 이런 경우 코치는 몹시 화가 나 있고 선수를 못마땅해 하는 기색이 역력합니다. 실수를 한 선수는 창피하고 미안해서 풀이 죽어 보입니다. 이렇게 선수의 기를 꺾어버리는 것도 문제지만 이런 식의 지적이 오히려 역효과를 낼 수 있다는 점이 치명적입니다. 코치의 지적에 따라 선수의 머릿속에는 실패한 시나리오가 재방송됩니다. 그렇게 하면 안 된다는 것에 초점이 맞추어지고 강조되다보니 오히려 하지 말아야 하는 행동이 머릿속 깊이 새겨지고 맙니다. 좋은 기회가 와도 놓치기 십상이고 더구나 똑같은 실수를 되풀이할 확률이 오히려 높아져버립니다.

두 번째 종류의 예는 하지 말아야 하는 실수를 지적하는 대신 무엇을 해야 하는가에 초점을 맞추는 것입니다.

"상대방 포워드가 우측으로 빠지면 아무개는 더블 팀으로 방어하고 가드의 진로를 차단해. 초반에 그런 식으로 하니까 상대팀이 맥을 추지 못했잖아. 그때같이 하면 돼. 그리고 아무개는 페인트를 쓰란 말이야. 너 그거 잘하잖아. 정신차리고 최선을 다하라구……."

이 코치는 선수의 장점을 상기시켜주고 있습니다. 그리고 성공적인 플레이를 지적하고 있습니다. 이런 경우 선수의 머릿속에는 성공사례가 재방송되게 됩니다. 이렇게 하면 되더라는 시나리오가 머리에 그려질 적에 바람직한 행동이 나타날 확률이 높아집니다.

운동 선수의 심리 자문가인 웨이틀리가 우수한 선수들을 관찰한 결과 그들의 머릿속에 성공 시나리오가 가득 차 있는 것을 발견하였다고 합니다. 예를 들자면 축구 선수의 머릿속에는 자신이 성공적으로 발리슛을 날리는 모습이 생생하게 그려져 있고, 배구 수비 선수의 머릿속에는 상대방의 강한 공격을 자신이 뒹굴면서 받아내는 멋진 모습이 뚜렷하게 그려져 있다고 합니다. 우수한 코치는 팀의 성공적인 플레이를 편집한 비디오를 만들어 선수들에게 자주 보여준다고 합니다. 특히 기적같이 막판 뒤집기를 이룬 게임이라든지 끝까지 아슬아슬하게 싸운 게임의 예를 보여주기도 한답니다.

강의실에서도 충분히 응용될 수 있다고 생각됩니다. 겁주기는 실패에 초점을 두고 있습니다. 잘못을 지적하는 것은 중요하지만 그것에 머물지 말고 성공을 강조하는 것이 바람직하겠습니다.

시험도 하나의 학습 과정으로 활용한다

학생들이 시험을 봤는데 교수님의 예상을 뒤엎고 평균 점수가 무척 낮게 나왔다면 어떻게 하시겠습니까? 예를 들어 시험 평균 점수가 적어도 80점 정도는 되어야 하는데 65점 밖에 나오지 않을 때 말입니다. 채점하면서 뒤집어지는 속을 감당하는 일도 힘들지만 대책을 마련하는 일도 골치 아픈 일입니다.

우리는 학생들을 배려하기 위해 가장 쉬운 문제를 맨 앞에 출제하기도 합니다. '첫 문제가 쉬우면 학생들이 잘 풀어낼 것이고, 그래서 자신감을 느끼면 좀더 어려운 다음 문제에 차분한 마음으로 도전할 수 있을 것이다.' 무척 좋은 의도입니다.

그러나 어이없게 학생들이 첫 문제부터 왕창 망칠 때가 있습니다. 그러고는 당황한 나머지 우왕좌왕하게 됩니다. 답을 쓰고 지우기를 반복해서 시험지가 너덜해진 경우, 답을 산발적으로 여기저기 적어낸 경우가 대체 그렇습니다.

'아니, 이렇게 쉬운 문제를 어찌 이토록 헤맬 수가 있나? 내가 학생들을 위해서, 첫 문제를 쉽게 내기 위해서 얼마나 많이 노력했는데······.'

일종의 배신감 비슷한 감정이 솟아오릅니다. 그러고는 점수를 박하게 매기고 싶은 충동을 느끼게 됩니다. 잘한 부분을 찾아내어 점수를 반이라도 올려주고 싶은 후한 마음은 눈곱만치도 떠오르지 않습니다. 그 대신 잘못한 부분을 꼬집어내어 점수를 삭감하고 싶은 묘하게 심술궂은 마음만 잔뜩 생깁니다. 마음을 가라앉히고 그럭저럭 채점하기를 끝내면 마음이 다시 무거워집니다. 시험지를 학생들에게 되돌려주면서 어떤 코멘트를 해야 할지 고민스럽기 때문입니다.

"학생들…… 해도 너무하다! 공부를 얼마나 하지 않았으면 이렇게 쉬운 첫 문제마저 다 틀리나?"

아니지요. 물론 말을 이렇게 노골적으로 하지 않더라도 학생들의 학습 능력을 폄하하거나 학습 자세를 나무라는 코멘트는 바람직하지 않기 때문입니다. 일부 학생들이 틀렸다면 그들의 탓이겠지만, 대다수의 학생들이 한결같이 틀렸다면 이유는 학생들이 아닌 다른 곳에서 찾아야 할 것입니다.

"평균이 이렇게 낮은 걸 보니 아마 시험이 어려웠던 모양입니다. 최종 성적은 상대 평가로 이루어지니 점수가 낮더라도 너무 걱정하지 않아도 됩니다."

이것도 아니지요. 학생들을 싸잡아 야단치지 않는 것은 좋지만 '시험은 그저 성적내기 위해서다'라는 메시지는 곤란하기 때문입니다. 시험의 목표는 학생 평가라는 결론 지향적 목표도 있지만 학습 효과에 대한 피드백과 진단을 가능케 해주는 발전지향적 목표도 있어야 합니다.

"시험 문제를 다시 풀어오면 점수를 올려주겠습니다. 단 모든 문제를 여러 각도에서 풀어보고 상세한 주석을 붙여서 강의 내용을 확실히 이해했다는 증거가 보여야 합니다."

시험을 성적(숫자) 하나로 축소시키지 않고 교육 목표와 연관지어 주고 있습니다. 시험을 일시적인 행정 절차로 만들지 않고 지속적인 학습 과정으로 부각시키는 코멘트는 이 외에도 많이 있겠습니다.

학생들을 탓하지 않는 것과 학생들에게 책임을 묻는 것은 다릅니다. "왜 이렇게 못했나?"라는 질문은 탓하는 것이며 과거에 집착하고 있습니다. "어떻게 하겠습니까?"는 책임을 묻는 것이며 미래를 그리는 작업입니다.

우등생도 돕는다

신입생 기본 실력 저하 등으로 요즘 대학의 주안건 중에 하나는 어떻게 하면 실력 미달인 학생들이 제대로 대학 공부를 따라가게끔 도와주나 입니다. 교수님들에게 teaching tip을 전달하여 강의의 효과를 높이려는 교수 지원 프로그램이 생기는가 하면 학습 센터와 Writing Center 등을 설립하여 학습을 돕거나 학생들이 대학 생활에 잘 적응하도록 도와주는 학습 지원 프로그램들도 시도되고 있습니다.

이 모든 프로그램들이 다 절실히 필요하고 앞으로 더 활성화되어야 하겠습니다. 하지만 우리가 잊으면 안 되는 사항이 하나 있습니다. 우수한 학생들에 대한 배려입니다. 실력 미달인 학생이 수업을 따라가기 힘들어하는 것만큼 우수한 학생한테는 도전의식을 전혀 느낄 수 없는 시시한 수업이 힘들기는 마찬가지이기 때문입니다.

수준 미달의 학생들을 위한 다양한 프로그램과 지도·상담 기회를 마련해 주듯이 대학과 교수님께서는 우수한 학생들을 위한 프로그램과 발전 기회를 개발해 주어야 합니다. 학부·대학원 복수 학점제 도입하기, 대학원 연구 참여 기회 부여하기, 리더십 기회 부여하기, 다양한 학습 진로 개방해 주기 등은 대학 차원에서 할 수 있는 일입니다. 그러나 교수님께서 직접 하실 수 있는 방법들도 많습니다. 우수한 학생들이 같은 학습 주제를 일반 학생들에 비해 좀더 광범위하게 또는 깊이 있게 파고들 수 있도록 해주는 심화 교육, 좀더 빠른 속도로 진행할 수 있도록 해주는 차별된 교육, 졸업 후 진로에 대한 개별적 상담 등이 가능하겠습니다.

물론 이런 방법들은 교수님께서 이미 때때로 해오시던 방법들일 것입니다. 하지만 중요한 것은 정말 우수한 학생을 만나 가끔 예외적으로 실시하는 것이 아니라, 매 강의에서 상위권 학생 10퍼센트 정도에게 기본적으로 해줄 수 있는, 그 정도로 흔하고 당연한 일이 되어야 하겠습니다. 또 흔한 일이 될 수 있도록 가급적 교수님의 시간을 많이 요구하지 않는 방법들을 많이 개발하시면 좋겠습니다.

"아, 그건 조벽 교수가 한국 학생을 몰라서 그런 말을 하는 것일 게요. 우리 학생들이 공부를 하려고 해야지요. 개별적 상담, 차별화 교육, 심화 교육…… 미국 학생들에게나 적용되는 것 아닙니까." 아닙니다. 우리는 모든 학생들이 공부를 최소한으로 하려고 한다는 선입견을 버려야 합니다. 강도 높은 학습을 선호하는 학생들이 분명히 있을 것입니다. 그저 한두 명이 아니고 제법 될 것이라고 믿습니다. 그들은 그들의 학습 욕구를 인정해 주고 그들의 수준에 걸맞는 학습을 할 수 있는 환경을 기다리고 있을 것입니다. 학생들은 교수님의 보살핌에 따라 달라집니다. 우수한 학생들도 교수님의 관심을 기다리고 있습니다.

새 시대 학생의 학습 동기를 이해한다

입시 성적순으로 학생들을 선발할 때에는 강의실에 비슷한 실력이나 학습 자세를 지닌 학생들이 모이게 됩니다. 이런 경우 교수님께서 강의를 학생들의 평균 수준에 맞추면 되겠지요. 하지만 학생들이 '열린' 초중고 교육을 받고, 특차로 선발되어 대학에 들어오게 되면 수강생들의 실력과 학습 자세가 엄청나게 다양해집니다. 공부를 매우 잘하는 학생이 있는가 하면 공부와는 아예 담을 쌓고 지내는 학생도 한 반에 함께 있게 됩니다. 실력의 폭이 예전보다 훨씬 더 넓어져 강의를 어느 학생의 수준에 맞추어야 할지 고민스러울 것입니다. 예전같이 평균 학생 중심으로 강의를 하면 우수한 학생은 매우 따분해 할 것이며 준비가 덜 된 학생은 학습을 아예 포기하게 될 것입니다. 해결책은 학생들이 스스로 학습할 수 있도록 동기를 유발해야 합니다.

학생들이 공부할 자세가 되어 있지 않은 이유는 다양합니다. 사회 전반적인 문제(성적순으로 가게 된 학교, 잘 알지 못하고 택한 학과)가 있는가 하면 지극히 개인적인 문제(집안 형편, 대인관계 문제)가 있습니다. 고질적인 것(부족한 기초 실력, 성공에 대한 불안감)과 일시적인 것(이성 교제 등)으로 구분할 수도 있겠지요.

이렇게 이유만 다양한 것이 아니고 동기 부족으로 인한 결과 또한 다양하기 그지없습니다. 동기 결여 상태가 심각한 수준에 다다른 학생들은 아예 강의실에 나타나지도 않고, 나타나더라도 책상에 엎드려 잡니다. 초기 증세를 보이는 학생들은 강의실에 얌전히 앉아 있기는 하나 눈에 초점이 없고 얼굴에 표정이 없습니다.

동기 부족의 원인과 그로 인한 문제가 복잡할수록 응급 교수법으로만 해결할 수 없고, 동기 유발에 대한 기본 원리를 이해해야 합니다. 동기에 대한 원리는 많은데 그 중 매슬로의 원리가 가장 유명합니다. 심리학자 매슬로는 인간의 욕구에는 다섯 단계가 있다고 합니다(Maslow 1970).

- 가장 기본으로는 물, 공기, 음식 같은 생존 욕구
- 안전에 대한 욕구

- 남으로부터 인정받고자 하는 욕구
- 자기 존중감을 갖고자 하는 욕구
- 제일 최상위의 욕구는 자아 실현하고자 하는 욕구라고 합니다.

교수님들께서 학생이었던 시절에는 공부를 잘하는 것이 첫 세 가지 욕구를 충족해 주는 가장 확실한 방법이었습니다. 그래서 좋든 싫든 공부를 해야만 했습니다. 자신의 의지와 무관하게 대학과 전공을 정하였고, 무사히 졸업하였습니다.

하지만 요즘 학생들은 다릅니다. 이제는 자신의 적성을 따집니다. 아무리 장래가 밝은 전공이어도 마음에 들지 않으면 시시하다 하고, 재미가 없으면 공부하기 싫다고 합니다. 배부른 소리!라고 생각되시겠지요. 하지만, 요즘 학생들의 배가 부른 것은 사실입니다. 이제는 공부만 하지 않아도 먹고살 길이 다양해졌기 때문입니다. 그래서 구태여 하기 싫은 공부를 하거나 적성에 맞지 않은 전공을 배워야 할 동기가 별로 없습니다. 그래서 그들에게 "공부하면 성적이 좋아진다, 좋은 직장을 얻을 수 있다, 존경받는 사회인이 될 것이다"란 말은 별로 효과가 없습니다. 첫 세 가지 욕구를 겨냥한 격려, 충고, 조언, 경고, 훈계 등은 일시적인 효과를 보더라도 결코 오래가지 못할 것입니다. 오히려 부작용이나 생기지 않으면 다행일 것입니다.

요즘 학생들한테는 자기 존중감과 자아 실현이 가장 중요한 동기 유발이 됩니다. 학생들이 성적이나 취업과는 무관하더라도 강의로 인하여 자신이 발전하고 있다는 것을 느끼면 열심히 공부할 것이라는 결론입니다.

학생들의 욕구를 읽어야 합니다. 학생들은 이미 2만 달러 시대를 살고 있습니다. 학생들이 들고 다니는 전자제품의 종류, 집에서 독자

적으로 사용하는 공간, 소비성 등은 이미 2만 달러 시대의 수준입니다. 물론 그들이 2만 달러 시대에 적합한 생산력을 아직 구비하지는 않았지만 그 정도의 소비력에 해당하는 삶을 살고 있다는 것입니다. 그래서 우리는 학생들에게 2만 달러가 아니라 4만 달러 시대의 비전을 보여주어야 그들의 상상력을 자극하고 동기의식을 자아낼 수 있을 것입니다.

지식과 배움의 본질을 이해시켜라

학습 동기의 유무는 학생이 지식과 배움의 본질을 어떻게 인식하는가에 따른다는 연구 결과가 있습니다(Paulsen and Feldman, 1999).

배움에 대한 가치를 별로 느끼지 못하며, 공부에 대한 자신감이 떨어지고 학습 동기가 없는 학생은,

- 지식이 단순한 사실의 나열이라든지 죽은 고체 덩어리라고 인식합니다.
- 벼락 공부의 위력을 믿으며 공부를 노상 후다닥합니다.
- 학습 능력은 선천적이며 고정된 것이라고 믿습니다.

이런 학생들은 흔히 공부는 그저 시험을 잘보기 위한 것이라고 생각합니다. 이들은 학점에 필요 이상으로 신경 쓰고 따라서 시험을 치를 때 스트레스를 많이 받는다고 합니다.

배움을 즐거워하고, 자신감이 많고, 학습 동기가 높은 학생의 경우는 이와 대조적입니다.

- 지식을 서로 연결되어 복잡하고 변하는 유기체라고 인식합니다.
- 공부는 꾸준히 하는 것이며 장기전을 치러야 한다고 믿습니다.

• 능력을 후천적인 노력과 배움의 결과라고 믿습니다.

이런 학생들은 뚜렷한 목적 의식을 가지고 있을 확률이 높습니다. 학점을 대수롭지 않게 생각하고 따라서 시험이나 퀴즈를 담담하게 대한다고 합니다.

이 연구 결과는 교수님께서 학생들의 학습 동기를 유발할 수 있는 방법을 제시해 주고 있습니다.

1. 지식은 결코 간단하거나 완벽하거나 고정되어 있지 않다는 메시지를 준다. 지식이라는 것이 살아 있는 생명체와 같이 변하는 것이라는 면모를 보여준다.
2. 지식의 연관성을 자주 보여준다. 특히 개념 지도를 보여준다.
3. 공부를 열심히 하지만 성적이 낮은 학생들에게 특별한 관심을 보인다.
4. 정답이 없는 대신 최선의 답이 있는 문제를 내주어 학생들이 최선을 다하는 마인드를 가지도록 한다.
5. 가급적 시험 하루 전날 벼락공부해서는 잘 볼 수 없는 시험 문제를 낸다.
6. 중간 고사와 학기말 시험 점수에 치우치지 않고 학기 내내 꾸준한 노력을 해야 하는 과제물 점수를 학점에 충분히 반영한다.
7. 차근차근 자신의 실력을 쌓아가는 학생들도 좋은 학점을 받을 수 있도록 해주는 '복식형 성적 계산법'을 쓴다.

이 외에도 다양한 방법이 있을 것입니다. 학생들이 지식과 배움의 본질을 올바르게 인식하도록 도와주면 그들의 학습 동기를 유발할 수 있을 것입니다.

중요한 것은 내면의 동기다

어느 대학의 구내 식당에서 점심을 하고 있었습니다. 옆 식탁에는 어떤 교수님께서 신입생 열대여섯 명과 함께 식사를 하고 계셨습니다. 이 대학에서는 신입생들을 잘 지도하기 위해 신입생을 모든 교수님께 배당하고 있다고 합니다. 그리고 교수님과 학생들이 1년에 한끼 식사라도 함께하라고 대학에서 활동비를 지급한답니다. 제가 바로 옆에 앉은지라 지도 교수님의 말씀이 훤히 들려왔습니다.

"학생들은 공부 열심히 해야 합니다. 부모님을 잊지 말아야 해요. 학생들을 대학에 보내기 위해 부모님께서 얼마나 애쓰셨는지 말입니다. 학생들은 열심히 공부해서 부모님의 기대에 어긋나지 말아야 해요. 훌륭한 사회인이 되어 부모님의 은혜에 보답을 해야 합니다."

학생들은 묵묵히 밥을 먹고 있습니다. 교수님은 목에다 힘을 한껏 주어 말씀을 계속하셨습니다.

"대학 4년은 금방 가버립니다. 눈 깜짝할 사이에 졸업할 날이 옵니다. 지금부터 실력을 꾸준히 차근차근 쌓아 올라가야 합니다. 그래서 우리나라에 필요한 일꾼이 되고 미래를 짊어질 지도자가 되어야 할 것입니다. 애국이라는 것은 별것이 아니지요……."

교수님 목소리는 흥분에 떨리고 있습니다. 학생들은 여전히 조용합니다. 교수님의 얼굴은 상기되어 있습니다. 학생들의 눈은 멍할 뿐입니다.

교수님의 말씀은 구구절절 다 지당한 말씀입니다. 하지만 학생들에게는 다 지겨운 잔소리로 들렸겠지요. 학교 다니는 12년 동안 부모님과 선생님들로부터 매일 들은 말을 대학에 와서 다시 교수님으로부터 또 듣자니 기운이 빠져버릴 것입니다. 교수님이면 뭔가 다른 차원의 말씀이 있지 않을까 하던 막연한 기대가 와르르 무너져버렸겠지요. 그리고 대학인들 별 수 없구나 하는 암담하고 참담한 마음이 들었을 것입니다.

대학생에게 끈기만을 요구하는 도전은 별 가치가 없다고 생각합니다. 그 지도교수님은 동기 부여에 대한 최근 연구 결과를 모르시기 때문에 그저 예전에 자신이 학생일 때 들었던 구닥다리 이야기를 새 시대 학생에게 그대로 전하고 있었던 것입니다. 이런 경우 지도 교수님과의 다음 만남은 배고플 때에나 기다려지겠지요.

우리는 일반적으로 상과 벌로 사람을 움직이려고 합니다. 외국에서 사용하는 말로 '당근과 채찍'이라는 은어도 요즘 한국에 자주 등장합니다. 당근과 채찍은 서양에서 당나귀나 말을 부릴 때 사용하던 두 가지 방법을 나타내주고 있습니다. 당근(상)으로 달래거나 아니면 채찍(벌)으로 겁을 주어 움직이는 방법입니다.

지도교수님께서 하신 말씀을 하나 하나 분석해 보면 주로 벌에 치중해 있다는 사실이 보입니다. "부모님 은혜에 보답하라"는 말은 다시 말해 공부하지 않으면 불효자라는 지칭과 함께 사회적인 지탄(벌)을 받게 될 것이라는 일종의 협박입니다. "애국이라는 것……"을 운운한 것도 결국 매국노를 암시하고 있습니다.

그러나 최근 연구는 사람을 움직이는 (동기 부여) 방법에 상과 벌이 아닌 무언가 더 있다고 합니다. 테니스광인 동료를 생각해 보십시오. 오후 내내 치고 어둑어둑해져서 공이 잘 안 보이는데도 계속 칩니다. 그러곤 저녁에는 팔이 쑤시고 다리가 아프다며 끙끙댑니다. 그런데도 다음날이면 어김없이 테니스를 칩니다. 남이 알아줄 정도로 잘 치는 테니스 실력도 아니거늘…….

바둑에 미친 동료도 마찬가지입니다. 두세 시간 동안을 꼼짝하지 않고 한자리에 쪼그리고 앉아 바둑을 둡니다. 바둑을 두지 않을 때는 그런 자세로 십 분도 견디어내지 못할 정도로 어려운 일인데 잘도 버텨냅니다. 바둑으로 유명해질 것도 아니고 돈을 벌 것도 아닌데요.

주변에는 암벽 타는 사람도 있습니다. 목숨을 내걸고 암벽을 타는 사람들이야말로 진짜 광입니다. 테니스나 바둑은 그나마 사람들과 어울리는 사회놀이니까 그까짓 시간 좀 죽이고 몸이 피곤한들 술집에 가서 몸 버리고 돈 버리는 것에 비하면 오히려 양호한 방법입니다. 그러나 암벽은 그렇지 않습니다. 삐끗하면 귀신도 모르게 갈 수 있습니다. 그런데도 암벽 타는 사람들은 아랑곳없이 주말이면 산으로 향합니다. 왜 그럴까요?

이런 '광'들을 연구한 결과가 있습니다. 시카고 대학의 칙센트미하이 박사에 의하면 사람은 이런 광들의 공통점은 도전에 응하는 동안 뭐라 설명할 수 없는 희열을 느낀다는 데 있다고 합니다. 그동안에는 아무것도 보이지 않고 아무것도 느끼지 못한다고 합니다. 그 상태는 두뇌의 호르몬과 뇌 파장의 변화와 관계가 있으므로 중독 상태와 비슷합니다. 무아지경이 따로 있는 것이 아닌 것입니다. 이런 무아지경의 경지는 외부 요소에 의해 도달되지 않습니다. 각자 마음 속 깊은 곳에서 나오는 동기가 작동될 때 비로소 가능합니다. 상과 벌은 외적 동기 유발입니다. 학생들에게 내적 동기가 유발되도록 도와줘야 합니다.

3 :: 도구를 적절하게 사용한다

교육자라고 해서 모두 정식으로 교수법을 배우지는 않았습니다. 특히 대부분의 대학 교수님들은 교육학을 체계적으로 접할 기회마저 없었습니다. 그러나 저는 아무리 예전에 교수법을 많이 배우신 분이라도 지금 교수법을 다시 리뷰하시라고 권하고 싶습니다. 이유는 간단합니다. 최근에 두뇌에 대한 연구 결과가 무척 많이 나오면서 교육학에 새로운 이론과 안목과 방법론들이 제시되고 있기 때문입니다.

5년 전만 하더라도 최첨단 도구로 인한 두뇌 연구에 대한 결과가 교육학 책에는 그다지 많이 소개되지 않았습니다. CAT, PET, MRI, fMRI 등 두뇌의 단면을 촬영하거나 세포 하나 하나의 반응을 측정할 수 있는 첨단 도구가 두뇌 연구에 사용되기 시작한 지 얼마되지 않았기 때문입니다. 첨단 기구가 아니더라도 첨단 연구 방법이 발전하면서 획기적인 결론과 이론이 지난 10년 사이 무척 많이 등장하였고 지금도 계속해서 발표되고 있습니다.

예를 들어, 최성애 교수는 지난 10년 사이에 심리학 교과서가 본질적으로 변하였다는 점을 발견하였습니다. 10년 전만 하더라도 교과서의 3분의 1은 프로이드의 학설에 대한 내용을 다루었지만 최근에 나오는 교과서에는 단 한 장 반밖에 할애되지 않는다는 것입니다. 150페이지에서 1.5페이지로, 100분의 1로 축소되었고, 그나마도 프로이드의 학설이 얼마나 틀렸는가를 설명하고 있다고 합니다. 반(反)프로이드 파의 학자가 저술한 특정 학술책이 아니라 일반 대학교 심리학 개론서에 일률적으로 나타난 변화라고 합니다. 정말로 파격적인 변화입니다.

교수학이 교육심리학이고 보면 심리학의 이러한 혁신적인 변화가 교수법에 지대한 영향을 미치는 것은 당연합니다. 이 책에서 두뇌 연구 결과를 다 소개할 수는 없습니다. 그대신 그런 연구 결과가 있다는 사실을 알려드리고 또 첨단 교육 매체의 등장으로 우리가 고려해 보아야 하는 사항을 소개하겠습니다.

주의력도 두뇌력이다

교수가 강의를 아무리 열심히 준비하였더라도 학생들이 강의 내용에 주의력을 모으지 않으면 헛된 일입니다. 강의 전날 밤새워 강의를 준비해 왔는데 학생들이 책상에 엎어져 졸고 있으면 화가 나겠지요. 그래서 야단치고 싶은 마음이 저절로 생깁니다. 마치 야단쳐서 학생들의 버르장머리를 고쳐주면 해결될 것 같기 때문입니다.

그러나 아무리 야단쳐봤자 졸고 싶은 학생은 계속해서 졸게 됩니다. 다만 고개를 빳빳이 세우고 조는 기술을 터득할 것입니다. 눈을

3. 도구를 적절하게 사용한다

부릅뜨고 졸 수 있는 경지까지 도통한 학생도 있습니다. 잡담하던 학생은 말소리 대신 쪽지를 돌리며 킥킥거릴 것입니다. 이럴 때 어이없어하거나 실망하거나 더 크게 야단치지 마셔야 합니다. 왜냐하면 학생들의 그러한 태도는 너무나 당연하며, 괜히 윽박지르다가는 역효과만 날 수 있기 때문입니다. 학생들이 주의집중을 하고 안 하고는 학생들의 태도보다도 두뇌력에 좌우되기 때문입니다. 버르장머리의 문제가 아니라 머릿속 세포의 문제라는 점을 이해해야 합니다.

주의력에 대한 연구를 보면 "주의력은 보다 더 관심을 끄는 대상에게 저절로 가게 된다"는 (너무나 당연한) 결론이 있습니다. '옮겨다니는' 주의력은 생리적 행위라는 말이기도 합니다. 깊은 생각에 잠겨 길을 걷다가도 자동차가 빵빵하면 차 쪽으로 신경이 가게 되어 있습니다. 교수의 강의보다 옆 학생의 잡담이 더 흥미롭다면 주의력은 저절로 옆 학생으로 가게 됩니다.

멜 리봐인의 연구(2002)는 주의력을 두뇌 역할로 보면서 크게 세 영역으로 구분하였습니다. 입력 관리, 출력 관리, 정신력 관리 영역은 각자 네다섯 소영역으로 세분화됩니다. 상황에 따라 주의력에 문제를 일으키는 영역이 다릅니다.

이런 사실을 알게 되면 우리는 조는 학생들을 야단치기 앞서 그 학생들의 주의력을 돕는 방법을 모색하게 될 것입니다. 예를 들어 정보는 감각 기관으로 통해 들어온다는 점을 따져봅시다. 교수가 말로 설명을 하면 학생들은 청각 기관을 사용해야 합니다. 교수가 말로 한 시간 내내 강의할 경우 학생들의 청각 기관은 오버로드(overload)되며 이럴 땐 '감각 기관 자동 보호 시스템(신경 끄기)'이 작동하기도 하겠지요. 한마디로, 주의력의 용량에 한계가 있다는 뜻입니다. 그래서 강의 시간에 잡담하는 학생들을 야단치기보다는 자신의 강의에 너무 많은 내용이 전달되어 학생들의 청각 기관이 과부하에 걸리지 않는가 고려해야 합니다. 우리는 학생들이 다양한 감각 기관을 사용해서 강의에 지속적으로 집중할 수 있도록 수업을 다양한 방법으로 진행해야 합니다.

가장 쉬운 기술은 정보의 미디어를 바꿔주는 것입니다. 첫 10분 동안은 말을 집중적으로 했다면 다음에는 판서를 한다든지 OHP를 보여준다든지, 그리고 다시 말하기 위주로 되돌아가는 경우를 뜻합니다. 강의의 내용을 듣기 위주에서 보기 위주로 가끔식 바꿔주면 학생들은 여러 감각 기관을 돌아가며 사용하기 때문에 쉽게 지치지 않게 됩니다.

이렇게 할 수 있는 것을 다 했는데도 불구하고 조는 학생이 있다면 그땐 그 학생의 불순한 태도를 문제삼아도 됩니다.

이제 주의력에 대한 정보를 가지고 학생들이 강의에 집중할 수 있도록 유도하는 기술을 터득하면 이런 불상사를 예방할 수 있습니다. 공자님도 교육의 4대 조건의 하나로 '예방'을 꼽았습니다.

학생들의 주의를 집중시키는 방법은 크게 3가지로 볼 수 있습니다.

1. 학습에 유리한 환경을 조성한다.
2. 수업 방법을 다양하게 사용한다.
3. 교수가 행동을 통하여 주의집중을 유지한다.

강의실 분위기는 학생들의 태도와 행동을 상당히 좌우합니다. 강의를 마지못해 듣는 학생도 다른 학생들의 모습에서 고조된 기대감, 짜릿한 긴장감, 적극적인 행동력을 엿볼 때 계속해서 혼자 시큰둥하게 앉아 있지 못하게 됩니다. 남이 하지 않으면 자기도 하지 않고 남이 하면 우루루 따라하는 군중심리가 발동되기 때문입니다.

　강의실의 분위기를 잡는 데는 가장 중요한 기회가 강의 첫 시간입니다. 첫날 강의시간에 학생들을 둘러보십시오. 학생들은 서로 곁눈질하기 바쁩니다. 이 수업을 앞으로 어떻게 할 것인가 서로 눈치로 합의를 이루어나가는 과정입니다. 대부분의 경우에는 첫날 몇 분 안 되어 결정이 나버립니다. "다른 수업(교수)과 별 다를 것이 없다"와 "이 수업(교수)은 뭔가 다르다"로 나뉘질 것입니다. 주의력은 "뭔가 다르다"라고 인식되는 대상한테 집중되게 되어 있습니다. 결론은 졸거나 신문을 보거나 잡담하는 학생이 없도록 하기 위해서는 강의 첫날부터 철저히 예방해야 합니다. 강의실의 학습 분위기를 첫날부터 잡아야 합니다. 한번 흐려진 분위기를 훗날 잡기란 매우 어려운 일이기 때문입니다.

째지는 하품 소리가 들릴 때

"으~~~으~허~~~억."

　글로 표현하기 어렵지만 수업 중에 귀에 들리는 이 소리는 분명히 학생이 째지게 하품하는 소리입니다. 마침 교수님께서는 뒤를 돌아서 판서하는 중이라 누가 이런 해괴망측한 소리를 내면서 하품을 했는지 알 수 없습니다. 이때 교수님의 손은 잠시 멈칫거려집니다. 그러나 머릿속은 무척 빠르게 움직입니다. 어떤 반응을 보여야 할지 교수님 머릿속에 있는 '교수법 레퍼토리'를 쭉 훑어 내려가고 있기 때문입니다.

　'도대체 어떤 놈이야? 아무리 하품이 나오기로서니 자기 집 안방도 아닌 강의실에서 그렇게 대놓고 큰소리를 내? 나를 그렇게 우습게

봤나? 버르장머리를 단단히 고쳐줄까?'

일단 괘씸하다는 생각이 듭니다. 그리고 학생으로부터 무시당했다는 기분이 듭니다. 하품한 학생을 찾아내 된통 야단쳐주고 싶은 생각이 울컥 떠오릅니다. 그러나 "누가 하품했나?" 하고 학생들을 다그칠 일이 엄두가 나지 않습니다. 만일 모두 모른 척하면 혼자 씩씩거리는 난처한 모습이 뻔히 보이기 때문입니다.

'김 아무개가 한 짓일 거야. 그 녀석은 고의로 소리를 낼 수 있는 놈이지. 내 강의가 지겹다는 것을 노골적으로 표현하고 있는 것이야. 못된놈. 이 기회에 따끔하게 한마디해서 앞으로 이런 일이 벌어지지 않도록 할까?'

하품 소리가 김 아무개가 있는 방향에서 나왔지만 김 아무개가 100퍼센트 확실하지 않아 머뭇거려집니다. 백에 하나라도 짐작이 틀려 괜한 학생을 야단치면 교수님 체통에 문제가 생기겠지요.

'아니야, 자기도 모르는 사이에 소리가 나왔을 거야. 하품하다보면 요상한 소리가 나게끔 되어 있어. 그냥 넘어갈까?'

하품 소리를 못 들은 척하고 강의를 진행하는 것이 안전할 것처럼 생각됩니다. 그러나 하품 소리가 커서 모두가 다 들었을 텐데 나만 못들은 척해도 될 일인지 선뜻 판단이 서지 않습니다. 뿐만 아니라 교수님 손이 너무 오래 멈추었습니다. 교수님께서도 하품 소리로 영향을 받은 모습을 모든 학생이 보았습니다. 어떻게 해야 하나요.

정답은 "글쎄요"입니다. 경우에 따라 달라야 하지만 일반적으로 처음 한 번 정도는 그냥 넘어가는 것이 바람직하다고 생각합니다. 학생들은 대학생이더라도 아직 몸이 변하는 나이입니다. 잠이 시도 때도 없이 덮쳐오는 때이기도 합니다. 잠이 정신없이 쏟아질 때는 입이 째지도록 하품이 나오며, 그때 자신도 모르는 사이 요상한 소리가 나오게 되어 있습니다. 학생의 지극히 생리적이며 무의식적인 행위를 꼭 학생이 강의를 지겨워한다거나 교수님에 대한 불만을 표시하는 고의 행위라고 일축할 필요는 없겠습니다. 다른 학생들도 다 비슷한 경험을 한 적이 있기 때문에 이해를 할 것입니다. 교수님의 관대한 묵인이 돋보일 수도 있습니다.

그러나 하품 소리가 다시는 크게 나지 않도록 조치를 취할 필요는 있습니다. 하품 소리가 아무리 순수하더라도 강의실 분위기를 산만하게 하기 때문입니다. 특히 하품 소리가 여기저기서 나오면 하품이 강의에 대한 평가로 변질되어 학생들 사이에 확산됩니다. 마치 아무리 헛소문이라도 널리 퍼지면 사실같이 되어버리고 감당하기 어렵게 되는 것과 같은 이치겠지요.

그래서 하품한 학생이 누구인가 알고 강의가 끝나자마자 학생을 개별적으로 만나 다음에 하품할 때는 소리내지 말아달라고 부탁해야 합니다. 주의나 충고를 주는 것이 아니라 하품을 하는 것은 이해가 되지만, 내가 기분이 나빠서가 아니라 다른 학생들의 수업에 방해가 되기 때문이라고 설명해 주는 것입니다. 적어도 이 학생만큼은 다음에 소리내어 하품하지 않을 것입니다.

학생이 하품을 하든말든 아무 감정이 생기지 않은 무감각 상태에 계신다면 희로애락을 초월하신 것이 아니지요. 학생들의 학습 자세와 지적 발달을 끊임없이 재생시켜 주실 수 있는 힘이 사라져가는 위험한 상태입니다. 교육자로서 갱년기 단계라고 할 수 있겠습니다. 훗날 뒤돌아보면서 스트레스를 덜 받으려면 지금부터 학생을 포기하지 마십시오.

테크놀로지를 활용하라

현재 미국에서는 교육자의 재교육에 엄청난 투자를 하고 있습니다. 가장 많이 실시되고 있는 교육 프로그램 중에 하나는 강의에 컴퓨터 테크놀로지를 사용하는 것입니다. 가장 흔한 강의실 컴퓨터 테크놀로지의 예는 웹을 통한 3A(Anytime, Anywhere, Anyone)식 강의, 전자 게시판을 통한 열린 토의, 이메일 커뮤니케이션, PC 접촉, 빔-프로젝션 등이 있습니다. 이중에서도 특히 PC와 빔-프로젝터가 아예 상설되어 있는 강의실이 많이 늘어나고 있습니다. 아마 교실에 칠판이 설치된 이후 가장 획기적인 발전이 아닐까 싶습니다.

"아니, 강의실에 값비싼 장치를 설치하면 다 발전인가?" 하고 이의를 제기하는 교수님이 계실 것입니다. "에구 돈 아까워라. 가끔 쓸까 말까 하는 것을 여기저기 죄다 깔아놓다니…… 저렇게 남아도는 돈이 있으면 우리 봉급이나 올려줄 것이지……." 첨단 도구에 대한 교수들의 첫번째 반응은 이렇게 비판적인 경우도 있습니다.

두 번째 반응은 외면, 즉 첨단 도구를 구태여 사용해야 할 필요성을 별로 느끼지 않는다는 것입니다. 사실 첨단 도구를 굳이 사용해야 할 이유는 없습니다. 하지만 첨단 도구를 효과적으로 사용하는 방법을 모르기 때문에 못 쓰는 것과 그날 강의의 교육 목표를 이루는 데 필요없기 때문에 안 쓰는 것과는 근본적으로 다르겠지요.

첨단 도구는 기존 도구보다 좀더 화려한 정도가 아니라 기존 도구들로는 할 수 없는 교육을 가능토록 합니다. 예를 들어 기존 시청각 교육 매체는 거의 교육자 주도로 교육자가 미리 준비해 온 정보를 일방적으로 학생들에게 보여주고 들려주는 게 다입니다. 하지만 첨단 도구는 정보를 실시간으로, 그리고 학습자 주도로 접할 수 있도록 해 줍니다.

이런 지적에 자극받아 첨단 도구의 이점을 받아들이고 막상 쓰려고 하면 부딪히는 문제가 한둘이 아닙니다. 우선 복잡한 기계에 의존하는 것이 한편으로는 귀찮기도 하고 다른 한편으로는 두렵기도 합니다. 게다가 시간은 어찌나 많이 걸리는지요. 디지털 한 시간은 아날로그 한 시간보다 짧은 것이 분명합니다. 컴퓨터 앞에서 얼쩡거리면 한두 시간은 금세 가버리지 않습니까.

이제 '증오'로 갈 준비가 되었습니다. "기껏 공들여 빔-프로젝션 준비하면 어두컴컴해진 강의실에서 조는 학생들만 좋아하더라" "게시판 토의는 저질이어서 한심하더라" "강의록을 애써 웹에 띄우니까 강의실이 텅 비어서 강의할 맛이 안 나더라 ……."

비판, 외면, 두려움, 증오 등 부정적 단계를 거치지 않고 곧바로 긍정적인 '반감'으로 넘어가는 경우도 있습니다. 하지만 첨단 교육 매체의 훌륭함에 무조건 매료되는 경우 교육 목표는 잊은 채 겉멋만 잔뜩 부리기 쉽습니다. 부정적 단계도 나름대로 쓸모가 있습니다. 새로운 도구의 장단점을 다각도로 생각해 보게 되기 때문입니다. 컴퓨터는 비록 비싸고 화려해도 그저 도구일 뿐입니다. 도구는 우리가 언제 어떻게 무슨 효과를 위해 쓰는가에 따라 가치가 있거나 거꾸로 역효과를 내기도 할 것입니다.

아주 먼 예전에 교육자의 목소리로만 강의가 진행되던 때가 있었습니다. 그러다가 칠판이라는 도구가 생김으로써 판서로 인하여 강의의 목적과 내용과 수업 진행 방식이 다채로워졌습니다. 이와 같이 컴퓨터와 네트워크라는 새로운 도구를 사용하게 되면 강의의 목적과 내용을 한 단계 더 발전시킬 수 있는 기회를 얻게 됩니다. 이런 기회를 교육자들이 최대로 활용할 수 있도록 도와주기 위해서 컴퓨터에 기반을 둔 교육 매체에 대한 재교육을 실시하는 것입니다.

다행스럽게도 강의실의 컴퓨터 테크놀로지는 한국이 미국보다 더 확산되어 있는 것 같습니다.

TP를 쓸 것이냐 안 쓸 것이냐, 그것이 문제로다

"이 도표는 학생들이 꼭 봐야 돼."
"햐! 이런 기막히게 좋은 차트가 있었구나."
"저 그림을 보여주면 학생들이 깜짝 놀랄걸."
"이 수식에다 저 도표를 동시에 보여주면 이해가 쉽게 되겠지."
"요건 또 뭐야? 으하하. 이걸 보여주면 학생들이 재밌어하겠지."
"이게 좋을까, 저게 좋을까. 에라, 둘 다 보여주자."

TP를 준비할 적에 머릿속에 흔히 떠오르는 혼잣말입니다. TP를 준비하다 보면 이 내용 저 내용 온갖 내용을 학생들에게 보여주고 싶은 충동을 느끼게 됩니다. 마치 사랑하는 첫아이에게 이 옷 저 옷 몽땅 다 사주고 싶은 심정과 같을 것입니다. 강의 준비를 이토록 열심히 하는 교육자의 열의는 높이 평가됩니다. 그러나 문제는 이것저것 다 쉽게 준비할 수 있다는 데 있습니다.

고급 복사기와 스캐너를 손쉽게 사용할 수 있는 요즘엔 TP를 준비하기가 무척 편리해졌습니다. 인터넷에 들어가보면 강의에 필요하고 적절한 오만 가지 자료가 교수님의 마음을 현혹시킵니다. 멋진 그림, 도표, 차트, 수식 등 눈에 다양한 자료를 맘대로 편집하거나 화려한 칼라 그대로 TP로 옮겨올 수 있습니다. 이것저것 고르다가 맘을 못 정하고 이것저것 다 준비해 버리는 경우도 종종 생깁니다. TP가 많이 준비되면 마음이 뿌듯해지는 느낌이 듭니다. 전쟁터에 나서기 전 완전무장한 군인의 기분이 그럴 것입니다. 그래서 TP 사용을 선호하는 교수님들 중에는 TP를 남발하는 경우가 종종 있습니다.

수업시간에 많은 TP가 등장하면 학생들이 대체로 어떤 반응을 보일요. 첫 서너 TP에는 주의 집중을 합니다. 뭔가 눈으로 보는 수업을 대하게 될 때 일단 학생들은 좋아합니다. 특히 다른 강의에서는 주로 교수님께서 말씀만 하셨다면 TP로 진행되는 수업을 대환영하겠지요. 그러나 많은 내용이 담긴 TP가 지속적으로 나오면 학생들의 두뇌는 금방 지쳐버립니다. TP가 한 장 한 장 넘겨질 때 학생들의 눈이 내용을 보고 있는 듯하지만 두뇌는 이미 눈과 '결별'한 상태입니다.

TP는 무척 좋은 시각적 효과를 낼 수 있지만 깨알 같은 글씨가 가득 찬 TP를 연달아 스크린에 비치는 바람에 학생들을 골치 아프게 만들기도 합니다. 컴퓨터 테크놀로지도 마찬가지로 써야 할 때 제대로 써야만 학습 효과를 낼 수 있습니다.

TP를 준비하실 때는 항상 염두에 두어야 할 것이 하나 있습니다. TP를 왜 준비하는가를 생각해야 합니다. 좀더 멋지거나, 정확하거나, 상세하거나, 많은 지식 전달이 목적이라면 교수님께서는 여전히 지식 중간 도매상의 역할에서 벗어나지 못하신 것입니다.

적절한 TP 사용법

시나리오 1. 교수님께서 TP를 환등기에 올려놓으셨다. TP의 글씨 크기가 적절하고 내용이 깨끗하게 정돈되어 있기 때문에 쉽게 읽을 수 있다. 그러나, 이게 웬일인가. 교수님께서 TP에 적힌 내용을 그대로 줄줄 읽어 내려가시는 것이 아닌가. 나는 장님이 아닌데…… 따분해서 몸이 뒤틀려온다.

시나리오 2. 교수님께서 열의에 찬 강의를 하는 도중 TP를 환등기에 올려놓고 말씀을 계속하셨다. TP에는 강의 내용과 연관된 최신 정보가 듬뿍 담겨 있다. TP에 적힌 내용을 읽고 있는 중에 교수님의 말씀은 점점 희미하게 들려왔다. TP를 중간쯤 읽고 있을 때엔 이미 교수님의 말씀이 아예 귀에 들어오지 않는다. 아차 싶어 다시 교수님의 말씀에 귀를 기울였지만 말의 줄거리를 놓쳐버려 무슨 내용을 말씀하시는지 이해가 안 된다. 어떤 거에다 집중한담?

위의 두 시나리오는 TP(또는 PPT)가 잘못 사용되는 흔한 예입니다. 학생들의 학습을 돕자고 동원된 TP가 오히려 학습을 방해하고 있습니다.

첫 시나리오는 TP에 실린 내용이 교수님의 말씀과 완전히 중복되는 경우입니다. 그렇기 때문에 TP가 잘못 사용되었다는 말은 아닙니다. 학습 내용을 TP에 그대로 옮겨놓고 학생들과 함께 읽어보는 것은 그 내용을 강조하기 위한 바람직한 방법이기 때문입니다. 하지만 이런 식의 강조 방법은 가끔 해야 효과가 있을 것이며, 학습 내용 중 가장 중요한 점을 요약해야 학생들에게 뜻있는 행위로 보일 것입니다. 그렇지 않고 말과 중복되는 TP를 상습적으로 자주 쓰는 것은 효력이 없을 뿐더러 역효과를 낼 수 있습니다. TP 재료값이 아깝고 TP 준비에 들인 시간이 아깝습니다.

두 번째 시나리오는 TP 내용이 교수님의 강의를 보완하는 경우입니다. TP에 실린 내용을 다 읽어보자면 적어도 2분은 족히 걸리는데 교수님께서는 학생들에게 그에 부합하는 시간을 주고 있지 않습니다. 아마 교수님께서는 '강의(말씀) 내용과 연관된 정보에는 이런 것도 있다' 정도로 가볍게 언급만 하실 의도였고 학생들이 TP를 슬쩍 훑어보기만 바랬을 것입니다. 하지만 TP가 스크린에 비치면서 학습 무대의 중앙을 장악하기 때문에 학생들의 시선은 저절로 TP로 집중되게 됩니다. 눈에 보이는 것은 무의식적으로도 끝까지 읽게 되지 않습니까? 교수님의 말씀이 지방 방송이 되어버리는 것을 방지하기 위해서는 TP가 스크린에 비치는 동안에는 그 TP에 나오는 내용을 설명하시는 것이 바람직합니다. 일부만 설명하고 싶다면 학생들에게 미리 "지금은 이 부분만 살펴보길 바란다" 등 짤막한 한마디로 시각 관리를 하는 것이 좋습니다.

 TP 사용은 절대적으로 좋고 나쁜 방법으로 나눠지지 않습니다. 다만 목표에 적절하거나 부적절한 방법이 있을 뿐입니다. 학습 목표와 교수법 방법이 일치해야 한다는 뜻입니다.

결과보다 과정을 보여준다

 E-learning, 원격 강의, 웹 기반 교육, 온라인 강의, 원격 화상 수업, 사이버 학습……. 교수와 학생이 서로 얼굴을 맞대지 않고 수업을 진행하는 비전통적(3A식: Anytime, Anywhere, Anyone) 교육 방법들을 일컫는 단어들입니다. 한정된 학생들을 가르칠 수밖에 없는 전통적 강의실 수업과는 달리 거의 무한한 학생들을 상대할 수 있기 때문에 효율성 입장에서 볼 때 무척 매력적인 교육 방법들입니다.

 저 역시 비전통적 교육 방법에 관심이 많아 지난 10년 동안 원격 강의를 여러 번 해보았습니다. 최근에 미국 GM, 포드 자동차 회사 직원들에게 열 전달 과목을 원격 강의하였는데 예전보다 훨씬 더 어렵게 느껴졌습니다. 예전에는 강의하는 제 모습과 강의 내용이 전부 카메라에 기록된다는 심적 부담이 가장 컸습니다. 물론 강의를 좀더 신중하게, 더 정확하게 준비해야 하는 시간적 부담도 있었습니다. 그러나 이번에는 부담이 예전보다 열 배나 더 크게 느껴집니다.

이유가 여럿 있습니다. 첫째, 원격 학생이 사용하는 커뮤니케이션 채널이 너무 다양해서 정신이 없는데다 모두 즉각적인 회신을 요구해서 하루 종일 수업에 매달려 있는 기분입니다. 전화, 팩스, 우편, 비디오 회의, 전자메일, 웹 토론방……. 이중에서 한두 가지 소통 방법으로 통일하자고 요구할 수 있는 문제가 아닙니다.

둘째, 스튜디오 조명과 컴퓨터 스크린이나 텔레비전 화면의 질이 너무 좋아졌다는 점이 부담스럽습니다. 화면의 선명도가 좋지 않았던 예전과 달리 지금은 얼굴의 온갖 주름살, 점, 아침에 제대로 깎지 못한 수염 하나 하나가 적나라하게 다 보입니다. 강단 앞에 놓인 모니터에 제 모습이 비칠 때마다 으악 소리가 저절로 나옵니다. 그렇다고 방송 프로그램에 출연할 때 분장하듯이 얼굴에 분 바르고, 눈썹 그리고, 립스틱 칠할 수야 없지 않겠습니까. 신경은 잔뜩 쓰이는데 결함을 제거하거나 감출 수 없으니 마음만 우울해집니다.

셋째, 강의록을 전부 파워포인트나 워드프로세스로 처리해야 하는 부담을 느끼게 됩니다. 학생들이 화려하고 인터렉티브한 인터넷 페이지에 익숙해 있으니 컴퓨터 모니터나 텔레비전 화면에 비치는 강의 내용도 비슷한 수준으로 준비되어야 학생들이 만족할 것이기 때문입니다. 그래서 강의 진행과 시청각 자료 준비에 엄청 많은 시간을 투자하게 되었습니다.

그러나 뜻밖에도 학생들이 압도적으로 선호하는 원격 강의는 매끈하게 활자체로 준비된 파워포인트 발표가 아니라는 설문 결과를 알게 되었습니다. 학생 열 명 중 아홉은 교수님께서 강의 내용(특히 예제 문제 풀기)을 직접 손으로 쓰는 것을 선호하고 있습니다. 손으로 쓰인 글자와 수식이 어설프게 보이지만 학습 효과는 훨씬 높다는 결과입니다. 그 이유는 수업 시간에 학생들은 교수님으로부터 매끈하게 완성된 결과보다는 완성되어 가는 과정을 보고 싶어하기 때문입니다.

얼마나 다행인지 모르겠습니다. 학생들이 그저 다채로운 시각 자료에 홀릴 것이라는 착각에서 벗어나니 한 가닥 희망이 보입니다. 이젠 시청각 자료 준비를 위해 많은 시간을 투자할 필요가 없게 되었습니다. 그대신 학생들과 다양한 채널로 소통하는 데 시간을 투자할 수 있는 여유가 생겼습니다.

4 :: 교수법 기술보다 중요한 것들

앞에서는 시대가 변함에 따라 새로 연구된 교수법을 배워야 한다고 강조했습니다. 하지만 이 장에서는 교수법을 배운 후에는 교수법 기술에 의존하지 말아야 한다는 엉뚱한 말을 하고 싶습니다. 그 이유는 무척 간단합니다. 바바드의 연구 결과(1991)가 있기 때문입니다.

바바드는 학생들이 과연 얼마 만에 교수님을 파악하는가를 연구하였습니다. 여기에서 파악의 대상은 교수님의 마음입니다. 교수님께서 진심으로 학생들을 위해 강의를 열심히 하는 분인지, 아니면 그저 시간 때우러 들어왔는지, 교수님께서 학생들을 인격체로 대해 주시는 분인지, 아니면 학생들을 하찮은 존재로 깔보는지……. 연구 결과는 과히 파격적이었습니다. 학생들이 교수님의 기본 마음을 파악하는 데에 걸리는 시간은 일주일도 아니고, 하루도 아니고, 한 시간도 아니고, 1분도 아닌 단 10초라고 합니다.

10초……. 새 학기 첫날, 교수님께서 강의실 문을 열고 들어오셔서 학생들에게 말 한마디 뻥끗하면 교수님에 대한 분석이 끝난다는 뜻입니다. 그리고 학생들은 곧바로 판단하게 됩니다. 과연 교수님의 말씀에 귀를 기울여 들어볼 가치가 있을 것인지, 아니면 교수님은 우리와 무관한 존재이기 때문에 신경쓸 필요가 없을 것인지. 이토록 중요한 교수님과 학생들 사이의 기본 관계가 첫 10초 만에 결정됩니다.

단 10초. 교수법 기술을 미처 부릴 수 없는 시간입니다. 우리가 아무리 다양하고 훌륭한 교수법 기술을 지녀봤자 손쓸 수 있는 시간이 아닙니다. 그저 몇 가지 교수법을 동원해 학생들을 현혹하고 쇼맨십으로 학생들로부터 환심을 사는 그런 얕은 마음으로는 진정한 교육이 이행되지 않습니다. 학생들로부터 존경받고 그들이 수업에 진지한 자세로 임하기를 원하면 우리 마음 깊은 곳에서 무언가 우러나와야 하겠습니다.

마음 깊은 곳에서 우러나오는 그 무엇을 한마디로 설명할 수 있습니다. 그것은 학생들을 위한 배려입니다. 학생들에 대한 배려는 학생들이 원하는 대로 다 해주는 것을 뜻하지 않습니다. 학생들과 마치 친구처럼 어울리는 것도 아니고, 학생들의 환심을 사는 행위를 의미하지 않습니다. 배려는 진실된 마음에서 나옵니다. 배려는 신뢰감이 바탕을 이룹니다. 학생에 대한 배려는 학생들의 입장에서 생각해 보는 관점에서 비롯됩니다.

기억에 생생하게 남아 있는 선생님

'내 기억에 가장 생생하게 남아 있는 선생님은 어떤 선생님인가?' 새 학기가 시작하기 전에 한번 기억을 더듬어볼 만합니다. 정말로 홀륭한 선생님이 기억되기도 하겠지만, 반대로 악몽같이 떠오르는 분도 계실 것입니다.

제 기억에 남는 선생님은 머리가 약간 벗겨지고 콧수염을 기른 50대 초반인 응용수학과 교수님이셨습니다. 제가 대학원에 입학해서 들은 첫 강의를 담당하셨습니다. 교수님께서는 강의 첫날부터 분필하나만 달랑 들고 들어오셨고 판서는 강의록에 의지하는 적이 없이 강의 시간 내내 술술 적어 내려가셨습니다. 간혹 종이쪽 한 장 정도 들고 오시는데 그마저 가끔 힐끔힐끔 쳐다보실 뿐이었습니다.

공대 대학원 응용수학이어서 판서해야 할 수식이 여간 길고 복잡하지 않았습니다. 그런데도 불구하고 수식을 잘못 적는 법이 없었습니다. 학생들은 도저히 믿을 수 없다는 표정으로 서로 쳐다보고 고개를 절래절래 흔들기 일쑤였습니다. 교수님은 마치 학생과 단 둘이 앉아 대화를 하듯이 항상 차분하고 은은한 목소리로 설명을 해주셨습니다.

이 모든 것이 매우 인상적이었고 감명을 주었습니다. 하지만 그 교수님이 가장 훌륭한 교수님으로 기억되는 이유는 다른 데 있습니다.

중간고사를 보게 되었습니다. 대략 다섯 문제가 출제되었던 것으로 기억됩니다. 대학원생으로서 보는 첫 시험이어서 단단히 준비했던 시험이었지요. 그러나 첫 문제가 잘 풀리지 않았습니다. 한 10분 정도 헤매다가 일단 다음 문제로 넘어가기로 했습니다. 아뿔싸! 두 번째 문제 역시 만만치 않았습니다. 다시 10분이 후딱 지나가버렸습니다. 마음이 초조해지기 시작했지요. '이럴수록 차분해지자. 우측 돌파가 안되면 좌측 돌파하는 것이 현명하지······.' 심호흡을 크게 하고 작전을 바꿨습니다. 순서를 거꾸로 해서 마지막 문제부터 풀어나가기로 한 것이지요. 그러나 웬걸, 그것마저 딱 막히고 말았습니다.

나머지 시간은 무척 괴롭고 외로운 시간이었습니다. 별의별 비관적인 생각이 다 떠올랐습니다. 빵점! 낙제! 낙오자! 패배자! 불쌍한 인생! 결국 시험지를 똘똘 뭉개버리고 시험장을 나와버렸습니다.

죽을 맛으로 이틀을 지내고 교수님을 찾아갔습니다. 제 모습이 그처럼 초라하고 비참하게 생각되었던 적이 없었습니다. 대학원생이 되어 처음으로 보는 시험이어서 잔뜩 긴장하는 바람에 시험을 망쳤으니 이젠 어쩔 수 없이 수강을 취소해야겠다고 말씀 드렸습니다.

"그러면 여태껏 들인 공이 아깝지 않은가. 다음 시험을 잘 볼 자신 있나? 그럼 첫 시험은 없던 것으로 하지."

아니, 이게 무슨 일이람! 지난 이틀간 이 시험이 세상 모든 것인 양 오로지 이 시험만 생각하고 또 생각하면서 교수님을 대할 일을 마음 졸이며 애간장이 다 녹지 않았던가. 그런데 교수님께서는 빵점이 아무 일도 아닌 것처럼 대해주시지 않는가. 그리고 학생들이 포기하지 않고 끝까지 최선을 다하도록 기회를 활짝 열어주시다니…….

그 교수님께서는 화려한 교수법 기술을 구사하지 않았습니다. 그러나 그 교수님께서는 교육의 진실을 파악하셨고 최상의 교수법을 실행하고 계셨습니다. 그분의 강의는 오로지 학생을 위한 것이요, 시험도 학생을 위한 것이요, 교수님의 시간도 학생을 위한 것이었습니다. 교수님의 마음 중심에는 학생이 놓여 있었습니다.

나중에 안 사실이지만 그 교수님은 《JFM》이라는 공학계에 가장 권위 있는 학술지의 편집장으로 세계적인 석학이셨습니다. 그때 그분께서 저를 그저 하찮은 대학원 신입생으로만 보고 첫 시험에 빵점을 주셨으면 저는 좌절한 나머지 대학원 생활이 무척 힘들었을 것이라고 생각됩니다. 스티브 데이비스 교수님, 감사드립니다.

진실

논문을 열심히 쓰고 있었습니다. 멋진 문장 하나를 완성하고 고개를 드는 순간 갑자기 정신이 아찔하였습니다. 시계를 보니 강의 시간이 다 되었습니다. 상당히 까다로운 부분을 쓰고 있던 중이어서 정신을 집중하는 바람에 시간 가는 줄 깜빡 잊고 말았던 것입니다. 강의실로 후다닥 뛰다시피 서둘러 갔습니다만 5분이나 지각하게 되었습니다.

평소에 학생들에게 지각하면 안 된다고 당부를 했고 교수님께서 학생들보다 항상 2~3분씩 미리 강의실에 가 있는 바람에 학생들도 대체로 시간을 지켰습니다. 이날 역시 학생들이 다 와 있습니다. 허둥지둥 들어온 교수님을 지켜보는 학생들은 조용합니다. 강의를 시작하려고 강의실을 둘러보니 학생들이 모두 교수님을 빤히 쳐다보고 있습니다. 긴장감이 팽팽 느껴지는 순간입니다. 특히 학생들에게 시간 지킬 것을 요구해 왔기 때문에 혹시 위선자같이 보이지는 않을까 염려스럽습니다. 과연 교수님께서는 이 난처한 상황을 어떻게 풀어나가야 할까요?

1. 아무 일이 없듯이 태연하게 강의를 시작할까? 그러나 그리 큰 죄를 지은 것도 아닌데도 슬쩍 넘어가자니 뭔가 떳떳치 못하고 마음이 불편합니다. 그래서인지 시선이 학생들의 눈을 피하여 자꾸 땅바닥으로 향하거나 허공을 헤매게 됩니다. 그리고 목소리에 힘이 빠지고 약간 더듬거려지기까지 합니다.

2. 지각해서 미안하다고 말할까? 한 학기 내내 학생들보다 먼저 강의실에 가서 준비를 끝내고 강의를 정시에 시작하였기 때문에 한 번 늦게 지각한 것 가지고 사과하기에는 억울하게 느껴집니다. 그래서 미안하다는 말이 잘 나오질 않습니다.

3. 오히려 공격적으로 나갈까? 최선의 방어는 공격이라고 했으니……. "내가 한 번 늦게 왔더니 강의실이 좀 소란하군! 예습은 해 왔나?" 그럴듯하게 들립니다. 그러나 차마 그렇게까지 할 용기가 나지 않습니다. 아직 얼굴이 두꺼워지지 않았나 봅니다.

4. 지각한 것을 인정하되 뺑뺑 돌려 뭐가 뭔지 모르게 만들까? 아, "내가 좀 늦게 왔는데도 학생들이 다 와 있군요. 다행히 오늘 강의는 사실 한 시간이 다 필요 없어요. 시간이라는 게 참 이상도 하지. 맘대로 늘렸다 줄였다 할 수 있는 것 같기도 하고…… 왜 아인슈타인의 상대성 원리를 보면……." 쿵! 신뢰성이 와르르 무너지는 소리가 들립니다.

5. 왜 늦어질 수밖에 없었는지 설명할까? 어쩔 수 없이 지각하게 된 이유를 찾으려면 쉽게 찾아낼 수 있을 것입니다. 하지만 이유를 대지 마십시오. 구차한 핑계같이 들리게 될 것이기 때문입니다. 학생들 입장에서 한번 생각해 볼 필요가 있습니다. 만일 교수님께서 강의 시간을 꼭 지키겠다는 마음만 있으면 지각하지 않을 것입니다. 다시 말하자면 강의를 지각하게 된 이유는 강의가 교수님의 일 우선 순위에서 넘버원이 아니었기 때문일 것입니다.

가장 바람직한 대책은 약간의 용기를 내어 자신의 과오를 인정하고 미래에 대한 약속을 하는 것입니다. 거창한 연설이 요구되는 것이 아닙니다. 간단한 말 한마디면 됩니다. "아, 내가 5분 늦었군요. 미안해요. 다음에는 늦지 않도록 노력하겠어요."

학생을 비롯한 모든 사람들은 서로 완벽하지 않다는 것을 잘 알고 있습니다. 그래서 한번의 실수는 충분히 이해하고 용서됩니다. 용서가 안 되는 것은 사실을 왜곡하거나 책임을 회피하는 행위입니다. 우리는 학생들을 대할 때 항상 진실해야 합니다.

신뢰

"아니, 이럴 수가!" 학생은 시험지를 받아보는 순간 당황해 하는 경우가 있습니다. 시험 준비를 한답시고 밤샘을 하면서 수업의 핵심 이론과 주요 개념을 두루 복습했는데 시험 문제는 뜻밖에 지엽 말단에서 나올 때입니다. 학생들은 장시간 공부한 보람이 와르르 무너지는 허무함을 느끼게 됩니다. 교수님으로부터 우롱당한 기분도 듭니다. 순간적으로 배신감마저 듭니다.

교수님께서 시험 문제를 변두리 내용에서 선택하실 때는 나름대로 생각이 있었을 것입니다. 모든 학생들이 빤히 알고 있을 핵심 내용에서 시험 문제를 제출하면 우수한 학생과 그렇지 못한 학생을 구별해 낼 수 없기 때문에 학생들이 전혀 예상하지 못할 주변 부분에서 문제를 출제해야 한다는 결론에 도달할 수도 있겠지요.

그러나 이런 전략을 구사하면 시험이 교육과는 무관한 게임으로 변질되고 맙니다. 지식과 정면대결을 준비했는데 군더더기 정보 나부랭이로부터 측면에서 기습당한 학생은 다음부터 수업 내용의 핵심에 주력하지 않게 됩니다. 그 대신 교수님의 개성과 성향을 얼마나 잘 파악하여 시험 문제를 정확하게 예측할 수 있는가에 초점을 모을 것입니다.

시험은 학생들이 주요 수업 목표에 초점을 맞추게 하고, 그 목표를 얼마나 달성하였는가를 측정해 주는 도구입니다. 시험 문제는 주로 수업의 핵심 내용에서 출제되는 것이 바람직합니다.

그러나 우리가 가장 염려하고 보호해야 하는 것은 신뢰성입니다. 학생들로부터 신뢰를 잃은 교육자는 아무리 고난도 교수법 기술을 구사해도 학생들과 호흡을 맞출 수 없을 것입니다. 선생님과 학생들 사이에 넘을 수 없는 큰 장벽이 생겨 강의실은 항상 거북할 것입니다. 그리고 한번 잃은 신뢰는 회복하기 어렵습니다.

귀 기울여 듣기

가르치는 행위는 말을 하는 행위와 일치하는 경향이 있습니다. 그래서인지 교육자는 학생의 말을 귀담아듣기보다는 자기 말하기 급급합니다. 하지만 아무리 우리가 말을 잘해도, 교수 기법을 잘 응용해도 학생의 말에 귀를 기울일 줄 알아야 합니다. 남의 말을 귀담아듣는 방법 세 가지를 소개하겠습니다.

1. 시선을 집중한다

은행이나 동사무소에 가서 일을 볼 때 사람 기분을 나쁘게 만드는 것이 몇 가지 있습니다. 그중에 하나는 카운터에 다가서서 말을 할 때 직원이 딴 짓을 하는 경우입니다. 나는 중요한 말을 하고 있는데 직원은 돈을 센다거나, 컴퓨터를 한다거나, 서류를 들추고 있습니다. 직원은 분명히 내가 왔다는 것을 알고 있고 지금 내가 자기에게 말하고 있다는 것도 알고 있습니다. 하지만 내 말을 듣고 있는 것인지 도무지 알 수 없기 때문에 말이 머뭇거려지고 나중에는 짜증마저 나는 것입니다. '사람을 이렇게 무시해도 되는 건가?' 드디어 화가 나고 맙니다.

교수도 학생이 말을 할 때에는 학생에게 시선을 집중해야 합니다. 자기 앞에 놓인 종이를 추스르거나, 노트를 쳐다보는 등 다른 일을 하지 않아야 합니다. 물론 앞에 놓인 종이를 추스르면서도 상대가 하는 말을 충분히 잘 들을 수 있겠지요. 하지만 상대는 교수님께서 자신의 말을 귀담아듣지 않는다고 오해할 수 있습니다. 그래서 일단 자신이 하던 일을 멈추고 상대에게 시선을 주어야 합니다.

시선을 주는 것과 함께 몸을 학생이 있는 쪽으로 향하는 것이 바람직합니다. 고개만 돌려보지 말고 몸 전체를 상대 쪽으로 향해서 "나는 네 말에 관심을 가지고 있다"라고 선언하는 것입니다. 두 손을 잡고 머리를 받치고 의자를 뒤로 젖혀 비스듬히 앉는 것은 삼가셔야 합니다. "자네의 말을 듣고는 있지만 영 따분하구나" 하는 비구어적 메시지가 전달되기 때문이지요.

상대에게 100퍼센트 시선을 두어야 하는 이유가 하나 더 있습니다. 교수는 학생의 얼굴 표정과 몸 동작에서 비구어적 메시지(body language)를 읽어낼 수 있기 때문입니다.

둘째 방법은 상대의 말 중간 중간에 짧은 반응을 보여 말에 장단을 맞히는 것입니다. 신바람은 아니라도 약간의 바람으로 화롯불이 모락모락 피어나듯 말도 계속 이어가게 해주어야 합니다.

2. 반응을 보인다

남의 말을 듣는 데에 수동적인 자세가 있는가 하면 능동적인 자세도 있습니다. 남이 말할 동안 묵묵히, 말 한마디 없이 듣고만 있으면 수동적인 자세입니다. 이와 반대로 말 사이 사이에 "아, 예" "그렇군요" "그래요" 등 짤막한 말을 곁들이면 능동적인 자세인 것입니다. 남의 말을 능동적으로 들어야 하는 이유가 두 가지 있습니다.

첫째, 명창이 "춘향이가 이 도령 가슴에 얼굴을 파묻는데" 하고 한 곡조 뽑으면 고수가 옆에서 "얼쑤!" 하고 장단을 맞춰주어서 분위기를 한층 돋우듯이 교수님도 학생의 말이 잘 나오도록 도와주어야 하기 때문입니다. 이럴 경우 말이 짧아야 합니다. 학생의 말을 끊지 않아야 하기 때문입니다. 말 대신 고개를 끄떡이거나 적절한 얼굴 표정을 지어주는 것이 더 효과적일 수 있습니다.

둘째, 말을 하는데 상대가 아무 말 없이 무표정하게 있으면 조금 답답하기 때문입니다. 교수님께서 내 말을 이해하고 있는지, 내가 말을 너무 많이 하고 있지는 않은지, 내 말이 우습게 들리지는 않은지…… 학생들은 별별 걱정을 다하게 됩니다. 교수님께서 학생의 비구어적 메시지를 감지할 필요가 있듯이 학생 역시 교수님의 반응을 살피면서 말을 하기 때문입니다. 반응이 확실하지 않으면 말하기가 머뭇거려집니다. 능동적인 자세는 상대의 말을 듣고 이해하고 있다는 점을 확실하게 알려줍니다. 말하는 사람의 마음을 편하게 해줍니다.

가끔 장단이 너무 지나쳐 장난같이 되는 경우가 있습니다. 재미있다고 크게 웃거나 놀랐다고 눈을 크게 뜨거나 등 과잉 반응을 보이지 않도록 조심해야 합니다. 모호한 반응도 자제해야 합니다. 예를 들어 학생의 말을 듣다보면 미소를 짓게 될 때가 흔합니다. 미소가 "나도 학생 시절 때 그런 생각을 했었지"라며 동지의식을 나타내는지, 아니면 "얌마, 난 너의 얄팍한 생각을 이미 훤히 다 꿰뚫고 있어!" 하며 속으로 가소로워하는 것인지 알쏭달쏭하게 하지 말아야 합니다. 그저 "난 네 말에 흥미를 느끼고 있다" 정도의 편한 미소를 짓는 것이 좋겠지요.

3. 말을 건다

셋째 방법은 말이 끊겼을 적에 더 많은 말을 이끌어내기 위해서 유도성 질문을 하는 것입니다. 함정에 빠뜨리거나 당혹하게 만드는 날카로운 질문이 아니라 상대의 생각을 이어주는 부드러운 질문이어야 하겠습니다. 가상 시나리오를 예로 들어 설명하겠습니다.

"교수님, 어떻게 엔트로피 변화가 마이너스로 계산되었지요? 엔트로피는 항상 증가한다고 했는데…… (그게 아닌가?) 엔트로피 변화가 플러스로 나오면……(아이 헷갈려!)."

학생이 어렵게 질문을 던집니다. 그러나 무슨 말을 하고 있는지 자신이 없기 때문에 학생은 말을 확실하게 매듭짓지 못하고 끝을 얼버무려버립니다. 그러나 '다행스럽게도' 교수님께서 학생의 말을 끊고 곧바로 대답을 해줍니다. 학생들이 흔히 혼동하는 부분이라 교수님께서는 학생의 질문 첫마디만 들어도 그 학생이 어디서 헤매고 있는지, 그리고 무슨 질문을 하려고 하는지 척 알 수 있기 때문입니다.

"아, 학생이 무엇을 혼동하고 있는지 알아요. 엔트로피 생산은 항상 플러스이지만 엔트로피 변화는 열 전달로 인하여 감소할 수도 있지요. 이해됩니까?"

질문을 한 학생은 천천히 고개를 끄떡입니다. 하지만 학생은 교수님의 설명을 잘 이해하지 못했습니다. 단지 옆 학생들의 눈치를 보니 다들 조용하기 때문에 부담을 느낀 것입니다. '이크, 나만 교수님 말을 알아듣지 못한 모양이네…….' 교수님의 설명을 알아듣지 못했지만 그냥 고개를 끄떡이며 알아들은 척하면서 넘어갑니다.

고개를 끄떡이는 학생의 모습을 보고 교수님께서는 흐뭇해 하겠지요. 그러나 이때 교수님께서는 정답을 말해 주는 대신 학생이 질문을 다시 할 수 있는 기회를 주는 것이 바람직했을 것입니다. 학생이 질문을 끝까지 하게끔 도와주어서 교수님께서 학생의 의문 사항을 확실히 알 수 있었다면 좀더 효과적으로 가려운 곳을 긁어줄 수 있었을 것입니다.

"지금 막 학생이 '엔트로피가 항상 증가해야 한다'라고 말한 것 같은데 혹시 엔트로피 생산을 염두에 둔 것은 아닌가요?"

이렇게 학생에게 되물으면 학생이 엔트로피 '생산'과 '변화'라는 단어를 한번 더 생각해 보고 질문을 좀더 확실하게 할 수 있도록 도와줍니다. 그뿐 아니라 이런 식의 유도성 질문은 교수님께서 '난 학생의 말을 유심히 듣고 있다'는 표시가 되어줍니다. 이런 비구어적 메시지를 전달받은 학생은 자신감을 얻게 되고 교수님을 신뢰하게 됩니다.

7장

무엇이 우리를 망설이게 하는가?

1 :: 업적 평가제와 연봉제

　여유를 만들어 우리에게 소중한 일을 정성껏 하고 싶어도 머뭇거려집니다. 머리로는 이해가 되는데 발끝에 떨어진 불똥을 보면 행동으로 이어지지 않습니다. 양을 선호하는 업적 평가, 내 몫을 따지게 하는 연봉제, 종종걸음치게 만드는 인증제가 자꾸 우리를 움츠러들게 만들고 있습니다.

　업적 평가와 연봉제는 두 가지의 별다른 개념이며 각각 따로 존재할 수 있습니다. 업적 평가는 단순한 도구입니다. 이 도구를 어떤 목적으로 사용하는가에 따라 유용할 수도 있고, 반대로 부작용 때문에 해를 끼칠 수도 있습니다.

　업적 평가는 우리가 스스로 발전하기 위해서 필요한 피드백을 얻는 발전 지향적 평가(formative evaluation)로 활용할 수 있습니다. 따라서 업적 평가는 행정에서 공식적으로 실시하지 않는다 하더라도 우리 각자 할 수 있고, 해야 하는 일이라고 생각합니다.

하지만 업적 평가라는 도구가 연봉제라는 제도에 사용되면 문제는 달라집니다. 왜냐하면 교육자의 업적이 점수로 환산되어 승진이나 봉급을 결정할 때 반영된다면 업적 평가의 성격이 발전 지향 평가에서 결과 지향 평가(summative evaluation)로 변해버리기 때문입니다.

연봉제가 한국 대학에 도입되기 시작했다는 소식을 접할 때 저는 가슴이 답답하였습니다. 연봉제란 열심히 일하면 일하는 대로 임금이 올라가는 인센티브 제도를 적극 활용해서 능률을 올리자는 게 주목적입니다. 개개인의 실적을 따져 실적만큼 보상하겠다는 이런 제도는 한국에서는 새로운 임금 시스템입니다. 그러나 우리가 과연 연봉제를 얼마나 심도 깊게 생각을 해보았나요. 시간이 정해주는 호봉제에 젖어 있었기 때문에 봉급은 그저 월말에 받아서 집에다 갖다받치는 돈 정도로 생각해 왔습니다. 그러다가 갑자기 최근에 들어 연봉제를 마치 개혁의 만병통치약으로 여기고 너무들 서두르는 듯합니다.

"교사의 실적을 평가하여 실적에 따라 차별된 봉급을 줘야 경쟁력이 높아진다"라는 말이 어느새 기정 사실인 양 별 의문 없이 받아들여지고 있습니다. 그러나 과연 그러한지, 아니면 반대로 연봉제가 경쟁력을 낮추는지에 대한 증거는 별로 따지지 않는 듯합니다. 그저 지금 '잘나가고 있는' 미국이 그렇게 하니까 선진국 사례라고 당연히 생각하고 따라하나 봅니다. 세상에 배울 것이 많을 텐데 하필 왜 이리 못되고 못난 제도를 배우려 하는지 깊은 한숨이 터져나왔습니다.

평가에 바탕을 둔 연봉제를 사용하여 임금을 배분해야 공평하며, 또 그렇게 해야 교수들의 능률이 올라갈 것이라고 믿어도 될까요. 연봉제가 능률과 형평이라는 경제적 개념으로만 이해될 수 있을까요. 저는 성급한 연봉제의 도입에 앞서 연봉제의 요소, 효력, 역효과와

조건 등을 한번쯤 고려해 볼 필요가 있다고 생각합니다.

미국이 대체적으로 연봉제(merit raise)를 실시하고 있기는 하지만 여간 복잡한 시스템이 아닙니다. 연봉제가 단기적 효력은 낼 수 있지만 장기적 부작용이 반드시 따를 것이라고 생각합니다. 그리고 연봉제가 '경쟁심(competitive spirit, 과정, 대내 관계)'을 부추기는 것인지 '경쟁력(competitiveness, 결과, 대외 관계)'을 강화하는 것인지 확실하게 구분 지을 필요가 있다고 봅니다.

우리는 업적 평가제와 연봉제를 좀더 상세히 알아둘 필요가 있습니다. 이 장에서는 이런 제도의 유래, 장단점, 부작용 등을 설명하고자 합니다. 이런 이슈에 별로 관심이 없으신 분은 이 장을 뛰어넘어 가셔도 되겠습니다.

연봉제의 기본 시스템을 이해하라

연봉제란 매년 책정되는 봉급 인상만을 뜻하는 것이 아닙니다. 미국의 경우를 말씀 드립니다. 아직 한국은 미국 같은 시스템이 아니지만 교육을 시장경제체제로 이끌 때에는 별 수 없이 비슷한 상황이 될 것이라고 생각됩니다. 교수의 연봉은 초봉, 연말 인상(raises), 승진 보수(promotion adjustment), 그리고 시장 조절(market adjustment)의 합입니다. 봉급이 결정되는 데는 일련의 과정이 있습니다. 이를테면 교수의 봉급은 학과장이 측정해서 계획안을 올리면 학장이 승인하고 총장 내지 사무처장이 최종 결재를 내립니다. 물론 대학마다 다르지만 미국 대학에서는 대체적으로 학과장이 제시하는 연봉이 채택됩니다.

초봉은 교수를 채용할 때 흥정되는 액수인 만큼 교수마다 각각 다릅니다. 연말 인상은 모든 교수에게 똑같이 줄 수 있고(standard of living adjustment), 실적에 따라 차별화할 수도 있고(merit raise), 또 두 가지 방법을 혼용할 수도 있습니다. 실적에 따를 경우, 교수들의 합의하에 제시된 실적 계산 방식(merit algorithm)에 의해 정할 수도 있고 아예 학과장이 단독으로 판단해서 정하기도 합니다. 승진 보수는 조교수가 부교수로, 또는 부교수가 정교수로 승진될 때 저절로 나오는 특봉이며 액수는 승진 교수의 실적과 무관하게 일률적으로 지급됩니다. 시장 조절은 교수의 봉급 수준을 경쟁 대상 대학이나 벤치마킹 대학의 수준에 맞추기 위하여 특별히 지급하는 것입니다. 자기네 대학에서 절실히 필요한 교수가 타대학이나 기관으로 전근갈 수 있다고 판단될 때 특별히 쓰는 수단이기도 합니다. 즉, '스타' 교수를 돈으로 붙잡아두기 위해 비상책으로 쓰는 것입니다. 그러나 대부분의 교수는 자신의 시장성(marketability)을 아예 고려하지 않습니다. 따라서 시장 조절은 실제 또는 인식된 시장성을 고려한 것이며, 몇몇 행정인의 판단에 의해 극소수의 교수에게만 실시하는 것입니다.

연봉제의 요소를 따져보면 연봉제란 실적과 어느 정도 연관이 있지만 행정인의 판단이 많이 개입됩니다. 그뿐만 아니라, 실적의 분류를 정하고 또 실적을 계산하는 사람이 행정인이다 보니 교수의 봉급은 사실상 행정인의 재량에 달려 있고, 따라서 상당히 주관적인 시스템이라는 결론이 나옵니다. 이런 결론을 볼 때 요즘 한국에서 연봉제가 실적에 따른 봉급이어서 합리적이고 객관적이라고 주장하는 것과는 상당히 상반되는 시스템이라는 점을 지적하고 싶습니다.

미국 대학 행정인들은 교수들을 고양이 떼에 비유합니다. 교수들을 움직이는 일이 자기 하고 싶은 대로만 하는 고양이 떼를 몰고가기보다 더 힘들다고 합니다. 그러나 고양이 떼를 소 떼같이 뒤에서 몰고가기는 어려워도 앞에서 생선 한 마리로 미끼삼아 이끌어가기는 쉽듯이 연봉제라는 인센티브는 참으로 대단한 효력을 발휘합니다.

연봉제가 열심히 일한 교수를 우대하는 시스템이기는 하지만 여기서 '열심히 일했다'는 말은 바로 '행정인이 정한 목적을 달성하는 데 기여를 했다'는 뜻입니다. 뒤집어보면 연봉제에서는 교수가 자기 스스로 세운 목적을 향해 일을 아무리 열심히 했어도 그 대학의 주요 목적과 일치하지 않는다면 철저히 무시됩니다. 따라서 대학 당국은 새로운 방향이나 목적을 세우고 교수들이 그 목적을 따라주길 바랄 때 연봉제를 강도 높게 적용합니다. 예를 들어 교육 중심에서 연구 중심 대학으로 전환하려고 하면 승진과 봉급 인상을 책정할 때 연구 실적의 비중을 대폭 높입니다. 또, 봉급 인상의 폭을 넓히는 동시 비대칭적으로 함으로써 극소수의 '스타' 교수를 창조해 내기도 합니다. 예를 들어 평균 인상률이 4퍼센트일 경우 0퍼센트의 봉급 인상을 받는 '못난'교수가 있는가 하면 20퍼센트를 넘는 슈퍼스타급 교수도 있습니다.

승진 조건을 높이는 것은 실적 없는 교수를 승진 못하게 하는 '벌'의 개념이고, 봉급 인상률을 높이는 것은 잘하는 교수에 대한 '상'의 개념입니다. 그리고 '스타'를 창조하는 것은 명백한 모델을 제시해 준다는 개념입니다. 이렇게 막강한 퍼지티브와 네가티브 인센티브 제도는 위력을 발휘하여 교수의 연구 실적을 크게 향상시킬 수 있습니다. 실제 예로 미시간 공대는 이런 제도를 실행한 결과 교수들이 지난 10년 만에 연구 실적률을 300퍼센트나 끌어올렸습니다.

연봉제가 성공하기 위해 반드시 큰 폭의 봉급 인상률이 필요한 것은 아닙니다. 교수들은 갑부가 되고자 교수직을 선택한 것이 아니기 때문에 대체적으로 금전에 대해 큰 매력을 느끼지 않습니다. 그래서 남보다 봉급을 더 받았다는 것보다는 '평균'보다 더 높이 '인정' 받았다는 만족감이 더 중요한 것 같습니다. 아마 대부분의 교수들이 이려

서부터 공부를 잘했고 평생 남보다 잘한다는 우월감을 느끼고 살아와서 그런 모양입니다. 따라서 호봉제는 '모두가 평균'인 평준 시스템인데 비해 연봉제는 봉급 인상에 평균의 위(우월)와 아래(열등)가 존재하기 때문에 위력을 발휘하는 것입니다. 결국, 연봉제는 경제적 제도인 동시에 심리적 시스템입니다.

만만치 않은 연봉제의 부작용

연봉제는 몇 가지 부작용을 초래합니다.

첫째, 같은 해에 같은 학과에 같은 직급으로 임명되어도 각 교수의 경력, 실력 등 개인에 따른 요소와 그해의 경쟁률처럼 개인의 실력과 무관한 요소에 따라 교수 봉급이 달라집니다. 그후 새 봉급은 전 봉급에 대비한 퍼센트 인상으로 책정되기 때문에 매년 있는 조그만 인상 차이가 시간이 지나면 큰 액수 차이로 벌어질 수 있습니다. 예를 들어서 두 교수의 초봉이 똑같다 하지요. 그러나 두 교수의 봉급 인상이 매년 단 1.0퍼센트씩만 차이가 나도 30년 후 두 교수의 봉급은 40퍼센트 이상 차이가 생깁니다. 이럴 경우 교수의 고용 기간 동안 누적된 차이를 따지면(평균 봉급 인상률과 이자율에 따라 달라지지만) 백만 달러 단위의 무시할 수 없는 큰 돈으로 계산됩니다. 더욱이 퇴직금이 연봉과 비례하기 때문에 봉급이 적은 교수에게는 치명적입니다.

이런 예는 특별한 케이스가 아닙니다. 미시간 공대만 하더라도 비슷한 햇수 동안 일한 두 교수 사이의 봉급이 40퍼센트 이상 차이가 나는 경우가 한 학과 안에서도 꽤 있습니다. 따라서 교수들은 봉급 인상이나 승진과 직결되는 활동에만 촉각을 모으고 학과와 학교를 위한 서비스 차원의 일은 필사적으로 외면하는 태도를 갖게 됩니다.

둘째, 같은 대학 안에서도 각 학과별 평균 연봉이 크게 차이날 수 있습니다. 실제로 미국의 공대 교수는 전국 통계적으로 이과 교수들보다 약 1.3배, 문과 계통의 교수들보다 약 1.5배 정도 많이 받습니다. 교수의 봉급은 주로 9개월 치이므로 교수는 각자 능력껏 3개월 치를 더 벌 수 있는데, 그렇게 할 수 있는 기회가 현재는 공대 교수에게 많습니다. 따라서 1년을 따지면 공대 교수의 평균 봉급이 타과 교수의 평균보다 실제로 2배까지도 될 수 있습니다. 이런 경우 문과, 이과 교수들이나 같은 학과 내에서도 봉급이 적은 교수들은 이등시민 의식과 피해의식에 사로잡힐 수 있는데, 학교에 대해 비판적이고 투쟁적인 태도를 보이기도 합니다.

셋째, 하위 직급의 교수가 상위 직급의 교수보다 더 많은 봉급을 받을 수도 있습니다. 이것을 두고 봉급 압축과 역전(salary compression and inversion)이라고 하는데 미국에서는 상당히 흔한 상황입니다. 심한 경우에는 같은 학과에서 조교수의 봉급이 은퇴를 앞둔 원로 교수의 봉급을 능가하기도 합니다. 몇 년 지속해서 평균 이하로 봉급 인상을 받는 교수는 승진이 거의 불가능하며, 결국 은퇴할 때까지 부교수로 남는 '비참함'을 맛볼 수도 있습니다. 이렇게 '버려진' 교수들은 위축되어 소극적인 자세를 취하기 쉽고, 허탈감과 씁쓸함에 빠져 학교 일은 최소한으로 하게 됩니다.

넷째, 몇몇 구호로 압축된 대학의 목적과 연봉제를 실시하기 위해 기준화된 실적 평가는 교수의 다양성을 축소시키는 경향이 있습니다. 각자 다를 수 있는 교수의 능력, 가치관, 선호도가 무시되면 교수는 자주적인 학자나 전문가로서의 자부심을 잃게 되고 주어진 일을 하는 노동자로서의 입장을 취하게 됩니다. 노동자는 개별적으로 봉급 협상을 할 힘이 없기 때문에 노동조합이 필요하게 됩니다.

다섯째, 어느 집단이라도 구성원들이 각자 자기 이익만을 추구하고 서로를 경쟁 대상으로 여기며 신경을 세우고 독단적인 행동을 해도 잃을 것이 없다고 느낄 때 동료 의식은 상실되며 개인주의가 팽배해지게 됩니다. 특히 상당수의 교수가 실적과 무관한 업무를 기피하거나 건성으로 일을 하게 되면, 많은 보조 인프라를 요구하는 현대 조직 사회를 지탱할 수 없게 됩니다. 개성 없는 개인주의는 조직의 파괴를 초래할 수 있습니다.

여섯째, 미국 교수들은 봉급에 대해 동료 교수끼리 터놓고 말하지 않습니다. 모두가 예민해 하는 사항을 눈치와 속셈으로 따지다 보면 자연히 대학 교수들 사이에 불안감, 불신감, 불만감, 불행감이 퍼지게 마련입니다. 그렇기 때문에 연봉제로 인한 스트레스는 항상 시한 폭탄처럼 위태롭습니다. 그리고 스트레스로 인한 교수의 건강 피해는 엄청난 생산력 손실로 이어집니다. 안타깝게도 이렇게 눈에 보이지 않고, 측정하기 어려운 손실은 생산력 계산에서 고려조차 되지 않고 있습니다.

일곱째, 또 한 가지 헤아려지지 않는 생산력 손실이 더 있습니다. 먼저 말했듯이 연봉제는 행정인의 판단과 재량에 많이 좌우됩니다. 그래서 불리한 봉급 인상을 받은 교수가 옴부즈맨에게 정식으로 감사를 요청하면 옴부즈맨은 감사 팀을 구성하여 조사하게 됩니다. 만일 평가가 잘못되었다면 그것이 절차 위반인가, 판단 오류인가, 아니면 고의적 처사인가를 가려내야 하며 그 결과에 따라 보상을 책정하기도 하는데 이 절차가 꽤 복잡하여 많은 사람의 상당한 시간을 요합니다. 가끔 학과장이 물러나는 일도 벌어지는데, 그런 극한 상황까지 가지 않더라도 감사를 받는 동안 관계된 대학인의 생산력은 현저하게 떨어집니다.

마지막으로, 가장 심각한 결과는 교육이 뒷전으로 처지게 된다는 것입니다. 강의는 모든 교수들에게 비슷하게 분담된 일인 만큼 교육 실적 항목에서는 모두가 비슷한 (평균) 점수를 받게 됩니다. 따라서 교수들의 업적 평가 점수 분포는 거의 연구 실적 차이에 따르게 됩니다. 그뿐 아니라, 강의는 교수의 강의 실력과 무관하고 '내부적'으로 배당되는 반면, 논문과 위탁 연구 등은 '객관적 외부' 평가와 경쟁을 통해 '품질'을 인정받았다고 인식하게 됩니다. 그 결과, 교수를 평가할 때는, 특히 승진 심사를 할 때는, 연구 실적에 전적으로 의존하게 됩니다. 연구는 노력하는 만큼 '대가'를 받는 반면 강의는 잘하나 못하나 교수 업적 평가와 연봉제에 그리 큰 차이를 주지 않기 때문입니다. 강의는 그저 대충하면 된다는 인식이 퍼지게 됩니다.

결론은 연봉제는 단기간에 큰 효과를 볼 수 있는 인센티브 도구지만 장기적으로 볼 때는 오히려 역효과가 날 수 있습니다. 요컨대 연봉제는 '극약'과 같은 존재로, 급할 때는 '특효약'으로 쓰되 확실히 알고 적절히 쓰는 것이 바람직합니다.

만일 원하는 목적이 뚜렷하고, 절차와 규칙이 확실하고, 결과에 대한 책임 소재와 권리가 분명할 때는 연봉제와 같은 처방이 필요할 수 있습니다. 짧은 시간 내에 많은 일을 하기 위해서는 구성인 모두가 정해진 방향으로 지시에 따라 일사분란하게 움직여줘야 하기 때문입니다. 그러나 반대로 목적과 방법, 책임과 권리에 대한 인식이 일관되지 않거나 합의된 바가 없을 경우에는 수직적이며, 일방적이고, 경직된 구조는 상당히 위태롭고 위험하리라 생각합니다.

골치 아픈 연봉제 분쟁

연봉제를 실시할 경우 과연 어떤 일이 벌어질 수 있는가 실질적인 예를 들어보겠습니다.

어느 교수가 자신이 책정받은 연봉 인상이 학과 평균인 4.0퍼센트보다 0.23퍼센트 적은 3.77퍼센트밖에 못 받았기 때문에 기분이 매우 상해서 학과장을 고발했습니다. 액수로 치자면 한 달에 한국 돈 1만 원 정도 되는 수치입니다. 그러나 교수는 액수의 문제가 아니라 자존심이 걸린 문제로 봅니다. 자신의 실적이 적어도 학과 평균인데 학과장이 자신을 개인적으로 싫어하기 때문에 평균 이하의 인상을 책정하였다고 주장하면서 학과장을 부당 행위자라고 고발했습니다. 2개월 간 학과 분쟁 위원회(grievance committee)에서 4명의 학과 교수들이 이 문제를 조사했지만 모두가 만족할 만한 판결을 내리지 못했습니다. 따라서 분쟁은 대학 분쟁 위원회로 올라왔습니다. 다시 2개월에 걸쳐 3명의 교수가 조사를 하고 판결을 내려야 하는데 여간 신경이 쓰이는 작업이 아닙니다. 왜냐하면 학내 사건이 법정 투쟁으로 발전할 경우를 대비하여 지난 두 달 동안 걸친 모든 증빙 자료와 인터뷰에 대한 보고서를 일일이 꼼꼼하고 철저하게 준비해 놓아야 하기 때문입니다.

대학 분쟁 위원회는 학과장, 소송 교수, 과내 분과 위원회 회원들을 인터뷰하고 경우에 따라서는 학장, 교무처장, 총장도 인터뷰해야 합니다(왜냐하면 학과장이 책정한 연봉을 학장이 검사하고 총장이 승인하는 절차를 걸치기 때문에 연봉에 대한 '고발'은 사실상 과장, 학장, 총장이 줄줄이 연루되기 때문입니다). 그리고 그 학과의 모든 교수의 실적을 조사해서 학과장이 책정한 연봉이 정확하고 타당하고 공평한가를 판단해야 합니다. 이런 사건이 한 해에 한두 개가 아닙니다. 그리고 2퍼센트, 3퍼센트도 아니고 0.2, 0.3퍼센트를 따져야 하니 여간 짜증나는 일이 아니지요. 뿐만 아니라 이런 사건을 조사하는 동안 다른 생산적인 일을 못 하게 되니 시간과 돈 낭비입니다.

사건의 진행을 좀더 자세하게 설명하겠습니다. 그 사건의 '피고'격인 학과장을 '소환'해서 '심문'을 벌이기 시작했습니다. 학과장은 되풀이해서 "나로서는 그렇게 할 수밖에 없었다" "내가 원해서 그렇게 한 것은 아니다" "학장과 총장의 지시하에 했다" "학장과 상의한 다음 대답하겠다"는 말을 반복했습니다. 과연 학과장이 책임을 회피하는 것인지, 속사정을 사실 그대로 털어놓는 것인지 판단하기 위해서 이제는 학장을 '소환'해야 할 지경까지 왔습니다. 조사가 질질 시간을 끄는 것 같아 조금은 짜증스러웠고, 매듭 짓기 위해 필요한 지혜의 부족함에 제 스스로가 못마땅했지만, 당장은 학과장도 측은하게 느껴졌습니다. 학과장의 대답을 풀이해 보면 "나는 나의 양심이나 판단에 의해 행동하지 않고 윗사람의 말만 충실하게 따르는 하수인이요" "나는 나에게 주어진 틀 밖을 나갈 생각은 추호도 없소" "나도 불쌍한 사람이요"라는 하소연이 섞여 있기 때문입니다.

위에 묘사된 상황은 특별한 케이스가 아닙니다. 교수 실적 평가에 따라 연봉제를 실시할 경우에 나타나는 전형적 케이스입니다.

하나의 송사를 결말짓기 위해 들어간 시간과 노력을 나열해 보겠습니다. 저는 옴부즈맨 자격으로 고소인 교수를 여섯 번, 피고인 학과장과 네 번, 학장과 세 번 만났습니다. 또 이 사건의 전말을 이해하기 위해 모두 다섯 명의 동료 교수 및 직원들과 인터뷰를 하였습니다. 판결에 필요한 데이터와 증거물을 선정하고, 선별하고, 얻어내고, 분석하는 데 많은 시간이 걸렸습니다. 그 와중에 저는 대학 분쟁 재판장 자격으로 사건에 연루된 교수, 학과장, 학장, 학과 분쟁 위원장을 차례로 대학 분쟁 위원회에 소환하여 조사를 벌였습니다. 대학 분쟁 위원회는 모두 11번 열렸습니다. 이 모든 미팅이 순조롭게 진행되도록 수도 없이 많은 연락(전자우편, 메모, 편지)을 취했고, 회의록을 작성했고, 판결문을 준비했습니다. 특히 법정 투쟁으로 확대될 경우를 고려하여 모든 문서에 말 한마디 한마디를 정확하게 골라 써야 하기 때문에 시간이 걸리는 것은 물론이거니와 신경이 잔뜩 쓰입니다. 이 사건에 투여된 모든 관계자들의 시간을 총합하면 아마 250시간은 족히 될 것입니다. 학과 분쟁 위원회 차원에서도 따로 100시간 정도가 소비되었으리라 봅니다.

350여 시간이라⋯⋯. 5명의 교수님들께서 머리를 맞대고 2주일 꼬박 한 가지 건설적인 일에 열중한다면 아마 멋진 교육 프로그램을 개발할 수도 있을 것이며, 첨단 연구의 토대를 이룰 수 있으리라 생각됩니다. 돈으로 환산한다면 약 2만 달러 정도 소비되었습니다. 생산성 상실(productivity loss)에다 건설적인 일을 할 수 있는 기회 손실(opportunity cost)까지 고려한다면 분쟁은 상당히 큰 손실을 끼치고 있음이 확실합니다. 그리고 이런 사건이 자주 벌어진다고 상상해 보십시오. 대학인 모두가 결국 패배자가 되고 맙니다.

연봉제의 딜레마

"사람은 일반적으로 일하기를 싫어한다. 따라서 일을 진척시키기 위해서 사람을 상과 벌로 컨트롤해야 한다."

1960년대에 미국에서 유행하던 매니지먼트 제1법칙입니다. 이와 연결된 제2법칙은 "생산력 향상은 인센티브의 크기에 따라 달라진다"입니다. 고로 제3법칙은 "실적에 따라 차별해서 주는 임금이 정당하고 옳은 임금제이다"입니다.

이런 매니지먼트 법칙이 미국 대학에 스며들기 시작한 것은 1970년대입니다. 2차대전 직후 급속도로 팽창하고 늘어나던 대학들이 경제적으로 쪼들리기 시작할 무렵이지요. 학생 수는 줄어들고, 정부의 재정 지원은 축소하고, 박사학위가 많이 양산되어 상대적으로 교수자리는 별 따기만큼 힘들어지기 시작하던 때였습니다. 이 당시 강의 평가제와 실적에 따라 봉급을 주는 연봉제가 대대적으로 실시되기 시작하였습니다. 그리고 교수의 실적은 숫자로 환산하기 쉬운 논문 수와 대학의 수입원으로 계산되는 프로젝트의 돈 액수(외부 연구비)에 치중하게 되었습니다. 이때만큼 교수들이 '연구 안 하면 죽는다(publish or perish)'란 말을 실감하던 적도 없었다고 합니다(이렇게 써놓고 보니 지금 한국에서 벌어지고 있는 상황과 많이 비슷하군요).

과연 연봉제와 생산력의 관계가 자연법칙(?)인가? 이 질문에 대한 답을 얻기 위한 28건의 연구 결과를 조사한 젠킨스(1986)에 의하면 단순 노동일 경우에만 연봉제가 생산력에 영향을 미치고, 그나마 단기적으로만 미친다는 결과가 있었습니다. 하지만 품질을 따지거나 장기적 결과를 보면 연봉제는 생산력 향상과 무관하다는 결과를 얻었습니다. 1980년대에 구초(Guzzo)가 98건의 연봉제에 대한 연구를 분석한 결과 어떠한 연봉제를 실시하든지 생산력에는 영향을 미치지 않는다는 결론을 내렸습니다.

왜 연봉제가 생산력에 영향을 미치지 못하는가? 알피 콘(Alphie Kohne, 1996)은 14가지 이유를 제시하였는데, 지금부터 연봉제 자체에 존재하는 4가지의 딜레마를 소개하겠습니다.

1. 연봉제의 차등 연봉 인상률이 적으면 인센티브가 적다. 하지만

너무 크면 극소수의 인원에게만 혜택이 돌아가게 된다. 이득 보는 극소수와 불만스러운 대다수의 대립은 (역사적으로 볼 때) 망하게 되어 있다.

  2. 장기적 목적 달성도를 측정하기가 어렵다. 따라서 실적 평가는 단기적 목적 달성도를 측정하는 데 그치고 만다. 그 결과 교수는 단기적 목적 성취가 장기적으로 오히려 치명적일 수 있는데도 불구하고 단기적 목적에다 시간 투자를 하게 된다.

  3. 모든 사람들은 실적 평가가 객관적이어야 공정, 공평하다고 생각한다. 따라서 실적 평가 방식이 상당히 경직되며 정량적으로 치우치게 된다. 따라서 획일적이라는 비판을 받을 수 있다(아니, 대학에 다양화와 자율화를 달라고 하더니 반대로 교수는 하나의 잣대로 재려고 한다!). 그러나 다양화를 인정하고 권장하기 위해 융통성 있는 실적 평가를 실시하면 주관적이라는 비판을 받게 된다(실적 평가 기준이 왜 멋대로 이랬다 저랬다 하는 건가!).

  4. 교수 개개인의 실적을 평가하기는 (비교적) 쉬우나 협동으로 이루어진 실적을 평가하기는 어렵다. 따라서 교수는 협동을 요구하는 접학문 연구를 기피하게 된다. 하지만 이제는 팀워크와 접학문이 중요한 시대가 아닌가.

  사실 제가 교수로 승진할 때도 이같은 상황이 벌어졌습니다. 제가 다른 동료 교수 한 명과 함께 합동으로 80만 달러 '짜리' 연구를 '따' 가지고 온 실적을 놓고 평가 위원들이 이것을 어떻게 평가해야 하는가 고심한 모양입니다. 과연 연구비 80만 달러를 다 실적으로 인정해 줄 것인가, 아니면 연구비 예산서에 제 '몫'으로 적힌 50만 달러만 인정할 것인지 결정을 짓지 못했기 때문입니다. 하도 어처구니가 없어서 "강철의 성분인 탄소에게 네 몫이 얼마냐 물을 거요?" 하고 되받았습니다. 1퍼센트 미만으로 미비하게 존재하지만 탄소가 없이는 철이 절대로 강철로 변하지 않습니다. 다학문적 연구는 '몫'을 따질 수 없는 존재입니다.

연봉제는 먹고살기 위해서 일할 때나 위력을 발휘하는 제도입니다. 이제는 아무리 허드렛일을 해도 최소한 굶어 죽지는 않는 세상입니다. 이런 좋은 세상에서는 일이 더 높은 차원의 욕구를 채워주어야 만족하게 되어 있습니다. 특히 교수직은 자아성취가 주목적인 직업입니다. 어디 교수님들께서 부자가 되겠다고 교수직을 택하였겠습니까. 연봉제는 일이 사람에게 줄 수 있는 최고의 기쁨을 빼앗아가기 때문에 이에 대한 반발은 쉽게 누그러들지 않을 것입니다.

연봉제의 부작용을 예방하려면

앞에서 설명한 내용은 미국에서의 연봉제입니다. 한국에서는 한국식 연봉제가 실시되어 위의 내용과는 무관한 시스템이 나올 수도 있습니다. 그러나 저는 미국 교수나 한국 교수나 사고 방식은 다를지언정 기본 심리는 거의 똑같다고 느낍니다. 그래서 연봉제가 효력을 얻으려면 비슷한 처방이 필요할 것이라 생각합니다. 저는 연봉제가 한국에 정착될 경우 부작용을 최소로 줄이기 위해 핵심적인 전제 조건 4가지만 우선적으로 간단하게 제시하고 싶습니다.

1. 시장의 성립

연봉제는 시장의 성립을 전제로 합니다. 다시 말해 타대학 출신의 교수를 뽑거나 본 대학 교수가 타대학으로 전근갈 수 있는 기회가 열려 있어야 합니다. 왜냐하면 자유 유통에 따른 교수들의 유동성이 없이는 공정한 평가와 그에 따른 공정한 협상이 사실상 불가능하기 때문입니다. 교수들이 모두 유동적일 필요는 없지만 유동성의 가능성을 보유해야 하는 것입니다. 이것은 한국이 지향하는 열린 사회의 개념이 교수에게도 적용된다는 말이기도 합니다. 최근에 한국 대학에서 타대학 출신 교수의 비율을 높이고 있다고 하는데 상당히 바람직한 변화입니다.

2. 보직과 봉급의 분리

한국 대학의 보직제도는 보직 수당에 의해 봉급이 달라지기 때문에 사실상 '한국식 연봉제'라고 볼 수도 있습니다. 여기에 '미국식 연봉제'가 추가된다면 아주 묘한 상황이 벌어질 것입니다. 저는 연봉제가 한국의 보직제도와 공존하기 어려운 시스템이라고 생각합니다. 만일 연봉제를 꼭 도입하려 한다면 봉급의 차별화는 교수의 실적에 따르고 보직은 행정인으로서의 능력을 인정하여 봉급과 무관하게 결정하는 것이 바람직합니다. 요즘 많은 대학에서 학부제로 전환하고 있는데, 학부제는 학문 구조에 관한 개혁만이 아니라 행정 구조와 행정인의 권력 구조에 대한 개혁을 동시에 이루어내기에 매우 좋은 기회라고 생각합니다.

3. 전문 행정인의 양성

교수의 학문 활동을 가장 가까이에서 알 수 있는 행정인은 학과장일 테지만 현재까지 한국 대학의 관행상 '돌아가면서 하기'식인 2년 임기제 학과장이나 학장에게는 실권이 없습니다. 반면에 인사권 등 실권이 집중되어 있는 총장 또는 이사장은 모든 교수들의 일상 활동을 세세히 알 도리가 없습니다. 이런 상황에서 교수 평가를 전제로 한 연봉제가 도입된다면 중앙 행정부와 일반 교수들 사이에는 불화가 끊이지 않을 것입니다. 그러므로 연봉제에 앞서 학과장과 학장들을 전문 행정인으로 적극 양성해야 합니다. 전문 행정인은 행정 능력에 자신이 생길 것이며 스스로 행정인으로서 평가받는 모범을 보일 수 있을 것입니다. 그러면 그들이 교수들의 업적을 떳떳이 평가하게 되며, 권위와 위엄 있는 봉급제를 실시할 수 있게 됩니다.

4. 중재 기관의 설립

위에서 언급했듯이 연봉제의 봉급 인상은 이론상 실적 평가에 근원을 두었습니다. 그러나 실적 평가는 실질적으로 가치 판단이 개입되어 있는 것이기 때문에 시비가 생길 가능성이 높습니다. 이때 중립적인 자세로 봉급의 공정함을 수사하고 판결 내릴 수 있는 대학내 자체 기구가 필요합니다. 이러한 기관은 문제를 초기에 해결해 줘서 문제가 커지고 확산되는 것을 방지할 수 있습니다. 특히 외부 기관의 개입을 필요치 않게 하여 대학의 자주성을 지키는 데에도 이바지할 것입니다.

연봉제는 대학의 발전과 개혁에 엄청난 위력을 발휘할 수 있는 제도입니다. 그러나 연봉제가 인간의 심리를 이용한 제도인 만큼 연봉제로 인한 갈등은 감정적으로 치닫습니다. 그래서 연봉제에 관한 문제는 일순간 극화되고, 또 그 파장이 여럿에게 확산됩니다.

요컨대 한국에서도 겉만 보고 미국식 연봉제를 도입할 경우 대학이 소모적인 투쟁과 불화로 지금보다 더 나쁜 결과를 얻을 수 있다는 점을 강조하고 싶습니다. 특히 연구할 기반도 갖추지 않은 채 연봉제를 강도 높게 실시하는 대학에서는 반드시 불만과 불평의 소용돌이

속에 휩쓸리게 될 것이라고 자신 있게 말합니다. 하지만 안타깝게도 지금 한국에서는 미국 대학이 세계 선두를 달리는 비결이 연봉제에 있다고 확신하고 한국도 연봉제를 강도 높게 실시해야 대학 수준을 높일 수 있다는 믿음이 지배적인 듯합니다.

그러나 우리는 미국이 대단위로 장기간에 걸쳐 해본 '임상 실험'의 결과에서 교훈을 배워야 합니다. 미국의 시행착오를 한국이 따라하지 말아야 합니다. 연봉제는 개가 고기를 보면 침을 흘리듯이 사람도 미끼에 끌려다닐 것이라는 매우 어설프고 얄팍한 심리학 이론을 적용한 경영 제도인 것입니다. '상과 벌'의 개념을 벗어나지 못한 연봉제가 인간을 기계적 차원에서 인식한 20세기에는 최상의 방법이었을망정 21세기의 인간 패러다임 시대에는 효과적인 방법이 아닙니다. 세상이 달라지면 사람을 보는 눈도, 대하는 태도도 달라져야 합니다.

연봉제는 교수들끼리 경쟁을 시키려다 대학이 대외적인 경쟁력을 얻기도 전에 집안 싸움으로 사분 오열되어 모두가 망할 수 있는 제도입니다. 연봉제는 윈-루즈라는 구시대적 전략입니다. 하지만 이제는 윈-윈이 중요한 시대라고 하지 않던가요.

평가를 하든 연봉제를 실시하든 대학인(학생, 직원, 보직 교수, 교수)이 서로 협력하게끔 다양성을 인정하고 후원하는 대학이 우수한 대학으로 발전할 것입니다. 강의를 좋아하고 잘하는 교수들에게까지 연구 업적을 잣대로 삼아 월급을 깎아내려서는 안 됩니다. 연구 잘하는 사람은 연구를 더 잘하게, 강의 잘하는 교수는 강의를 더 잘하게 인정해 주고 업적 평가를 해주는 제도를 만들어야 대학, 학생, 교수가 모두 활기를 띠고 발전하게 됩니다.

한국이 미국에서 배워야 한다면 지금 미국이 무엇을 하고 있는가를 보지 말고 무엇을 하고자 하는가를 봐야 합니다.

2 :: 노조와 교수협의회

교수 노조의 등장 배경

    교수가 노동자라? 이 역시 그리 놀랄 일이 아닙니다. 노동자의 의미가 이제는 달라졌기 때문입니다. 산업시대의 노동은 주로 육체 노동을 뜻하였지만 지식산업시대의 노동은 정신 노동(두뇌력)이지 않은가요. 기업이 대학에 기부금을 내거나 자금을 투여할 때는 대학이 예뻐서 돈을 그냥 주는 것이 아닙니다. 지식산업체는 대학을 투자 대상으로 볼 뿐이며 대학이 지식 창출에, 지식산업화에 앞장을 서줄 것이라는 투기인 셈입니다. 대학 지식인의 '노동력'을 노리는 것입니다.

    하지만 지식기반사회가 된다고, 두뇌력이 곧 노동력이라고 교수 노조가 꼭 생겨야 할 이유는 없습니다. 미국 대학 교수들이 노조를 선택하게 된 배경에는 여러 복잡한 요인들이 얽혀 있지만 크게 경제적 요소와 대학 행정의 구조적 요소가 있습니다. 물론 이 두 주요 요소가 서로 맞물려 있으며, 대략 50년 전으로 거슬러 올라가야 이해가 됩니다.

1950~60년대는 미국 대학의 황금 시대라고 볼 수 있었습니다. 대학생 수가 급격히 불어나고 정부의 막대한 지원으로 대학이 양적으로나 질적으로 모두 팽창하던 때입니다. 하지만 70년대에 들어와서는 경제적으로 힘들어지기 시작했습니다. 80년대는 학생 수마저 줄어들기 시작하여 대학들이 심각한 재정난에 허덕이던 때이기도 합니다. 그리고 사회는 대학의 책임(accountability)을 요구하였고, 비상에 걸린 대학들이 교수 출신이 아닌 외부 인사(정치인, 경제인)를 총장으로 모셔오는 붐을 만들어냈습니다.

그 결과 고귀한 상아탑이 무너지고 대학에 구조조정이 대대적으로 시작되었습니다. 대학 총장이 과거에 정치인이고 기업인이다 보니 대학이 점차 기업체의 냄새를 풍기기 시작했습니다. 보직 교수들이 기업 경영인들의 용어를 자연스럽게 쓰기 시작하였고, 교육 목표를 수치화했습니다. 경제성을 내세워 전임교수 대신 시간강사를 선호하였고, 생산성을 높이기 위해 교수는 연구와 강의에 전념하도록 강요받았습니다. 그리고 대학의 위상을 높이기 위해 강의보다 연구를 강조하게 되었습니다. 백년대계라 하여 꼼지락 꼼지락 기던 교육체제가 1년 단위로 팔딱팔딱 뛰는 경영체제로 변신하게 되었습니다.

연구와 강의에 전념하기 위해 교수는 점차 대학의 살림을 꾸려나가는 업무, 즉 위원회 활동을 회피하게 되었습니다. 그 공백을 메우기 위해 교수가 7퍼센트 증가하는 동안 대학 행정직은 무려 47퍼센트나 증가하게 되었습니다. 비대해진 대학 살림을 꾸려나가기 위해 보직 교수는 전문 행정가로서 자리를 굳혀나갔습니다. 그리고 군졸을 지니고 있는 보직 교수들은 일에 찌든 일반 교수 위에 군림하기 시작했습니다.

행정 보직 교수는 일반 교수를 움직이기 위해서 종신제(테뉴어)를 해제하고, 계약제를 도입하기도 했습니다. 그리고 그들의 가장 큰 무기는 연봉제를 강도 높게 이행하는 것이었습니다. 연봉제란 열심히 일을 한 교수를 경제적으로 우대한다는 경제·경영 시스템입니다. 하지만 여기서 '열심히 했다'는 대학이 제시한 목적을 달성하기 위함이란 전제를 내포하고 있습니다. 교수 자신이 아무리 사회에 필요하고 중요한 일을 했어도 대학이 정한 목표와 직접적인 관계가 없으면 인정받지 못합니다. 바로 이것이 연봉제가 교수의 목숨과도 같은 academic freedom을 위협하는 결정적인 점입니다.

그 결과 교수가 대학 중심에서 밀려나기 시작하였고 권한이 총장(행정)으로 집중되어 교수 자치제(faculty self-governance)라는 개념이 희박해지기 시작하였습니다. 미국 대학은 경쟁력 있는 경영체제로 변신하였지만 교수는 대학 '사원'으로 전락하였습니다. 그리고 일반 교수와 행정 보직 교수는 대립적인 관계로 타락하게 되었습니다. 그래서 강력한 교수 평의원회(faculty senate)가 없는 대학에서 자신들의 일과 앞날을 좌우할 수 있는 권한을 잃게 된 노조를 형성하기 시작했습니다.

이런 경우 교수의 임금을 비롯한 대학 운영의 전반적인 사항을 행정과 노조가 타협하여 결정하게 됩니다. 그래서 노조의 결성을 두고 교수들이 공동 구걸(collective begging)에서 공동 계약(collective bargaining)으로 발전했다는 익살스러운 말이 있습니다.

어설픈 연봉제를 실시하게 되면 노조 이외에 별다른 대응책이 없을 것이라고 생각합니다. 연봉제와 노조는 산업시대에나 걸맞는 제도이며 조직입니다. 인간 패러다임이라는 21세기에는 빨리 버려야 합니다. 아직 도입하지 않았다면 시작조차 하지 말아야 합니다.

연봉제는 여러 종류가 있습니다. 미국에서는 각 대학마다, 한 대학 안에서도 각 학과마다 다른 연봉제 방법을 쓰기도 합니다. 만일 한국에서 꼭 연봉제를 해야 한다면 후유증이 가장 적은 방법을 선택하시기 바랍니다.

미국 교수 노조의 현황

미국 4년제 공립대학으로서는 중부 미시간 대학이 가장 처음으로 1969년에 교수 노조를 결성하였습니다. 그후 교수 노조는 1970년대와 80년대를 거치면서 번창했고, 현재 국공립대의 3분의 1 정도(35퍼센트)가 결성되어 있습니다. 2년제 대학까지 포함할 경우 60퍼센트의 국공립대학에 교수 노조가 있습니다. 이 수치는 놀랍게도 노조에 가입된 미국 일반 노동자의 43퍼센트나 미국 대학 교직원의 40퍼센트 수치보다 훨씬 더 큽니다.

주(州) 노동법으로 모든 국공립대 교수가 노조에 등록하도록 되어 있는 동부(매사추세츠, 메인, 뉴저지, 로드아일랜드, 버몬트, 뉴욕 등)가 있는가 하면, 그 반대로 아예 하지 못하도록 되어 있는 남부(플로리다 주를 제외한 모든 남부 주)가 있습니다. 중서부와 서부는 주 정부가 개입하지 않기 때문에 대학이 개별적으로 결정합니다. 하지만 지역과 무관하게 대부분의 사립대 교수는 매니지먼트(전문 관리직)에 속하며 고용인이 아니라는 연방 대법원 판결로 인해 노조를 결성하기 어렵게 되어 있습니다(최근 사립대 교수 노조에 대한 이해가 약간 달라졌기 때문에 사립대 교수 노조 결성 운동이 새로 활성화될 가능성이 있습니다).

법적 제한이 없는 미시간에는 교수 노조가 있는 대학과 없는 대학이 약 반반씩 됩니다. 하지만 종교단체가 법인인 사립대는 전국적으로 노조를 결성하지 못하게 되어 있습니다. 이렇게 법적으로 노조를 결성하지 못하게 되어 있는 대학을 빼면, 교수 노조가 있는 대학이 없는 대학보다 압도적으로 많습니다.

하지만 교수 노조가 있는 대학은 (카네기 분류상) 교육 중심대 (Comprehensive와 Masters I, II)가 주류를 이루고 있고, 연구 중심대(Research와 Doctoral I, II)는 법적으로 해야만 하는 몇 대학을 제외하고는 거의 없습니다.

미국에는 여러 단체가 교수 노조를 대표하고 있는데 그 90퍼센트를 단 3단체가 장악하고 있습니다. 가장 큰 규모는 NEA(National Education Association)로서 46퍼센트를 차지하고 있고, AFT(American Federation of Teachers)는 32퍼센트, 그리고 AAUP(American Association of University Professors)는 11퍼센트를 이루고 있습니다.

앞서 언급했듯이 미국에는 각 주마다 노동법이 다르기 때문에 미국 전체에 대해서 말하기 어렵습니다. 그래서 교수 노조 결성 여부를 각 공립대학에 일임하는 미시간 주의 경우를 소개합니다. 하지만 다른 주와 별로 다르지 않습니다.

어느 대학에서 총 교수의 30퍼센트 이상이 교수 노조를 원한다고 서명을 하면 주 정부에 그 사실을 알릴 수 있습니다. 그 사실이 확인되는 즉시 노조 찬반 비밀 투표를 시행할 수 있습니다. 교수의 60퍼센트 이상 서명을 할 경우 대학 당국은 투표를 하지 않고 곧바로 노조 결성을 인정하기도 합니다. 비밀 투표를 하는 경우, 전체 교수의 과반수가 아니고 투표수의 과반수만 넘으면 교수 노조가 결성됩니다. 이때 학과장을 비롯한 행정 보직 교수는 투표 대상에서 제외됩니다. 이들은 일반 교수가 아니고 소위 매니지먼트(관리직)로 분류되기 때문입니다.

교수 노조가 결성되면 교수가 노조에 가입을 할 수도 있고 안 할 수도 있는 선택의 여지가 있습니다. 하지만 노조에 가입한 교수만 노조 운영, 정책과 협상 과정에 참여할 수 있는 반면, 교수 노조와 대학 당국이 타협한 내용은 모든 교수에게 적용됩니다. 그러니 자신의 의견을 반영시키려면 노조에 가입해야 합니다. 노조에 가입하지 않아도 노조회비는 내야 합니다. 노조 운영 자금은 모든 교수로부터 각 교수의 연봉에 비례하는 회비로 충당하는데 회비는 대개 연봉의 1퍼센트 미만입니다.

교수 노조가 결성되면 대학 당국은 교수 노조와 협상할 의무는 있지만 타협해야 할 의무는 없습니다. 타협이 이루어지지 않을 경우 주 정부 산하의 중재 기관의 개입이 가능합니다. 가끔 교수들이 파업을 하고 수업 거부를 하기도 합니다. 실제로 올해 동부 미시간 대학 교수들은 시간강사 남용으로 교육의 질이 떨어지고 있다는 이유로 파업을 했습니다. 하지만 대부분의 경우 협상이 무사히 순조롭게 이루어집니다.

교수 노조의 최대 관심은 교수들의 경제적 이권과 권리입니다. 따라서 주요 협상 관권은 연봉, 혜택, 급여, 진급, 분쟁과 분규, 그리고 이 모든 과정의 기준과 절차를 명시하는 것입니다.

교수 노조를 둘러싼 엇갈리는 의견들

교수 노조 찬반 투표에 앞서 대학은 큰 몸살을 앓게 됩니다. 각 교수는 교수 노조로 인해 얻을 혜택과 불이익을 생각하는 동시 교수 노조라는 상징적 의미를 고려하지 않을 수 없습니다. 따라서 엇갈리는 이념과 이해타산 때문에 심한 갈등을 느끼게 되는 것입니다.

　이외에도 교수 노조를 쉽게 결정할 수 없는 이유가 있습니다. 지난 20년 간 교수 노조가 해체되는 예는 단 두 번밖에 없었다는 사실이 있기 때문입니다. 즉, 교수 노조는 한번 결성되면 거의 영원하다는 결론입니다. 결국 교수 노조 결성을 고려하는 대학은 이념과 집념의 회오리바람에 한바탕 휩쓸리게 됩니다.

　교수 노조의 장단점을 연봉제를 예로 들어 분석해 보겠습니다. 이미 말씀 드렸듯이 연봉제를 실시하는 대학에는 교수 연봉 인상률이 0퍼센트부터 30퍼센트를 넘습니다. 즉, 인플레이션을 고려하면 연봉 삭감에 해당되는 치욕적인 연봉 인하가 있는가 하면 슈퍼스타 교수를 매수하는 듯한 파격적인 연봉 인상이 있습니다. 그러나 교수 노조가 있는 대학에는 일단 최소 연봉 인상률이 협상되며, 모든 교수는 그 인상률을 보장받습니다. 하지만 모든 교수가 똑같은 연봉 인상률을 받는 것이 아닙니다. 교수 각자의 성과에 따라 차별적 연봉 인상을 받습니다. 그러나 최소 연봉 인상률이 보장되어 있는 만큼 최고 인상률이 평균에서 많이 벗어나지 않습니다.

　위에 제시된 사항들은 그저 사실일 뿐 그 자체가 장단점이 아닙니다. 이런 사실의 파급 효과를 어떻게 보는가에 따라 장점이 될 수도 있고 단점이 되기도 합니다. 장점으로 보는 교수는 최소 연봉 인상률로 하여금 교수가 대학 당국으로부터 경제적 위협이나 심리적 부담 없이 지식인으로서 또는 전문인으로서 자신이 믿는 바를 추구할 수 있다는 점을 내세웁니다. 이때 비로소 교수가 가장 소중히 여기는 'academic freedom'이 제대로 발휘된다고 믿기 때문입니다. 교수 노조 찬성파는 아인슈타인이 지식인들을 정치 개입과 경제 논리로부터 해방시키기 위해 UUAP 교수 노조에 가입했던 역사적 사건을 증빙 서류인 듯 제시합니다.

그러나 다른 한편, 일부 교수들은 교수 노조 자체를 부정적으로 인식하는 면이 있습니다. 노조에 가입하면 자신이 노동자라고 스스로 인정하는 처지가 되기 때문입니다. 교수는 산업화시대의 육체 노동 관념을 상기하면서 자신이 노동자 계급에 속한다는 것을 상상조차 하기 싫을 것입니다. 지식기반사회의 주요 노동력은 두뇌력이라는 점을 이해하면서도 여태껏 간직해 온 고귀한 교수직 관념을 쉽게 포기하기 어려운 것이지요.

그러나 교수 노조 결성을 반대하는 교수는 최소 연봉 인상률 보장 제도를 단점으로 인식하고 있습니다. 연봉 보장제도는 교수 사회에 안일주의를 초래하며, 유능한 교수들은 교육기관보다 상대적으로 보수를 많이 주는 기업을 선호하고 대학을 외면하게 됨으로써 교육의 전반적인 황폐화를 가져다줄 것이라고 판단하기 때문입니다. 꼭 대학에 남기를 원하는 유능한 교수는 노조가 없는 대학으로 이직할 것이기 때문에 교수 노조가 생기면 그 대학의 질이 떨어질 것이라는 예견을 덧붙입니다. 교수 노조 반대파의 증빙 서류는 일류 명문대에는 예외없이 교수 노조가 하나도 없다는 사실입니다.

결론적으로 둘 다 타당성이 있기 때문에 누구의 견해가 더 옳고 그른지 판단하기 어렵습니다. 그러나 한 가지 확실한 것이 있습니다. 좋은 대학에는 유능한 교수가 있고, 유능한 교수 집단은 대학 살림에 많은 행사 권한을 지니고 있습니다. 즉, 일류대학은 교수와 행정이 서로를 존중해 주고 자발적으로 협력을 하고 힘을 합치는 대학이라는 뜻입니다. 이와 반대로 교수와 행정이 서로 믿지 못하고 힘 겨루기를 일삼는 대학은 협력 대신 대립에 많은 돈과 시간을 쓰느라 대학의 질이 더 떨어지는 악순환을 겪는 것이지요. 결국 이삼류 대학으로 전락할 수밖에 없습니다. 자신이 속한 대학이 일류가 될 것인지 이류가 될 것인지는 결국 교수들과 행정(재단, 총장, 보직 교수들)이 어떻게 협력을 하느냐에 전적으로 달린 문제라고 생각합니다.

캘리포니아의 경우, 버클리와 UCLA를 비롯한 'University of California'라고 되어 있는 9개의 명문 주립대에는 교수 노조가 없습니다. 하지만 'California State University'라는 이름을 단 22개의 주립대에는 교수 노조가 있습니다. 미시간의 경우 역시 명문대인 미시간대, MSU 등은 교수 노조가 없는 반면 동부 미시간대, 중부 미시간대 등에는 교수 노조가 있습니다. 이와 같이 미국 전역에 걸쳐 명문대학에는 한결같이 교수 노조가 없습니다.

이런 사실을 두고 "봐라, 교수 노조가 대학을 망치고 있지 않은가" 하는 의견이 있습니다. 하지만 이것은 인과 관계를 잘못 생각한 것입니다. 교수 노조가 있기 때문에 대학이 이류로 하락하는 것이 아니라 대학이 이미 이류이기 때문에 중재기구로 교수 노조가 필요하게 된 것입니다.

교수 노조가 없는 일류대학에는 상당히 활발하고 권위 있는 교수평의회가 존재합니다.

3 :: 인증제와 벤치마킹

인증제는 왜 필요한가

'인증'이라는 단어가 한국 대학 사회에 퍼지고 있습니다. 공대 교수와 공학인들은 3년 간의 철저한 준비 작업을 걸쳐 2000년에 공학교육인증원을 발족하고 시범 인증을 실시했습니다. 의학계도 비슷한 시기에 의학교육인증원을 설립했습니다. 인증 제도는 곧 전문인력을 배출하는 다른 학계로도 확산될 것입니다. 그리고 초중고도 참여하게 될 것입니다. 일단 인증을 대학에 초점을 맞추어 설명 드리겠습니다.

인증이란 교육의 품질을 평가해서 최저 기준을 만족시키는 교육기관과 그렇지 못한 곳을 가려내는 제도라고 볼 수 있습니다. 이런 짧막한 설명을 들으면 교수들은 기운이 쑥 빠지기 쉽습니다. 최근에 대학 평가, 강의 평가, 교수 업적 평가 등 잡무와 위장병만 잔뜩 증가시키는 듯한 온갖 평가가 무더기로 도입되는 바람에 평가라는 말만

들어도 입맛이 쓰지 않은가요. 그런데 이제 또 하나의 평가가 인증이라는 가면을 쓰고 추가되는 것같이 보이기 때문입니다.

하지만 인증 제도를 자세히 알고 보면 인증은 여태껏 한국에서 실시해 오던 평가와 상당히 다르다는 것을 알 수 있습니다. 그리고 혁신적이고 새 시대에 걸맞은 제도라고 인정하게 될 것입니다.

새 시대의 교육 개혁 방향은 세 단어로 압축할 수 있습니다. 다양화, 특성화, 그리고 자율화입니다. 그러나 이 세 가지 개념은 교육에만 적용되는 것이 아닙니다. 이 개념들은 지식기반사회의 기본 패러다임이기 때문에 사회의 모든 면에 적용됩니다. 따라서 평가 제도에도 적용되어야 평가가 군소리 없이 진행되고 효력을 발휘할 수 있을 것입니다.

이 글에서는 아직은 우리에게 생소한 인증 제도를 이 세—자율화, 다양화, 특성화—개념에 비추어 설명하고자 합니다.

1. 자율화

새 시대에는 교육 기관이 '스스로 알아서' 교육 목적을 다양하게 세우고 교과 과정을 특성 있게 운영할 수 있지만, 그대신 결과에 대한 책임을 져야 합니다. 그래서 자율화가 기본인 새 시대에 평가는 피할래야 피할 수 없는 제도입니다.

그러나 평가를 하고자 할 때 다음 두 질문은 반드시 해야 합니다. 평가는 누가 하는 게 바람직할까? 그리고 평가는 무엇을 위한 것인가? '누가(who)' 평가를 '왜(for what)' 하는가에 따라 평가가 발전을 도모하기도 하고 말썽만 잔뜩 빚을 수도 있기 때문입니다.

이 질문에 대한 답은 단순합니다. 수직적 구조를 지닌 구시대에는 권위자가 대학간 서열을 매기기 위해 평가를 일방적으로 단행해도 어찌할 수 없었습니다. 하지만 수평적 구조를 지닌 새 시대의 평가는 등급을 매기기 위한 심사가 아니고 발전을 위한 피드백 도구가 되어야 하며 자율적으로 진행되어야 합니다. 그리고 정보화시대인 만큼 평가 결과가 사회에 공개되어야 하며, 공개된 정보를 사회가 어떻게 쓸 것인가 또한 각 사회 기관의 자율에 맡겨야 합니다.

인증 제도를 백 년 가까이 실시해 온 미국의 예를 들어보지요. 인증은 독립된 기관에서 주도하며, 대학은 인증 평가를 받아야 할 의무가 없습니다. 인증 받기를 원하는 대학만 평가를 하며, 최소한 기준을 달성했는가 못 했는가만 차별화할 뿐 수준을 점수로 계산하지 않습니다. 이런 규정은 인증으로 인하여 발생할 수 있는 대학·학과 서열화를 적극적으로 방지하기 위해서입니다.

평가 결과, 즉 인증 여부는 공개적으로 알리게 되어 있으며 정부, 기업, 학생들이 참고합니다. 정부는 인증 받은 대학에 등록하는 학생들에게만 정부 장학금을 주는 정책을 세우고 있으며, 기업은 신입사원을 뽑을 때에 나름대로 어느 대학, 어느 학과의 인증 여부를 얼마큼 중요하게 고려할 것인가를 결정합니다. 결국 장학금과 취업에 민감한 학생들은 인증 있는 대학·학과를 선호하게 됩니다.

이렇듯 미국에서는 인증 평가를 받고 안 받고는 대학의 자율이지만, 타기관에서 인증 결과에 부여하는 가치 때문에 대부분의 대학들이 인증을 받으려고 스스로 노력합니다. 중요한 점은 인증을 받기 위해 교수와 교직원들이 비록 많은 시간을 투자하지만 인증 절차를 불필요한 관료적 문서 작업이라고 보지 않는다는 점입니다. 교육자들이 스스로가 교육을 발전시키기 위해 인증이라는 절차를 자발적으로 개발하였고 자발적으로 참여하고 있습니다.

자율화란 이토록 중요합니다. 같은 일을 하더라도 자신이 원해서 할 때는 남이 시켜서 억지로 할 때보다 몇십 배 더 많이 성취할 수 있을 것입니다. 이 긍정적인 제도로 인하여 미국 교육은 시대의 흐름을 파악하고 새로운 사회적 요구에 맞추기 위해 꾸준히 발전해 온 것입니다.

현재 한국에서 처음으로 시도하려는 공학계와 의학계의 인증 제도는 자율적 평가 제도입니다. 벌써 긍정적인 반응이 보입니다. 아무 대학도 인증 평가를 강요받지 않지만 오히려 서로 먼저 평가를 받겠다고 경쟁하는 기현상까지 나오고 있습니다. 이것이 자율화의 위력입니다. 한국에서 실시하는 인증 평가는 교육 개혁에 새로운 에너지를 불어넣어 줄 것이라고 믿습니다.

2. 특성화

미국 대학 인증에는 두 종류가 있습니다. 하나는 대학을 전체적으로 인증하는 대학 단위별 인증이고, 다른 하나는 특정 학과나 프로그램에 대한 분야별 인증입니다. 각 대학은 10년 주기로 인증 평가를 받으며, 모든 학생들한테 적용되는 교양 교육 교과 과정을 주로 고려합니다. 일반 교과 과정 이외에 학생 선발과 관리, 교수진, 직원, 연구, 정보 인프라, 보조 시설, 재정 등을 평가합니다.

중요한 점은 대학 단위 인증을 관장하는 기관은 학문 분야별 인증을 관장하지 않는다는 것입니다. 학과별이나 교육 프로그램 단위를 평가하는 기관이 따로 있습니다. 그리고 모든 학과가 인증받는 대상은 아닙니다. 일반적으로 문과, 이과는 분야별 인증 대상에서 제외되고 법대, 의대, 치대, 간호대, 공대, 경영대 등 소위 전문직 학위(professional degree) 프로그램이 인증 대상입니다. 분야별 단위는 대학 단위보다 짧은 주기로 인증 평가를 받습니다. 예를 들어, 공학

프로그램은 6년 주기로 평가를 받습니다.

이처럼 대학 단위 인증과 학과 단위 인증을 관장하는 기관이 서로 다르다는 이중구조의 장점이 여럿 있습니다.

첫째, 대학 전체를 인증하는 기구가 전문적 학문 분야도 인증할 경우 독점에서 비롯되는 문제가 생길 수 있습니다. 인증 기관의 이중구조는 어느 한 기관에 모든 권한이 집중되지 않도록 견제해 주고 특정인(또는 집단)의 독점이 생기지 않도록 구조적으로 예방할 수 있게 해줍니다.

둘째, 전문적 학문 분야를 비전문인 단체가 평가할 경우 평가할 수 있는 항목은 학생 대 교수 비율과 같은 정량적인 것밖에 없습니다. 이럴 경우 평가 결과가 최종 점수 하나로 압축되기 마련입니다. 그 점수가 무엇을 뜻하는지 내막을 알 수 없으니 따질 수도 없습니다. 결국 평가 점수는 불가사의한 일이 되어버리고 대학과 학과를 서열화시키는 데만 쓰이게 됩니다. 그러므로 평가에 대한 신빙성을 높이기 위해서 전문적 학문 분야는 전문인 단체가 평가해야 하는 것입니다.

셋째, 특히 평가의 최종 목적이 '발전을 위한 피드백'이라면 그 일은 전문인들만이 할 수 있습니다. 이미 미국에서는 대학을 방문하는 실사단을 평가자라고 하지 않고 평가 자문단이라고 합니다. 인증은 평가와 자문이라는 두 가지 역할을 같은 비중으로 둔다는 뜻입니다.

이런 인증 기관의 이중 구조는 새 시대가 요구하는 특성화란 개념을 잘 반영하는 예입니다. 특성화란 분리 분담의 원칙이 존중되어야 가능합니다. 분리 분담은 다시 독점 배제와 전문화로 연결됩니다. 한국에서 시도하는 대학·학과 평가도 전문성을 최대한으로 살릴 것으로 기대합니다.

3. 다양화

대학 단위 인증 기준은 다음과 같습니다. △대학에 설립 취지와 고등교육기관으로서 합당한 목표가 있는가 △그 목표를 달성하기에 필요한 인력, 재원, 자원을 대학이 충당할 수 있는가 △그 목표를 달성하고 있는가 △대학이 계속 발전할 수 있는가 △대학이 성실한 방법으로 목표를 달성하는가 등입니다.

교육 프로그램이나 학과 단위의 분야별 인증을 받기 위해서 학과(공학의 경우)는 다음 네 질문에 대한 자체 평가 보고서를 작성해야 합니다. 즉 △무엇을 하고자 하는가(목적 제시) △어떻게 하고자 하는가(방법 제시) △목적을 달성하였는가(결과 제시) △지속적으로 발전할 수 있는가(피드백 제시) 등입니다.

여기서 얻어야 하는 교훈은 인증이 교육을 한 방향으로 몰고가지 않는다는 점입니다. 각 대학·학과가 나름대로 특유의 목적을 세우기를 권하고 있습니다. 사실 많은 대학은 앞서가고 있는 대학을 모방하기 쉽습니다. 그러나 제각각 여건이 다르니 같은 목표를 세웠다고 같은 결과를 기대할 수 없지 않은가요. 오히려 생각없이 동일한 목표를 세웠기 때문에 피해를 볼 수도 있습니다.

인증은 대학이나 학과가 각자 환경에 적합한 목표를 세우고 여건에 부합하는 방법을 택하기를 요구합니다. 그리고 스스로 평가해서 목표를 개선하거나, 더욱 효과적인 방법을 개발하거나, 아예 새로운 목표를 세우기를 권합니다. 결국, 인증 제도는 대학과 학과의 특성화와 다양화를 적극적으로 지지하는 것입니다.

한국공학한림원, 한국공학기술학회, 공학전문학회, 산업체가 공동으로 추진하고 있는 공학교육인증원은 교육의 다양화를 최대한으로 유도하는 제도를 도입하고 있습니다. 공학 교육 인증 절차 자체가 한국 교육 개혁에 신선한 충격을 가져다줄 것이라고 믿습니다.

한국은 인증 제도를 시작하려는 시기가 바야흐로 한국이 지식산업 사회로 들어가는 초입이기 때문에 매우 운이 좋다고 생각합니다. 미국처럼 인증 제도를 산업시대에 맞게 디자인했다가 정보지식사회에 맞춰 뜯어고쳐야 하는 시행착오와 낭비, 갈등, 불만 등을 거치지 않고도 아예 처음부터 지식기반시대에 걸맞게 디자인할 수 있는 좋은 기회라서 정말 다행입니다.

하지만 인증이 성공하자면 교육인 모두가 적극적이어야 합니다. 또 하나의 평가가 나타나서 사람 괴롭힌다고 불평하거나, 이론상으로는 훌륭하지만 한국의 현실에 맞지 않는다고 냉대하지 말아야 합니다. 인증이 한국의 현실에 맞지 않는다는 발언은 개혁을 하지 않겠다는 소극적 마음 자세를 고백하는 것입니다. 개혁은 새로운 현실을 창조하는 일입니다.

미국 명문대의 저력

요즘 미국 대학들은 울상입니다. 미국의 경제가 한동안 나쁘더니 그 여파가 드디어 대학까지 번지고 말았기 때문입니다. 정부 예산이 줄어들면서 정부의 대학 지원금이 대폭 삭감되었습니다. 미시간 주의 경우 22퍼센트나 삭감되었습니다. 대학마다 프로그램을 축소하거나 교직원 채용 금지, 학과 통폐합을 고려하는 중입니다. 등록금은 20퍼센트 이상 인상될 예정입니다.

문제는 주립대학에만 국한되지 않고 사립대도 마찬가지입니다. 경제가 어렵다 보니 학생들이 등록금이 비싼 사립대 진학을 꺼려하기 때문입니다. 사립대는 학생이 줄어들어서 문제고, 주립대는 더 많은 학생을 더 적은 예산으로 꾸려나가야 하는 부담이 문제입니다.

그러나 이런 어려운 상황에도 전혀 끄떡하지 않는 대학들이 있습니다. 바로 하버드, 프린스턴 같은 미국의 명문대학들입니다. 이런 대학들이 조금도 흔들리지 않는 이유가 있습니다. 하버드는 180억 달러나 되는 거액의 자금(endowment)이 있습니다. 한국 돈으로 환산하면 자그마치 20조 원이나 됩니다. 14자리 숫자는 감이 좀처럼 잡히지 않습니다. 과연 이런 천문학적인 액수는 얼마나 될까요?

자금이 벌어들이는 이자 수입을 총 학생 수로 나누어 따져보지요. 하버드의 경우, 학생 한 명당 1억 원이 들어오는 셈입니다. 지난 2년 연속 우수 대학 랭킹 1위를 달린 프린스턴 대학이 지닌 자금도 이와 비슷한 수준입니다. 프린스턴의 경우, 어느 교수가 따져보았습니다. 만약 지금부터 대학이 돈 한푼 벌어들이지 않고 (학생들에게 전액 장학금 주면서) 현재 지닌 자금만으로 과연 앞으로 몇 년이나 더 현재의 톱 수준을 유지할 수 있을까? 답을 보니 실로 경악할 노릇입니다. 프린스턴은 장장 3050년도까지 세계 톱 대학으로 버틸 수 있다고 합니다. 말이 3050년이지만 앞으로 천 년을 더 지속한다는 말은 곧 영원하다는 뜻입니다.

미국의 명문대는 이런 막대한 자금이 뒷받침해 주고 있기 때문에 심한 경제난에도 전혀 타격을 받지 않습니다. 이런 자금은 사립대만이 지닌 것이 아닙니다. 명문 주립대는 명문 사립대와 맞먹는 수준의 자금을 지니고 있습니다.

잘못 이해하지 마십시오. 부자 대학이라고 다 명문대학이 되는 것은 아닙니다. 하지만 대학의 재산은 대학이 주변 환경이나 일시적 어려움에 아랑곳하지 않고 대학의 방향과 철학을 일관성 있게 추진할 수 있는 저력을 가져다줍니다. 누가 교육부 장관이 되든지, 어떤 교육 정책이 나오든지, 어떤 난제가 나타나든지 관계없습니다. 즉, 자금은 대학의 자율권을 실질적으로, 철저히 보장해 준다는 뜻입니다.

한국에 세계적 명문대가 나오게 하려면 경제와 정치로부터 대학의 독립(자율성)을 보장해 주어야 합니다. 말로만 보장하는 것이 아니라 실질적으로 보장해 주어야 합니다. 벤치마킹은 아웃풋에 대한 상대 비교와 더불어 인풋에 대한 비교를 동시에 해야 합니다.

무엇을 위해 벤치마킹 하는가

벤치마킹의 최종 목표는 생산품이나 서비스의 품질, 또는 생산력이나 효율성을 최고로 높이기 위한 것입니다. 방법은 생산품이나 서비스나 과정을 경쟁 대상의 것들과 체계적으로, 그리고 지속적으로 비교하는 것입니다. 앞서가는 상대에게 한수 배우자는 진지한 노력입니다. 발전하기 위해서는 반드시 가져야 하는 매우 훌륭한 자세이며 당연히 해야 하는 일이기도 합니다.

그러나 교육 기관을 벤치마킹할 때, 우리는 왜 그런지 떨떠름해지고 맙니다. 남들과 비교당하는 것은 결코 기분 좋은 일이 아니기 때문일 것입니다. 한국 청소년들이 부모님으로부터 가장 듣기 싫어하는 말이 남과 비교하는 것이라는 통계가 잘 보여주고 있듯이 우리는 평생 남과 비교 당하면서 자랐습니다. 이제 성인이 되어 좀 느긋해지고 싶은데 그 지긋지긋한 비교를 또 당해야 하니 거부 반응이 나겠지요. 자연스러운 현상입니다. 충분히 이해하고도 남습니다.

그러나 벤치마킹의 비극은 이러한 개인적인 차원을 벗어나서 또 하나 더 있습니다. 벤치마킹 과정을 자세히 보면 비극의 원인을 알 수 있습니다. 1. 비교 대상을 선정한다. 2. 비교할 항목을 몇 가지 선정한다. 3. 그 항목들을 측정한다. 4. 상대 비교한다.

벤치마킹의 첫번째 과정의 문제점은 앞에 지적하였습니다. 한국의 모든 대학들이 너도나도 모두 세계적으로 유명한 연구 중심대를 벤치마킹하는 것은 위험하다고 말씀 드렸습니다. 벤치마킹의 두 번째와 세 번째 과정에서도 심각한 문제가 비롯합니다. 벤치마킹은 축소 지향적(reductive)이며 정량적(quantitative)이기 때문입니다.

교육 기관의 품질을 단 몇 가지 항목으로 축소할 수 있을까요? 한때 코끼리의 품질을 상아 길이 하나로만 가늠하던 때가 있었지요. 그 결과 코끼리가 떼죽음을 당하고 멸종 위기까지 직면했듯이 교육 기관의 존재성을 몇 가지 목표치로 축소할 경우 교육 기관이 황폐화될 수 있습니다. 특히 학습 사회, 평생 학습이라는 단어와 친숙해진 현재, 교육 기관을 단순한 시각으로 인지해서는 올바른 정책과 전략을 세울 수 없겠습니다.

그래도 비교 항목을 몇 가지로 축소한다면 과연 어떤 항목들이 선정될까요? 수치로 쉽게 측정되는 항목이 선정되게끔 되어 있습니다. 예를 들어 SCI 논문 수, 연구비 액수……. 주로 연구 활동에 관련된 항목들입니다. 그리고 이런 연구 업적은 수치가 높으면 높을수록 우수하다고 인정받고 있습니다.

연구 업적에 비해 교육 업적을 평가하는 항목은 쉽게 찾아지지 않습니다. 교육 품질에는 강의 평가 점수가 있지만 그것은 교수님의 교육 활동의 지극히 작은 일부만을 반영합니다. 연구 생산력에 논문 수가 있듯이 교육 생산력은 수강생 수로 따져야 하겠지요. 그러나 학생 300명을 가르친 교수님이 학생 30명 가르친 교수님보다 더 높게 평가되지 않습니다. 오히려 대학을 평가할 적에 교수님께서 적은 수의 학생을 가르칠수록(학생 대 교수 비율이 낮을수록) 높은 품질의 교육이라고 인정하고 있지 않습니까?

교육은 정량적으로 표기하기 매우 어렵습니다. 연구 평가는 그럭저럭 가능하지만 교육 평가는 단순하지 않기 때문에 온갖 잡음이 따르게 됩니다. 결국 대학은 벤치마킹을 할 때에 말썽의 요지가 적은 항목들을 선정하게 됩니다. 따라서 벤치마킹을 하면 고의가 아닌데도 불구하고 연구 업적에 치우치게 됩니다. 그 결과, 대학에 교육을 무시하고 연구에 매달리는 풍토가 자리잡게 됩니다. 삐걱삐걱…… 한국의 교육 인프라가 망가지는 소리가 들려옵니다.

삐걱 삐걱…… 우리는 곧 이 잡음에 익숙해질 것입니다. 마치 서울 시내의 소음에 젖어버린 나머지 고막 상하게 하는 소음이 정상으로 느껴지듯이 말입니다. 바로 그것이 비극입니다. 망가진 교육이 정상인 듯 보여질 것이 비극인 것입니다.

우리 모두 아직은 삐걱 소리를 들을 수 있다는 사실에 희망을 가져야 합니다. 아직 무엇이 정상적인 교육인가를 알고 있다는 뜻입니다. 우리는 계속해서 무엇이 진정한 교육인가 서로서로 상기시켜 주어야 합니다. 그리고 우리는 이미 귀가 먹은 동료마저 학생들의 소리를 다시 들을 수 있도록 도와야 합니다.

| 맺는 말 |

교육자는 희망과 비전을 심는
새 시대의 리더입니다

　교육 문제에 해결책으로 흔히 등장하는 말이 있습니다. 교육자의 정체성을 바로잡는 일이며 교권을 회복해야 한다는 말입니다. 교육자의 본래 모습을 잃고는 교육의 고지를 쟁취할 수 없기 때문입니다. 저 역시 전적으로 동감합니다. 하지만 우리는 땅에 떨어진 교권을 회복해 달라고 외치지 말아야 합니다. 교권은 호령해서 얻어지는 것이 아니기 때문입니다. 교권은 학력이나 자격증으로 얻어지는 것도 아닙니다. 교권은 교육자가 정체성을 확립하여 진실과 최선과 베풂으로 실천할 때 저절로 생깁니다.
　교권은 주고받는 것이 아니라 키워야 하는 것입니다. 토마토 모종을 양지 바른 곳에 심어 물을 주고 비료도 주고 곧은 작대기로 받쳐주어야 건실한 열매를 맺듯이 교권도 정성어린 보살핌으로 결실을 맺게 됩니다. 해의 움직임을 알아야 양지 바른 곳을 택할 수 있듯이 우리들도 시대 흐름을 정확히 읽어야 새 시대가 요구하는 인재를 배출하는 교육의 장을 찾게 됩니다.

작대기는 시퍼런 토마토 알맹이가 특유의 빨간색으로 변신할 때까지 비가 오나 바람이 부나 아랑곳하지 않고 묵묵히 가지를 받쳐주고 있습니다. 그 받침을 받고 열매 알맹이는 점점 커지면서 스스로 영글어갑니다. 작대기는 토마토에게 노랑색이 되라 하지 않습니다. 작대기는 토마토에게 수박같이 커져라 하지 않습니다. 작대기는 마치 없어도 되는 존재 같지만 없으면 열매는 땅에 떨어져 제대로 크기 전에 썩어버리고 맙니다. 교육자는 이런 곧은 작대기와 같습니다. 우리는 남 앞에 나서서 활개치지 않지만 각자 지도자입니다. 학생들의 장점을 찾아주고 그 장점을 최대한으로 개발하여 자아성취할 수 있도록 도와주는 새 시대의 리더입니다.

토마토에게 물과 비료는 우리 학생들에게는 선생님의 지성(知性)과 인성과 같습니다. 학생들은 교실에서 수업이 아니라 선생님을 받아들인다고 하였습니다. 학생들이 인재로 성장하기 위해서 우리 머릿속에 들어 있는 지식과 지각과 지혜뿐만 아니라 우리 마음속에 들어 있는 올바름과 최선을 다하는 마음과 너그러움을 전달받습니다.

교육은 백년대계입니다. 지금 우리가 무엇을 어떻게 하느냐에 따라 백 년의 미래가 달렸습니다. 교육의 시계는 일분 일초를 따지지 않습니다. 교육 시계 바늘이 한 눈금 움직이면 10년이요 한 바퀴 돌면 백 년입니다. 우리가 지금 새롭게 시작해도 효과가 금방 나타날 거라고 기대하지 마십시오. 그렇다고 해서 실망하고 주저하지 마십시오. 우리는 지금부터라도 새롭게 시작해야 합니다. 지금 당장은 어렵더라도 10년 후를 생각해야 합니다.

우리는 형식에 찌든 카네이션과 일상적인 카드를 받는 데 너무 익숙해져 있는지 모르겠습니다. 그것만이라도 받는 게 다행이라고 생각할 수도 있겠습니다. 그러나 그런 것들 수백 개를 받는들 우리의 마음 병을 고쳐주지 못합니다. 돈과 명예, 다 소용 없습니다. 우리의 마음 병은 학생들만이 고쳐줄 수 있습니다. 10년 후에 찾아올 제자들만이 우리를 살려줄 것입니다.

상상해 보십시오. 10년 후에 우리를 찾아올 제자들과의 만남을 상상해 보십시오. "선생님, 정말로 고맙습니다. 제가 힘들어했을 때, 앞날이 캄캄하고 무서웠을 때 선생님께서 계셔 주셨습니다. 모두가 외면하고 무시할 때 선생님께서 저를 지켜주셨습니다. 선생님께서는 기억 안 나시겠지만 그때 선생님께서 제게 용기 내라는 말 한마디 해 주셨습니다. 그때 선생님께서 제게 주신 따스한 눈빛은 잊을래야 잊을 수가 없습니다. 저를 그 눈빛을 받을 가치가 있는 존재라고 여기는 스승이 있다는 사실 하나가 저를 여기까지 지탱해 주었습니다. 선생님께서는 저의 영원한 스승이십니다."

남보다 앞서가는 것이 쉽지 않습니다. 이런 말이 있습니다. 한 발 앞서가는 사람은 리더요, 두 발 앞서가는 사람은 이상주의자요, 세 발 앞서가는 사람은 미친놈이다. 아마 이 책에 제시된 다섯 가지 생존 전략을 실천하시는 분들은 세 발 앞서가는 것 같아 보일지도 모르겠습니다. 그러나 우리는 세 발 앞서가는 것이 아닙니다. 단 그렇게 보일 수는 있겠습니다. 왜냐하면 주변에는 두 발 거꾸로 가는 사람들이 있기 때문입니다. 그 사람들 눈에는 한 발 앞서가는 사람이 마치 세 발 앞서가는 사람같이 보일 뿐입니다. 그러니 맘 놓으십시오. 그리고 "미쳤냐?"라고 묻는 사람을 가엾이 여기시고 용서해 주십시오.

교육에 대한 좋은 글을 보면 혼자만 보지 마시고 동료들과 나누어 보십시오. 교육에 대한 좋은 정보 사이트가 있으면 동료들에게 알려

주십시오. 교육에 대한 좋은 세미나가 있으면 혼자 참석하지 마시고 동료들에게 적극 권하여 함께 참석하십시오. 참다운 교육은 혼자 힘으로 이루어지지 않습니다. 혼자 끙끙대는 것은 너무 벅차고 쓸쓸하고 절망적입니다. 교육자 모두 참여해야 합니다. 그래서 서로 희망을 나눠야 합니다. 희망을 얻기 위해 혁신이 필요한 것이 아닙니다. 모두 희망을 가질 때 혁신이 가능한 것입니다.

주위를 한번 살펴보십시오. 우리가 절망에 허우적거리며 현실을 불평하고 억울함을 호소하고 남을 탓할 때에는 비슷하게 절망적인 사람들만 보일 것입니다. 하지만 우리가 희망을 가지고 미래에 대한 비전과 가능성을 토론하고 까짓것 한번 해보자고 할 때 우리와 같은 생각을 지닌 교육자를 발견하게 될 것입니다. 그저 한둘이 아니고 무척 많이 만나게 될 것입니다. 그러면 그다지 외롭지 않을 것입니다. 그렇게 어려워 보이던 일도 한결 수월하게 느껴지게 될 것입니다. 모든 사람이 불가능하다고 느끼는 교육 문제의 해결 실마리가 보일 것입니다.

제가 《새 시대 교수법》이란 전자주간지를 시작했을 때만 하더라도 제 주변에 교수법에 관심을 지닌 교수들은 손꼽을 정도였습니다. 하지만 구독자 수는 불과 몇 년 사이에 수천 명으로 불어나고 그들과 마음이 닿게 되었습니다. 그후로 이분들은 제게 무척 큰 힘이 되어주셨습니다.

우리는 남이 나를 발견할 때까지 기다리지 말아야 합니다. 우리는 우리와 같은 생각을 하는 동료를 찾아나서야 합니다. 그리고 우리의 마음을 서로에게 알려 우리가 빈약한 극소수가 아니라 오히려 우렁찬 대다수임을 알려야 합니다. 많은 말이 필요 없습니다. 진심에서 우러나오는 말 몇 마디면 족합니다. 저는 오늘 선생님 여러분께 알립니다.

저는 교육자임을 밝힙니다.
제 마음 속 한가운데 학생이 있음을 확신합니다.
어려운 교육 현실이지만 희망찬 미래를 약속합니다.
부족하나마 제가 할 수 있는 일은 제가 하겠습니다.
완벽해지길 기다리지 않고 오늘부터 하겠습니다.
학생들에게 소중한 존재가 되고자 합니다.

한국의 미래는 우리 교육자에게 달렸습니다. 그 미래는 우리의 희생을 요구하지 않습니다. 한국이 잘 되려면 우리 교육자가 잘 되어야 하기 때문입니다. 새 시대의 패러다임은 윈-윈이라고 합니다. '너 죽고 나 살자'는 우리가 지금 바꾸자고 하는 보기 싫은 현재의 모습입니다. '너 죽고 나 죽자'식의 극단 대립은 모두 지옥길로 떨어지는 첩경입니다. 우리가 그려내야 하는 미래는 너도 살고 나도 사는 조화로운 사회인 것입니다.

한국이 잘 되면 교육자도 잘 됩니다. 우리 교육자가 건실하면 우리 한국도 건실하게 됩니다. 우리 다함께 한국의 밝은 미래를 그려보지 않으시겠습니까?

| 감사의 말 |

이 모든 것을 가능하게 해주신 분들께

　제가 교수법에 대한 책을 쓸 수 있게 된 배후에는 제게 도움을 주신 고마운 분들이 많습니다. 서울대 이기준 전 총장님께서 지난 수년간 매년 저를 한국으로 불러주시고 특강할 기회를 주셨습니다. 연세대 김우식 전 총장님께서는 제가 하는 일을 남달리 격려해 주시고 배려해 주셨습니다. 한국공학교육기술학회의 한송엽 전 회장님, 한국전문대학교육협의회의 이종섭 님과 능력개발교육원의 김정근 소장님께서 제가 학회 차원에서 일을 할 수 있도록 기회를 주셨습니다. 대단히 고맙습니다.
　다른 지면을 통하여 이미 감사를 드렸지만 다시 고마움을 표하고 싶은 분들이 계십니다. 경북대 김덕규 교수님, 명지대 김창은 교수님, 영남대 이상천 총장님, 포항공대 장수영 전 총장님, 그리고 서울대의 김태유 교수님, 노승탁 교수님, 유영제 교수님, 유정렬 교수님,

이병기 교수님, 이장무 전 학장님, 이현구 교수님. 이분들께서 제게 베푸신 은혜는 날이 갈수록 커져가고 그만큼 더 많은 감사함을 느끼고 있습니다.

그리고 제가 한국에서 좀더 광범위하게 일을 할 수 있도록 도움을 주신 서울대의 정석호 교수님, 최항순 교수님과 이장규 교수님, 삼성인재개발원의 손욱 원장님께 감사드립니다.

이외에도 제가 서울대 교수 학습 센터 설립에 자문을 해주었을 때 어려운 일을 도맡아 해주신 이희원 선생님, 뒤에서 도와주는 조창구 사장, 나의 본 모습을 항상 기억하게 해주는 KAIST의 이순칠 교수 등 감사드려야 하는 분들이 아직도 많이 남았습니다. 미처 개별적으로 감사의 마음을 표하지 못한 점이 부끄러울 뿐입니다.

마지막으로 이 모든 것을 가능케 해준 최성애 교수는 저와 책을 여러 번 같이 쓴 소중한 동료이자 지난 26년 동안 변함없는 친구이며 아내입니다. 매일 나누는 대화 덕분에 이 책에 나오는 많은 내용 중에 제 아내의 의견과 지혜가 녹아 있습니다.

끝으로 늘 저희의 길을 밝혀주고 있는 아들 한길이와 딸 단이, 무한한 사랑을 보여주신 어머니, 조용히 도와주는 둘째 누님과 둘째 처형에게 한없는 고마움을 느낍니다. 화목한 가족이 있기에 저도 즐겁게 이 책을 쓸 수 있었습니다.

호톤에서
조벽 올림

| 참고 문헌 |

Babad, Bernieri and Rosenthal (1991), "Students as judges of teacher's verbal and nonverbal behavior," *American Educational Research Journal*, 28(1).

Birnbaum (2000), *Management Fads in Higher Education*, S.F.: Jossey-Bass.

Boyer, E. (1990), *Scholarship Reconsidered, Priorities of the Professoriate*, Princeton, New Jersey: Princeton University Press.

Cho, P. (2001), A G.R.E.A.T. plan for innovative engineering curriculum, *Plenary Lecture*, Association of Engineering Education for South East Asia and Pacific Midterm Conference, November 14-16, p.1-15.

Cho, P. (2004), "Progress in higher education as seen through the resumes of graduating students", Invited Talk, Proceedings of International Conference on Teaching and Learning in Higher Education, December 1-3, Singapore.

Clark, S. and Lewis, D. (eds). (1985), *Faculty Vitality and Institutional Productivity: Critical perspectives for Higher Education*, N.Y.: Teachers College Press.

Colangelo, N. & Davis, G. (2003), *Handbook of Gifted Education*, 3rd Ed., Allyn and Bacon.

Colman, J. S. and Fults, B. A. (1982), *Self-concept and the gifted classroom: The rold of social comparisons. Gifted Child Quarterly*, 2 6, 116-120.

Compton, W. (2005), *Positive Psychology*, Belmont: Thomson Wadsworth.

DoE (1993), *National Excellence: A Case for Developing America's Talent*, Department of Education, US Government Publication.

Gaff, J. and Ratcliff, J. (1997), *Handbook of the Undergraduate Curriculum*, S.F.: Jossey-Bass.

Gardner, H. (1993), *Multiple Intelligence: The theory in practice*, New York: Basic Books.

Glassick, C., Huber, M., and Maeroff, G. (1997), *Scholarship Assessed*, S.F.: Jossey-Bass.

Guzzo, R. and Katzell, R. (1987), "Effect of Economic Incentives on Productivity: A Psychological View." In *Incentives, Cooperation, and Risk Sharing: Economic and Psychological Perspectives on Employment Contracts*, edited by Haig R. Nalbantian.

Harter, S. (1986), *The perceived competence scale for children*. Child Development, 53, 87-97.

Hermann, N. (1988), *The Creative Brain*, Brain Books.

Jenkins, G. (1986), "Financial Incentives." In *Generalizing from Laboratory to Field Settings*, edited by E. Locke. Lexington, Mass.: Lexington Books.

Kohn, A. (1996), *Punished by rewards*, N.Y.: Houghton Mifflin.

Levine, M. (2002), *A mind at a time*, New York: Simon & Schuster.

Lumsdaine, M., and Lumsdaine, E., (1995), Thinking Preferences of Engineering Students: Implications for Curriculum Restructuring, *Journal of Engineering Education*, Vol. 84, No. 2, April 1995, pp. 193-204.

Lyons, R., McKintosh, M., and Kisilca, M. (2003), Implications of Accountability on Your Teaching, In *Teaching College in an Age of Accountability*, Allyn and Bacon.

Marsh, H. W. (1991), Failure of high-ability schools to deliver academic benefits commensurate with their student's ability levels, *American Educational Research Journal*, 28, 445-480.

Marsh, H. W. and Johnston, C.F. (1993), Multidimensional self-concepts and frames of reference: relevance to the exceptional learner, In *Selective schools for intellectually gifted students: Are they justified?* Dixon, R. M. and Gow, L., Proceedings of Australian Association for Research in Education Conference, Perth, November 1993.

Maslow, A. (1970), *Motivation and Personality*. 2nd Ed., N.Y.: Harper and Row.

Mehrabian, A. (1972), *Nonverbal Communication*, New York: Aladine-Atherton.

Paulsen, M. and Feldman, K. (1999), Student Motivation and Epistemological Beliefs in Approaches for Encouraging Faculty and Students to Excel, *New Directions for Teaching and Learning*, No. 78, Summer, Jossey-Bass.

Robinson, A. & Clinkenbeard, P. R. (1998), Giftedness: an exceptionality examined, *Annual Review of Psychology*, 49, 117-139.

Rogers, E. and Shoemaker, F.F. (1971), *Communications of Innovations*, New York: Free Press.

Seligman, M. (2002), *Authentic Happiness*, Free Press.

Sternberg, R. J. (1996), *Successful Intelligence*, New York: Simon & Schuster.

Terman, L. M. and Oden, M. H. (1959), The gifted at midlife: thirty-five years' follow up of a superior group, *group Genetic studies of genius*, Vol.5. Stanford: Stanford University Press.

Weimer, M. (2002), *Learning Centered Teaching*, S.F.: Jossey-Bass.

조벽 (1999), 〈미국의 성공과 실패를 통해 본 한국의 대학원 중심 대학 정책과 전망〉, 초청강연, 교육부(http://www.me.mtu.edu/~peckcho/article/moepres.htm).

조벽 외(2000a), 「제3부 GIS 교육환경의 변화와 대학의 대응 전략」, 『글로벌 정보 사회의 전개와 대응』, 나남.

조벽 (2000b), 〈미국 대학의 개혁시도에서 한국이 얻을 수 있는 교훈〉, 초청강연, 교육부.

조벽 (2002), 〈21세기 개인 경쟁력의 핵심 요소〉, 성신학원 창립 66주년 기념 공개강좌, 5, 220~223.

조벽 (2003), 〈ABET EC2000이 양성한 색다른 엔지니어〉, 『공학 교육과 기술』, 10, 2, p.72-84.

최성애 (1997), 『인간 커뮤니케이션』, 한단북스.

나는 대한민국의 교사다

초판 1쇄 2001년 11월 10일
초판 22쇄 2010년 3월 30일
개정판 1쇄 2010년 12월 20일
개정판 18쇄 2022년 12월 20일

지은이 | 조벽
펴낸이 | 송영석

주간 | 이혜진
기획편집 | 박신애 · 최예은 · 조아혜
디자인 | 박윤정 · 유보람
마케팅 | 김유종 · 한승민
관리 | 송우석 · 전지연 · 채경민

펴낸곳 | (株)해냄출판사
등록번호 | 제10-229호
등록일자 | 1988년 5월 11일(설립일자 | 1983년 6월 24일)

04042 서울시 마포구 잔다리로 30 해냄빌딩 5·6층
대표전화 | 326-1600 **팩스** | 326-1624
홈페이지 | www.hainaim.com

ISBN 978-89-7337-468-7

파본은 본사나 구입하신 서점에서 교환하여 드립니다.